DevOps
FOR WEB DEVELOPMENT
개발자를 위한 웹 개발 환경 자동화

DEVOPS
FOR WEB DEVELOPMENT

개발자를 위한 웹 개발 환경 자동화

데브옵스를 활용한 웹 애플리케이션 개발

미테쉬 소니 지음   김영기 옮김

i!i
에이콘

미테쉬 소니 Mitesh Soni

9년간의 IT 업계 경험이 있는 학구적인 인물이다. SCJP, SCWCD, VCP, IBM Urbancode Certified Professional로 데브옵스와 클라우드 컴퓨팅을 좋아하며 자바 프로그래밍에 관심을 갖고 있다. 그는 매력적인 디자인 패턴을 찾고 있으며 때때로 http://etutorialsworld. com에 재능 기부도 하고 있다. 아이들과 함께 놀고 카메라를 만지고 인드로다 공원Indroda Park에서 사진 찍는 것을 좋아한다. 그는 기술적인 세부 사항을 모른 채 좋은 사진을 찍는데 중독돼 있다. 그는 마하트마 간디의 고향이 있는 지방의 수도에 살고 있다.

> "나는 선수 경력을 통틀어 9천 개 이상의 슛을 놓쳤다. 거의 300경기를 패했고 경기를 뒤집을 슛 기회에서 26번이나 실패했다. 나는 살아오면서 실패를 계속 거듭했고 그것이 내가 성공한 이유다."
>
> – 마이클 조던Michael Jordan

| 감사의 말 |

내 아내(?) (나는 미혼입니다.)

그리고 내 아이들(?)에게… (앞 문장을 읽어보세요.)

이들이 없었다면 이 책은 3~4개월 내에 완성되지 못했을 겁니다(1~2년이 걸렸을 겁니다 – 의도된 말장난!).

신중히 말해 이 책을 자유로운 삶을 가르쳐준 아이에게 바치고 싶습니다. 셰리유^{Shreyu}(애칭)(셰리얀쉬^{Shreyansh}는 내 누이 지기샤^{Jigisha}의 아들입니다)는 내게 순수와 미소의 강력함을 보여 줬습니다. 그를 만난 후 나는 인생에 대해 완전히 다른 관점을 갖게 됐습니다.

항상 나를 지지하고 격려해준 프리얀카 아가쉬^{Priyanka Agashe}에게 특별히 감사드립니다. 제발 나를 과장된 사람으로 생각하지 말아주세요(모든 누이가 그렇게 생각합니다). 우월감에 젖

고 싶지 않습니다. 또한 열렬한 독자인 아버지께 이 책을 바치고 싶습니다. 아버지는 책을 무척 좋아하셔서 이 기술서적을 읽고 각 장의 시작 부분마다 인용구를 적어놨습니다. 아버지께 감사의 말을 전하며 축복받은 모든 것에 대해 감사드리고 싶습니다.

내 부모님, 지기샤와 니태쉬Nitesh, 다다Dada와 다디Dadi, 선생님, 친구들, 가족, 아칸샤 "아쿠스" 데시판드("시도하는 사람은 결코 실패하지 않는다"라고 항상 말씀하시는 인도의 어머니께 감사드립니다), 헤만트 Hemant와 프리얀카Priyanka, 미르 PMihir P와 아누파마 SAnupama S, 요한 와디아Yohan Wadia, 지요티-카니카 바티아Jyoti-Kanika Bhatia(항상 지요티벤Jyotiben을 특별히 기억합니다), 로히니 가온카Rohini Gaonkar, 로한 CRohan C, 마유르 모슬리야Mayur Mothliya, 친탄 솔라키 Chintan Solaki, 나브랑 ONavrang O, 드하메시 RDharmesh R, 그리고 아쉬시 BAshish B에게 감사의 마음을 전합니다.

또한 팔락 SPalak S, 수브라요티 MSubhrajyoti M, 시드하스 BSiddharth B, 니랄리 코탁Nirali Kotak, 수무크Sumukh, 비잘Bijal, 라그니Ragni, 비나Beena, 아르판 VArpan V, 파스 SParth S, 비하스 SBibhas S, 파리시 PParesh P, 니라브 VNirav V, 비말 KVimal K, 파라스 샤Paras Shah, 비샬 RVishal R, 샤르빌 PSharvil P, 소라브 MSourabh M, 비랄 IViral I, 비제이 YVijay Y, 아밋 RAmit R, 마니샤 YManisha Y, 고리Gowri, 사우리브 SSaurabh S, 니시샬 SNishchal S, 그리고 항상 나를 도와주고 지난 1년 동안 내 인생을 더 쉽게 만들어준 구샬 VKushal V에게도 감사의 마음을 전합니다. 나는 인생에서 우리가 다시 만날 수 있을지 확신하지 못합니다. 따라서 알게 모르게 나를 도와준 모든 분에게 감사하고 싶습니다. 이름을 빠뜨렸다면 사과드립니다.

| 기술 감수자 소개 |

앨란 에스피노사 Allan Espinosa

도쿄에 거주하는 데브옵스 실무자다. 그는 도커Docker와 셰프Chef 같은 다양한 오픈소스 분산 시스템 도구에 대한 활동적인 참여자다. 오픈소스 그룹의 공식적인 출시 이전에도 인기 있는 오픈소스 소프트웨어에 대한 다양한 도커 이미지를 관리했다. 그의 이력에 수백, 수천 대의 서버가 있는 운영 환경에서의 대규모 분산 시스템 작업이 포함돼 있다. 미국의 대규모 슈퍼 컴퓨팅 센터부터 일본의 양산 엔터프라이즈 시스템에 이르기까지 다양한 플랫폼에 확장 가능한 애플리케이션을 구축했다. 트위터 @AllanEspinosa을 통해 연락이 가능하다. http://aespinosa.github.io에 있는 그의 개인 웹사이트는 주로 도커와 분산 시스템에 대한 일반적인 블로그 게시물을 포함하고 있다.

계속되는 지원에 대해 아내 카나Kana에게 감사하고 싶습니다. 그녀 덕분에 이 리뷰 프로젝트에 많은 시간을 할애할 수 있었습니다.

| 옮긴이 소개 |

김영기(resious@gmail.com)

삼성전자 네트워크 SE 그룹에서 소프트웨어 개발과 관련된 다양한 업무를 수행하고 있다.

주요 이력은 지능망[IN]과 모바일 애플리케이션 개발, 정적 분석과 소프트웨어 구조 분석, 소프트웨어 개발 인프라 관리 등이다. 현재는 CM 업무를 주로 수행하고 있으며 소프트웨어 개발과 관련된 조직의 개발 문화, 애자일과 데브옵스, 인프라 자동화에 관심이 많다.

데브옵스와 CI/CD라는 용어는 클라우드와 더불어 개발자라면 누구에게나 익숙한 용어가 돼버렸습니다. 불과 몇 년 전만 해도 데브옵스와 클라우드가 이렇게 빠르게 개발자에게 필수적인 도구 중 하나가 될 것이라고 생각하지 못하고 일시적인 유행에 그칠 것이라는 전망도 있었습니다. 그러나 이러한 기술들은 이제 개발과 분리해 이야기할 수 없으며 특히 웹 애플리케이션 분야와는 따로 분리해 이야기할 수 없을 것 같습니다.

이 책은 도커^{Docker}, 젠킨스^{Jenkins} 같은 오픈소스와 AWS, 애저 같은 클라우드 플랫폼을 기반으로 해 웹 개발 환경에 자동화를 적용하는 방법을 소개하고 있습니다. 이 책의 독자들은 데브옵스와 클라우드, CI와 CD 등 웹 애플리케이션 개발에 필요한 기술과 시스템을 실습을 통해 직접 경험하고 이를 통해 실무에 필요한 관련 기술을 습득할 수 있을 것이라고 생각합니다.

이 책에서는 많은 오픈소스를 사용합니다. 오픈소스는 빠르게 버전이 올라가면서 실제 독자들이 사용하는 버전과 책에서 사용하는 버전 사이에 차이가 발생할 수 있습니다. 문제가 발생하는 경우, 인터넷과 각종 참고 자료를 이용해 문제를 해결해보는 것도 좋은 학습 경험이 될 것이라고 생각합니다.

더불어 이 책은 웹 개발 환경의 자동화가 주제입니다. 안타깝게도 이 책은 웹 애플리케이션 프로그래밍을 위한 언어를 습득하거나 코드 작성이 주된 목적이 아닙니다. 그러나 프로그래밍 언어와 코드 작성 방법을 학습하는 것 이상으로 개발 환경과 관련 인프라 기술을 습득하는 것도 더 나은 개발자가 되기 위한 과정이라고 생각합니다. 이 책의 내용은 웹 개발자라면 알아야 할 기초 사항을 다루고 있습니다. 이 책의 내용이 개발자로 성장하는 과정에서 많은 도움이 되길 바랍니다.

에이콘출판의 기틀을 마련하신 故 정완재 선생님 (1935-2004)

| 차례 |

3장 코드 작성과 빌드 파이프라인 구성   135

│ 들어가며 │

데브옵스^{DevOps}는 프로젝트 팀, 영업 팀, 고객 계약 등 거의 모든 논의의 일부다. 데브옵스는 문화이지만 고객은 애플리케이션 수명주기 관리에서 활용할 수 있는 자동화 개념에 대한 증거를 요구한다. 데브옵스는 초기 단계에 있으며 저항을 부르는 기존 문화의 변화에 관한 것이지만 소크라테스가 말한 내용을 따르는 것은 여전히 현명한 일이다.

> "변화의 비밀^{secret of change}은 당신의 에너지를 낡은 것과 싸우는 것이 아니라 새로운 것을 만드는 데 집중하는 데 있다."

문화 변동의 전제는 매우 역동적이고 경쟁적인 시장에서 계속되는 혁명, 혁신, 비즈니스 요구와 함께 진화의 속도를 유지하는 것이다.

데브옵스의 주된 목적은 빈번한 출시를 효과적으로 관리하는 것이다. 빨리 실패할수록 빨리 회복할 수 있다. 일찍 실패하는 것이 롤백하기 매우 어려운 마지막 단계에서 실패하는 것보다 훨씬 낫다. 반복적인 과정을 자동화함으로써 애플리케이션 수명주기 관리를 표준화하고 오류를 발생시키는 수동 프로세스를 방지할 수 있다.

우리는 이 책에서 지속적인 통합, 클라우드 컴퓨팅, 구성 관리, 지속적인 전달, 지속적인 배포 같은 데브옵스의 핵심 컴포넌트를 모두 다룬다. 즉 빌드의 통합을 자동화하는 방법, AWS나 마이크로소프트 애저^{Microsoft Azure} 같은 클라우드 환경에서의 자원 제공, 애플리케이션 배포를 위한 컨테이너의 사용, 애플리케이션 배포에 대한 런타임 환경 설정을 위한 셰프^{Chef} 구성 관리 도구의 사용, 즉 셰프, AWS 일래스틱 빈스토크, 마이크로소프트 애저, 웹 애플리케이션, 도커 컨테이너로 구성된 가상 머신으로 웹 애플리케이션의 배포, 나기오스^{Nagios}, 뉴 렐릭^{New Relic}과 네이티브 클라우드 모니터링 기능을 사용한 애플리케이션 모니터링을 다룬다.

우리는 지속적인 통합을 위해 젠킨스 2Jenkins 2를 사용한다. 종단간 자동화를 위한 오케스트레이션은 파이프라인에 의해 관리된다.

젠킨스 2는 지속적인 전달 분야의 요청도 목적으로 한다. 젠킨스 2는 기존 젠킨스 설치 및 하위 호환성을 유지하면서 새로운 설정 경험과 흥미로운 UI 개선, 코드로서의 파이프라인Pipeline as code을 제공한다.

▌ 이 책의 구성

1장, 시작하기 – 데브옵스 개념, 도구, 기술에서는 데브옵스 운동에 대한 이해, 개발 팀의 문제, 운영 팀의 문제, 조직이 직면한 문제, 폭포수 모델과 애자일 모델, 협력의 중요성, 클라우드 컴퓨팅, 데브옵스를 적용해야 하는 이유, 데브옵스의 혜택, 데브옵스 수명주기, 빌드 자동화, 지속적인 통합과 모범 사례, 구성 관리, 지속적인 전달과 지속적인 배포, 모범 사례, 지속적인 모니터링과 지속적인 피드백을 다룬다. 또한 코드 저장소의 개요, 메이븐Maven, 젠킨스 2.0Jenkins 2.0, 셰프Chef, AWS, 마이크로소프트 애저Microsoft Azure, 도커Docker, 나기오스Nagios, 히게이아 데브옵스 대시보드Hygieia DevOps Dashboard, 예제 JEE 애플리케이션의 개요도 다룬다.

2장, 젠킨스 2를 통한 지속적인 통합에서는 지속적인 통합의 개요, 젠킨스 2.0 설치, 젠킨스에서의 자바와 메이븐 설정, 메이븐을 통한 자바 애플리케이션에 대한 빌드 작업build job 생성과 구성, 대시보드 뷰 플러그인, 노드 관리, 빌드 상태 기반 이메일 통보, 젠킨스와 소나Sonar의 통합을 자세히 설명한다.

3장, 코드 작성과 빌드 파이프라인 구성에서는 도메인 특화 언어DSL를 사용하는 내장 전달 파이프라인, 빌드 파이프라인 플러그인, 웹 서버 내의 WAR 파일 배포 내용을 다룬다.

4장, 셰프의 설치와 구성에서는 셰프 구성 관리 도구, 셰프 호스트, 셰프 워크스테이션Chef workstation의 설치와 구성, 셰프 워크스테이션을 이용한 셰프 노드Chef node의 통합에 대한 이해를 제공한다.

5장, 도커의 설치와 구성에서는 도커 컨테이너의 개요, 가상 머신과 컨테이너 사이의 차이점 이해, CentOS에의 도커 설치와 구성, 첫 번째 도커 컨테이너 생성, 컨테이너 관리에 대한 내용을 다룬다.

6장, 클라우드 프로비저닝과 셰프를 통한 구성 관리에서는 셰프와 클라우드 프로비저닝, 아마존 웹 서비스와 마이크로소프트 애저를 위한 나이프knife 플러그인 설치, 아마존 웹 서비스와 마이크로소프트 애저에서의 가상 머신 생성 및 구성에 대한 내용을 다룬다.

7장, AWS, 애저, 도커에서의 애플리케이션 배포에서는 원격 서버에 애플리케이션을 배포하기 위한 선행 조건, 톰캣 관리자 애플리케이션 사용, 톰캣 도커 컨테이너에서의 애플리케이션 배포, AWS 일래스틱 빈스토크에서의 애플리케이션 배포, 마이크로 애저 웹 앱스에서의 애플리케이션 배포를 다룬다.

8장, 인프라스트럭처와 애플리케이션의 모니터링은 모니터링의 개요, 나기오스 모니터링 도구와 나기오스를 통한 빠른 시작 방법, 나기오스의 설치, AWS EC2 인스턴스에 대한 모니터링 구성, AWS 일래스틱 빈스토크 모니터링, 마이크로소프트 애저 웹 앱 서비스 모니터링, 마이크로소프트 애저 애플리케이션에 대한 이해, 뉴 렐릭을 통한 웹 애플리케이션과 톰캣 서버의 모니터링에 대한 내용을 다룬다.

9장, 애플리케이션 배포에 대한 오케스트레이션에서는 지속적인 통합, 구성 관리, 지속적인 전달 등에 대한 다양한 빌드 작업의 오케스트레이션 방법을 자세히 다룬다. 9장은 전체적인 자동화를 위한 매개변수화parameterized된 빌드 작업의 생성, 애플리케이션 배포 자동화를 위한 빌드 파이프라인 실행, 아마존 일래스틱 빈스토크(Platform as a Service)에서의 배포 단계, VSTSVisual Studio Team Server에서의 전체적인 배포 자동화 구현 단계와 지속적인 통합을 위한 TFS 온라인, 지속적인 전달과 지속적인 배포, 도커 컨테이너에서의 배포 단계를 설명한다. 또한 데브옵스 대시보드인 히게이아Hygieia에 대한 간단한 소개와 실행 방법도 살펴본다.

▌ 준비 사항[1]

최소한 독자가 자바 프로그래밍 언어에 익숙하다고 가정한다. 자바와 JEE에 대한 기본적인 지식은 이 책을 더 잘 이해하는 데 필수적이다. 톰캣Tomcat과 같은 애플리케이션 서버에서의 웹 애플리케이션 배포에 대한 완벽한 이해는 전체 흐름을 빨리 이해하는 데 도움이 된다.

일반적으로 다양한 도구는 애플리케이션 개발 수명주기에 포함된다. svn, git과 같은 코드 저장소, 이클립스Eclipse와 같은 IDE 도구, 앤트Ant, 메이븐Maven과 같은 빌드 도구에 대한 지식은 필수다. 코드 분석 도구 관련 지식은 구성 및 설정 작업 시에 이를 더 쉽게 만든다. 하지만 이 책에서 제공하는 연습문제의 수행이 매우 중요한 것은 아니다. 대부분의 구성 단계는 명확히 언급돼 있다.

여러분은 젠킨스 2, 셰프 구성 관리 도구의 설치가 필요한 단계를 거쳐야 한다. 바로 설치에 성공하기 위해서는 최신 버전의 리눅스를 실행하는 호스트에 대한 관리자 권한의 접속이 필요하다. 즉 CentOS 6.x가 데모 목적으로 사용된다. 경험이 더 많은 독자라면 대부분 최신 버전의 배포본이 올바로 동작할 것이다(하지만 어느 정도 이 책에 나와 있지 않은 추가적인 작업을 해야 한다). 접근 가능한 전용 리눅스 호스트를 갖고 있지 않은 경우, VirtualBox나 VMware 워크스테이션과 같은 가상화 소프트웨어에서 실행되는 가상 호스트에서 작업이 가능하다.

AWS와 마이크로소프트 애저의 경우, 각각 무료 평가판과 1개월 무료 이용이 가능하다. 또한 젠킨스 2의 설치와 아직 갖고 있지 않은 (젠킨스 2) 플러그인의 다운로드를 위해 인터넷에 접근해야 한다.

---

1 원서 출간은 2016년이지만 번역서 출간 시점에 맞춰 전체적인 URL 주소를 점검하고 변경했다.

이 책의 대상 독자

이 책은 특별히 기술적인 독자를 대상으로 하고 있다. 하지만 이전에 지속적인 통합, 클라우드 컴퓨팅, 구성 관리, 지속적인 전달 및 지속적인 배포 경험이 없다고 가정한다. 여러분은 젠킨스, 애틀라시안 뱀부Atlassian Bamboo 같은 지속적인 통합 도구에 초보이거나 경험을 갖고 있을 수 있다. 어쨌든 여러분은 실제로 전체적인 자동화에 대한 시각화를 하고 다음 사항을 보고 싶을 것이다.

- 지속적인 통합을 확장해 구성 관리 도구와 통합하는 방법
- AWS와 Microsoft Azure 환경에서의 자원의 프로비저닝 방법
- 다양한 클라우드 환경에서 웹 애플리케이션을 배포하는 방법

이 책은 지속적인 통합, 클라우드 컴퓨팅, 구성 관리, 지속적인 전달, 스프링 기반 샘플 애플리케이션에 대한 지속적인 배포를 다룬다. 주된 목표는 전체적인 자동화를 이해하고 이러한 이해를 기반으로 더 확장할 수 있는 단일 기술 스택으로 자동화를 구현하는 것이다.

추가적으로 AWS와 마이크로소프트 애저와 같은 다양한 클라우드 서비스 공급자의 PaaS와 laaS 같은 여러 클라우드 서비스 모델이 사용돼 왔다. 도커 컨테이너도 애플리케이션 배포에 사용된다. 그리고 나기오스를 통한 인프라스트럭처 모니터링, 뉴 렐릭을 통한 애플리케이션 모니터링, AWS와 마이크로소프트 애저에서 제공되는 네이티브 모니터링 기능도 다룬다.

▌ 편집 규약

이 책에서는 서로 다른 종류의 정보를 구별하기 위해 다양한 문장 스타일을 사용한다. 다음에 이러한 스타일에 대한 몇 가지 예와 의미에 대한 설명이 있다.

문장 내의 코드, 데이터베이스 테이블 이름, 폴더명, 파일명, 파일 확장자, 경로명, 더미

URL, 사용자 입력, 그리고 트위터 핸들은 다음과 같이 보인다. "이제 pom.xml 파일을 편집해봅시다."

코드 블록은 다음과 같이 설정된다.

```
echo 'Hello from Pipeline Demo'
  stage 'Compile'
  node {
      git url: 'https://github.com/mitesh51/spring-petclinic.git'
      def mvnHome = tool 'Maven3.3.1'
      sh "${mvnHome}/bin/mvn -B compile"
  }
```

코드 블록의 특정 부분에 대해 주의를 주고 싶은 경우, 관련 라인이나 항목은 굵게 표시된다.

```
<role rolename="manager-gui"/>
<role rolename="manager-script"/>
<user username="admin" password="cloud@123" roles="manager-script"/>
```

새로운 용어와 **중요한 단어**는 굵게 표시된다. 화면에 표시되는 단어(예: 메뉴나 대화 상자)는 다음과 같은 문장으로 표시된다. "Advanced Project Options로 이동한다."

 경고 또는 중요한 사항은 상자 안에 이와 같이 표기한다.

 유용한 팁과 요령은 상자 안에 이와 같이 표기한다.

▌ 독자 의견

독자로부터의 피드백은 항상 환영한다. 이 책에 대해 무엇이 좋았는지, 좋지 않았는지에 대한 소감을 알려주기 바란다. 독자의 피드백은 독자에게 필요한 주제를 개발하는 데 매우 중요하다. 일반적인 피드백을 보낼 경우, 간단히 feedback@packtpub.com으로 이메일을 보내면 되고 메시지 제목에 도서명을 적으면 된다.

▌ 고객 지원

팩트출판사의 구매자가 된 독자에게 도움이 되는 몇 가지 사항을 제공한다.

예제 코드 다운로드

http://www.packtpub.com/support를 방문해 이메일을 등록하면 예제 코드를 받을 수 있으며 이러한 링크를 통해 원서의 Errata도 확인할 수 있다.

예제 코드는 팩트출판사의 깃허브 https://github.com/PacktPublishing/DevOps-for-Web-Development에서 다운로드할 수 있으며 에이콘출판사 깃허브 저장소 https://github.com/AcornPublishing/devops-web-development에서도 동일한 예제 코드를 다운로드할 수 있다.

이 책에서 사용된 컬러 이미지 다운로드

이 책에서 사용된 스크린 샷/다이어그램의 컬러 이미지가 있는 PDF를 제공하고 있다. 컬러 이미지는 결과에서 변경 사항에 대한 더 나은 이해를 하는 데 도움을 준다. 이 파일은 https://www.packtpub.com/sites/default/files/downloads/DevOpsforWebDevelopment_ColorImages.pdf에서 다운로드 가능하다.

오탈자

내용을 정확히 전달하기 위해 최선을 다했지만 실수가 있을 수 있다. 팩트출판사에서 출간된 도서에서 코드나 텍스트상의 문제를 발견해 알려준다면 매우 감사하겠다. 이와 같은 참여를 통해 다른 독자에게 도움을 주고 다음 버전 도서의 완성도를 높일 수 있다. 오자를 발견했다면 http://www.packtpub.com/submit-errata를 방문해 책을 선택하고 Errata Submission Form 링크를 클릭해 구체적인 내용을 입력해주기 바란다. 보내준 오류 내용이 확인되면 웹사이트에 그 내용이 올라가거나 해당 도서의 정오표 부분에 해당 내용이 추가된다.

이전에 제출된 정오표를 보려면 https://www.packtpub.com/books/content/support로 가 검색 필드에 도서명을 입력하라. 요청된 정보가 정오표 섹션 아래에 표시될 것이다.

한국어판의 정오표는 에이콘출판사의 도서정보 페이지 http://www.acornpub.co.kr/book/devops-web-development에서 볼 수 있다.

저작권 침해

인터넷에서 저작권이 있는 자료의 불법 복제는 모든 미디어에서 계속되는 문제다. 팩트출판사는 저작권과 사용권 문제를 매우 심각하게 간주한다. 어떠한 형태로든 팩트출판사 서적의 불법 복제물을 인터넷에서 발견했다면 적절한 조치를 취할 수 있도록 해당 주소나 사이트 이름을 알려주기 바란다.

의심되는 불법 복제물의 링크는 copyright@packtpub.com으로 보내주기 바란다.

우리는 저자와 더불어 책을 위한 팩트출판사의 노력을 배려하는 마음에 깊은 감사의 마음을 전한다.

▐ 질문 사항

이 책과 관련된 질문이 있다면 questions@packtpub.com으로 문의하기 바란다. 최선을 다해 질문에 대한 답변을 드리겠다.

한국어판에 관한 질문은 에이콘출판사 편집 팀(editor@acornpub.co.kr)이나 옮긴이의 이메일로 문의하길 바란다.

01

시작하기 - 데브옵스 개념, 도구, 기술

"비즈니스에서 사용되는 모든 기술의 첫 번째 규칙은 효율적인 운영에 적용되는 자동화로 효율성을 확장한다. 두 번째 규칙은 비효율적인 운영에 적용되는 자동화로 비효율성을 확장한다."

— 빌 게이츠Bill Gates

데브옵스DevOps는 도구나 기술이 아니다. 데브옵스는 더 나은 것을 만드는 방법이나 문화다. 1장에서는 데브옵스가 전통적인 애플리케이션(전달 주기)의 다양한 문제를 해결하는 방법을 상세히 설명한다. 또한 문화를 향상시켜 시장 출시를 빨리 하기 위해 개발팀과 운영팀을 효율적이고 효과적으로 만드는 데 데브옵스를 이용하는 방법도 설명한다. 그리고 데브옵스 문화를 발전시키는 데 필수적인 핵심 개념도 설명한다.

1장에서는 애플리케이션 수명주기 관리의 여러 측면을 자동화하는 데브옵스 문화와 데브옵스 수명주기, 핵심 개념과 도구, 기술, 플랫폼을 배운다.

1장에서는 다음 주제를 다룬다.

- 데브옵스 운동의 이해
- 데브옵스 수명주기 – 모두 '지속적인^{continuous}' 것에 관한 내용이다.
- 지속적인 통합^{Continuous integration}
- 구성 관리^{Configuration management}
- 지속적인 전달/지속적인 배포^{Continuous delivery/continuous deployment}
- 지속적인 모니터링^{Continuous monitoring}
- 지속적인 피드백^{Continuous feedback}
- 도구와 기술
- 간단한 자바 EE 애플리케이션의 개요

▌데브옵스 운동의 이해

데브옵스^{DevOps}가 무엇인지 이해해보자. 데브옵스는 실제적이며 기술적인 단어인가? 아니다. 데브옵스는 기술적인 부분만 이야기하지 않기 때문이다. 데브옵스는 단순한 기술도 아니며 혁신도 아니다. 간단히 말해 데브옵스는 복잡한 용어를 혼합한 것이다. 데브옵스는 개념, 문화, 개발과 운영 철학, 운동으로 생각할 수 있다.

데브옵스를 이해하기 위해 과거의 IT 조직을 살펴보자. 애플리케이션이 배포되는 다양한 환경이 있다고 가정해보자. 새로운 기능이 구현되거나 버그가 수정되는 경우 다음과 같은 일련의 이벤트가 발생한다.

1. 개발팀이 새로운 기능이나 버그를 수정하기 위한 코드를 작성한다. 일반적으로 이러한 새로운 코드는 개발 환경으로 배포되고 개발팀에 의해 테스트된다.
2. 새로운 코드가 테스팅 팀에 의해 검증되는 QA 환경에 배포된다.

3. 그 이후, 코드가 프로덕션 환경으로 배포되기 위해 운영팀에게 제공된다.

4. 운영팀은 코드의 관리와 유지·보수를 담당한다.

이러한 방법에서 가능한 문제를 나열해보자.

- 현재 애플리케이션 빌드를 개발 환경에서 프로덕션 환경으로 전환하는 데 몇 주 또는 몇 달이 걸린다.

- 조직 내에서 개발팀, QA 팀, IT 운영팀이 갖는 우선순위가 다르다. 원활한 운영 을 위해 효과적이고 효율적인 조정이 필요하다.

- 개발팀은 최신 개발 사항의 출시에 중점을 두지만 운영팀은 프로덕션 환경에서 의 안정성에 관심을 둔다.

- 개발팀과 운영팀은 서로 간의 작업과 작업문화를 알지 못한다.

- 개발팀과 운영팀은 서로 다른 유형의 환경에서 작업한다. 개발팀은 자원에 대한 제 약을 갖고 있으며 이에 따라 운영팀과 다른 종류의 구성을 사용할 가능성이 있다. 이러한 구성은 로컬 호스트^{localhost}나 개발 환경^{dev environment}에서 동작할 수 있다.

- 운영팀은 운영 자원에 대한 작업을 하며 (개발팀이 갖는) 구성과 배포 환경에 큰 차 이가 있다. 운영팀의 구성 설정은 실행돼야 하는 프로덕션 환경에서 동작하지 않 을 수 있다.

- 이러한 시나리오에서는 가정^{Assumptions}이 핵심이며 두 팀 모두 동일한 가정의 집 합 아래서 동작하는 것이 불가능하다.

- 런타임 환경, 구성 및 배포 활동의 설정에는 수동작업이 포함된다. 수동 애플리 케이션이 갖는 가장 큰 문제는 배포 프로세스가 반복적이지 않으며 오류를 발생 시키는 특성이다.

- 개발팀은 실행 파일, 구성 파일, 데이터베이스 스크립트, 배포 문서를 갖고 있다. 개발팀은 이러한 파일을 운영팀에게 제공한다. 이러한 모든 산출물은 개발 환경 에서는 검증됐지만 프로덕션 환경이나 스테이징 환경에서는 검증되지 않았다.

- 각 팀은 런타임 환경, 구성 및 배포 활동, 자원 제약과 자원의 가용성을 고려할 때

서로 다른 접근법을 가질 수 있다.

- 또한 배포 프로세스는 미래의 사용을 위해 문서화가 필요하다. (그러나) 이제 문서의 유지는 시간을 소비하는 작업이며 다양한 이해당사자의 협력이 필요하다.

- 개발팀과 운영팀 모두 별도로 작업하므로 두 팀이 서로 다른 자동화 기술을 사용하는 상황이 발생할 수 있다.

- 두 팀은 서로 직면한 문제섬을 인식하지 못한다. 그리고 애플리케이션이 동작하는 이상적인 시나리오의 시각화나 이해가 가능하지 않을 수도 있다.

- 운영팀은 배포 활동으로 바쁜 반면 개발팀은 기능 구현이나 버그 수정에 대한 또 다른 요청을 받을 수 있다. 이러한 경우 운영팀이 배포에 문제를 갖고 있다면 이미 새로운 구현 요청을 받은 개발팀에게 문의할 수 있다. 이것은 결과적으로 의사소통의 차이를 발생시키며 필요한 협력이 발생하지 않을 수 있다.

- 개발팀과 운영팀 사이에 협업은 거의 없다. 협업이 제대로 이뤄지지 않으면 다양한 환경에 애플리케이션을 배포하는 데 많은 문제가 발생한다. 결과적으로 이메일, 채팅, 회의 등을 통해 커뮤니케이션이 진행되고 빠른 수정으로 일이 마무리되는 경우가 많다. 그리고 때때로 응급조치로 마무리된다.

- 개발팀의 도전 사항
  ○ 경쟁적인 시장은 적시 전달에 대한 압력을 만든다.
  ○ 프로덕션 환경에 대해 준비된 코드에 대한 관리와 새로운 기능의 구현을 처리해야 한다.
  ○ 때때로 출시 주기가 길다. 따라서 개발팀은 애플리케이션을 마지막으로 출시하기 전에 가정을 해야 한다. 이 시나리오에서는 스테이징 환경이나 프로덕션 환경에 배포하는 동안 발생하는 문제를 수정하는 데 더 많은 시간이 든다.

- 운영팀의 도전 사항
  ○ **자원 경합**Resource contention : 증가하는 자원 요구에 대한 처리가 어렵다.
  ○ **재설계 또는 조정**Redesigning or tweaking : 프로덕션 환경에서 애플리케이션을 실행하

는 데 필요하다.

- ○ **진단과 수정**^{Diagnosing and rectifying}: 애플리케이션 배포 후 개별적으로 문제의 진단과 수정을 지원한다.

빠르게 변화하는 시대와 데브옵스

시간은 모든 것을 변화시킨다. 현대의 고객은 매우 신속한 대응을 기대하고 요구한다. 그리고 비즈니스를 계속하려면 새로운 기능을 빨리 출시해야 한다. 오늘날의 사용자와 고객은 빠르게 변화하는 요구사항을 갖고 있다. 그들은 언제나 가능한(24/7) 연결성과 신뢰성을 예상하며 스마트폰, 태블릿, PC를 통한 접속 서비스를 예상한다. 개발 또는 운영 여부와 상관없이 소프트웨어 제품 공급업체로서 조직은 고객의 요구를 만족시키고 관련성을 유지하기 위해 잦은 업데이트를 독려해야 한다. 간단히 말해 조직은 다음과 같은 문제에 직면해 있다.

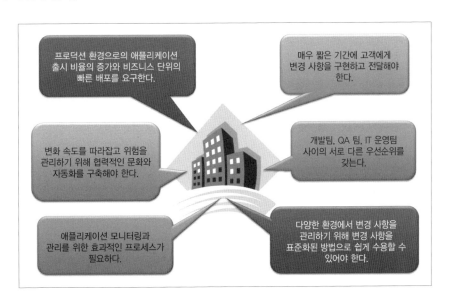

고객의 행동이나 시장 수요의 변화는 개발 프로세스에 영향을 미친다.

폭포수 모델

폭포수 모델Waterfall model은 소프트웨어 개발을 위해 순차적인 애플리케이션 설계 프로세스를 따른다. 이러한 모델은 좋은 통제 수단을 갖지만 수정 능력이 부족하다. 폭포수 모델은 목적 기반의 개발 방법론이지만 수정이 가능한 범위가 거의 없다. 폭포수 모델은 소프트웨어 개발에 오랫동안 사용돼 왔다.

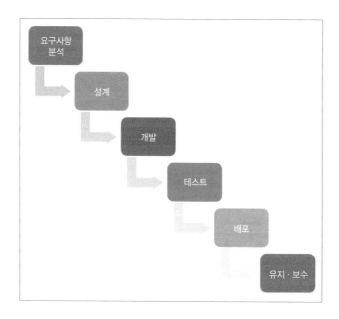

폭포수 모델은 다음과 같은 장점을 갖는다.

- 이해하기 쉽다.
- 관리가 쉽다 – 각 단계의 입력과 출력이 정의돼 있다.
- 순차적인 프로세스다 – 순서가 유지된다.
- 통제에 더 좋다.

그러나 폭포수 모델은 요구사항이 미리 정의되고 고정된 시나리오에서만 유용하다. 폭포수 모델은 순차적인 프로세스를 갖는 엄격한 모델이기 때문에 임의의 단계로 되돌아가 (문제를) 수정할 수 없다. 폭포수 모델은 다음과 같은 단점이 있다.

- 수정할 수가 없다.
- 모든 단계가 완료될 때까지 결과물이나 애플리케이션 패키지가 없다.
- 모든 단계가 완료될 때까지 피드백 사항을 통합할 수 없다.
- 요구사항의 변경에 적합하지 않다.
- 장기적이고 복잡한 프로젝트에 적합하지 않다.

애자일 모델

비효율적인 추정, 시장 출시까지의 긴 시간 그리고 다른 문제는 폭포수 모델의 변화를 유도했고 결과적으로 애자일 모델Agile model이 등장했다. 애자일 개발 또는 애자일 방법론은 개인에게 권한을 부여하고 상호작용을 장려하며 동작하는 소프트웨어와 고객과의 협력(뒤따르는 단계의 개선을 위한 피드백을 이용해)과 효율적인 방법으로 변화에 대응하는 데 중점을 두고 애플리케이션을 구축하는 방법이다. 애자일 모델은 짧은 타임라인이나 스프린트sprint 내에 특정 기능에 대한 작은 규모의 상호작용 속에서 지속적인 전달을 통한 고객만족을 강조한다.

다음 그림은 애자일의 작동 메커니즘을 설명한다.

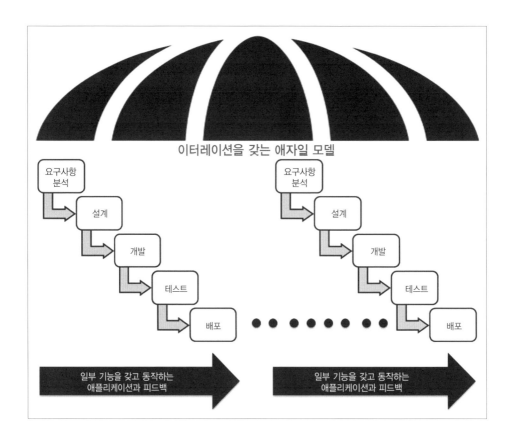

이터레이션을 갖는 애자일 모델

애자일 개발의 가장 매력적인 혜택 중 하나는 애자일 팀에서 스프린트^{Sprint}라는 짧은 시간 프레임에서의 지속적인 전달이다. 이제 배포를 한 번만 하는 것이 아니라 여러 번 배포한다. 왜냐고? 각 스프린트 이후 애플리케이션의 버전은 공개할 준비가 된 일부 기능을 갖는다. 각 애플리케이션 버전은 데모를 위해 특정 환경에 배포돼야 한다. 따라서 배포는 더 이상 한 번으로 끝나는 활동이 아니다.

여러 번의 배포는 변화하는 고객의 요구를 만족시키기 위해 조직 측면에서 매우 중요하다. 더 효율적으로 되기 위해 모든 교차기능팀^{Cross-functional team} 간의 의사소통과 협력은 필수다. 이미 많은 조직이 애자일 방법론을 적용했다.

애자일에서 전통적인 수동 배포 프로세스는 점증적인 배포에 대한 속도의 장벽으로 작용한다. 따라서 애플리케이션 배포 방법론의 변경과 더불어 다른 프로세스에 대한 변경도 필요하다. 하나의 열쇠를 모든 자물쇠에 사용할 수는 없다. 마찬가지로 폭포수 모델이 모든 프로젝트에 적합한 것은 아니다. 애자일에서는 고객에 중점을 두며 피드백이 중요하다는 점을 이해해야 한다. 변경은 고객의 피드백을 기반으로 발생한다. 그리고 출시 주기가 늘어난다. 입력은 높지만 입력의 처리가 느린 시나리오를 상상해보라. 한 부서가 신발을 준비하고 다른 부서가 최종 마무리와 포장작업을 하는 신발회사의 예를 생각해보자. 포장 프로세스가 느리고 비효율적이라면 어떠한 일이 발생할까? 신발은 포장부서에 쌓일 것이다. 이제 상황을 약간 다르게 생각해보자. 신발을 만드는 부서가 새로운 기계를 들여오고 신발을 만드는 과정을 개선하면 어떻게 될까? 신발을 만드는 과정이 두세 배 빨라진다고 가정해보자. 포장부서의 상태가 어떻게 될지 상상해보라. 유사하게 클라우드 컴퓨팅과 데브옵스가 전달 속도를 증가시키고 최종제품의 품질을 향상시키는 탄력을 얻었다. 따라서 애플리케이션 개발에 대한 애자일 접근법, 기술 향상, 파괴적인 혁신과 방법은 개발팀과 운영팀 사이의 차이를 만들었다.

협력

데브옵스는 파트너십을 개발해 개발팀과 운영팀 사이의 차이를 채우려고 한다. 데브옵스 운동DevOps movement은 소프트웨어 개발자와 IT 운영자 사이의 의사소통, 협력, 통합을 강조한다. 데브옵스는 협력을 촉진시키고 협력은 프로세스를 개선시키기 위한 자동화와 오케스트레이션을 통해 촉진된다. 다시 말해 데브옵스는 지속적인 통합과 출시에 대한 애자일 운동의 지속적인 개발 목표를 확장한다. 데브옵스는 클라우드 솔루션의 혜택을 활용하는 애자일 실천 방법과 프로세스의 조합이다. 애자일 개발과 테스팅 방법론은 애플리케이션의 지속적인 통합, 개발, 구축, 배포, 테스팅, 출시를 만족시키는 데 도움이 된다. 데브옵스는 다양한 팀과 이해당사자로부터 계속되는 피드백을 위한 메커니즘을 제공한다. 또한 비즈니스 분석가, 개발자, 테스터와 같이 여러 팀에 걸친 협력을 위한 플랫폼 형식으로 투명성을 제공한다. 간단히 말해 애자일과 데브옵스는 서로 호환되며 서로의 가치를 증가시킨다.

가장 인기 있는 말 중 하나는 '연습이 사람을 완벽하게 만든다 Practice makes a man perfect.'이다. 이 말을 프로덕션과 유사한 환경에 적용하면 어떻게 되는가? 마지막 순간이 없기 때문에 전체 프로세스를 반복하는 것이 훨씬 더 쉽다. 놀랍게도 배포에서의 대부분의 문제는 이미 경험했으며 처리됐다. 개발팀은 애플리케이션 전달 수명주기의 시작부터 배포 스크립트, 진단, 부하 테스팅, 성능 테스팅과 같은 운영 요구사항을 지원한다. 그리고 운영팀은 관련 지식과 배포 전, 배포하는 동안, 배포 후에 피드백을 제공한다. 해결 방법은 테스팅, 배포, 출시 활동을 개발 프로세스에 통합하는 것이다. 이것은 모든 활동이 여러 번 수행되고 개발 진행의 일부로 여러분의 시스템을 프로덕션 환경으로 출시할 준비가 될 때까지 위험이 거의 없게 만든다. 이미 더 많은 유사 프로덕션 환경에 대해 개발 프로세스는 서로 다른 환경에 대한 준비를 계속 하기 때문이다.

클라우드 컴퓨팅 – 파괴적 혁신

주된 문제는 모든 환경에서 인프라스트럭처를 관리하는 것이다. 가상화 Virtualization와 클라우드 환경은 이러한 일을 시작하는 데 도움이 된다. 클라우드는 유연한 주문형 자원과 환경을 제공하기 때문에 장애를 극복하는 데 도움이 된다. 클라우드는 전 세계에 걸쳐 분산된 액세스를 제공하고 자원의 효과적인 활용을 돕는다. 클라우드는 소프트웨어의 저장소(주문 기반으로 사용할 수 있는 도구)를 제공한다. 필요한 경우 환경을 복제하고 필요한 버전을 다시 생성할 수 있다. 개발 환경, 테스트 환경, 프로덕션 환경은 클라우드 공급자에 의해 제공되는 기능을 통해 모두 모니터링되고 관리가 가능하다. 클라우드 컴퓨팅의 출현과 더불어 자동화를 이용해 애플리케이션이 사용하는 인프라스트럭처의 모든 부분이 쉽게 다시 생성될 수 있게 됐다. 이것은 운영 시스템, OS 구성, 런타임 환경 및 구성, 인프라스트럭처의 구성, 기타 사항이 모두 관리될 수 있다는 의미다. 이러한 방법으로 프로덕션 환경을 자동화된 방법으로 쉽게 정확히 다시 생성할 수 있다. 따라서 클라우드에 대한 데브옵스는 애자일 개발과 클라우드 솔루션 모두에서 최상의 솔루션을 가져온다. 이것은 클라우드에서 분산 애자일 환경을 제공하는 데 도움이 되며 지속적으로 신속한 전달을 유도한다.

왜 데브옵스인가?

데브옵스는 새로운 방법론, 자동화 도구, 클라우드 서비스 공급자의 애자일 자원, 다른 파괴적 혁신, 실천 방법과 기술 때문에 효과적이다. 그러나 데브옵스는 도구와 기술에 대한 것만이 아니다. 데브옵스는 도구와 기술보다 문화에 대한 것이다.

> 기술Technology은 하나의 도구에 불과하다. 아이들을 함께 일하게 하고 그들에게 동기를 부여하는 데 있어 교사가 가장 중요하다.
>
> — 빌 게이츠

개발팀과 운영팀이 협력하고 의사소통을 하는 방법에는 큰 변화가 필요하다. 문화의 관점에서 조직은 변화가 필요하며 조직의 비전에 데브옵스를 포함하는 장기적인 비즈니스 목표를 가져야 한다. 다양한 팀이나 비즈니스 단위가 경험한 어려운 점pain point과 장애물을 설정하고 비즈니스 전략의 정제와 목표 수정에 이러한 지식을 이용하는 것이 중요하다.

> 사람들은 항상 변화를 두려워한다. 전기가 발명됐을 때도 두려워하지 않았나? 석탄도 두려워했고 가스엔진도 두려워했다. 사람들은 언제나 무지할 것이고 바로 이러한 무지가 두려움이 된다. 그러나 시간이 지남에 따라 사람들은 최첨단 기술전문가를 받아들인다.
>
> — 빌 게이츠

조직의 여러 부분에서 직면한 공통 문제를 식별하고 더 많은 가치를 가져오도록 전략을 변경하는 것은 의미가 있다. 이것은 데브옵스의 방향에 대한 디딤돌이 될 수 있다. 오래된 가치와 목표를 갖고 새로운 경로를 채택하기는 어렵다. 먼저 사람들을 새로운 프로세스와 일치시키는 것이 중요하다. 예를 들어 팀은 애자일 방법론의 가치를 이해해야만 한다. 그러지 않으면 팀은 애자일 방법론의 사용에 저항할 것이다. 팀은 오래된 프로세스에 익숙하기 때문에 저항할 것이다. 따라서 변화를 가져오도록 사람들에게 권한을 부여하는 것뿐만 아니라 그들이 혜택을 인식하도록 만드는 것이 중요하다.

변화는 사람들이 그들이 갖는 가치를 과대평가하고 그것을 포기함으로써 얻을 수 있는 가치를 과소평가하기 때문에 어렵다.

– 제임스 벨라스코^{James Belasco}와 랩프 스테이어^{Ralph Stayer}

자립적인 팀은 그들에게 권한을 주는 경우 최선의 결과를 낸다. 우리는 책무^{accountability}와 책임^{responsibility}이 갖는 힘을 이해해야 한다. 교차기능딤은 개발 프로세스에 그들의 전문성을 제공함으로써 함께 작업하고 품질을 향상시킨다. 그러나 이것은 고립된 기능이 아니다. 여러 팀에 걸친 의사소통과 협력은 품질을 더 높인다.

데브옵스의 최종 목적은 지속적인 개선^{Continuous improvement}이다. 우리는 실수로부터 배우며 이것은 경험이 된다. 경험은 디자인 패턴을 견고하게 만들고 프로세스 오류를 최소화한다. 이는 생산성 향상으로 이어지며 계속되는 혁신을 통해 새로운 목표를 성취할 수 있다.

거의 모든 다른 종류의 혁신과 마찬가지로 소프트웨어의 혁신은 다른 사람과 협력하고 아이디어를 공유하며 고객과 앉아 이야기하고 고객의 피드백을 받고 그들의 요구를 이해할 수 있는 능력을 필요로 한다.

– 빌 게이츠

데브옵스의 혜택

다음 그림은 데브옵스의 모든 혜택을 설명한다.

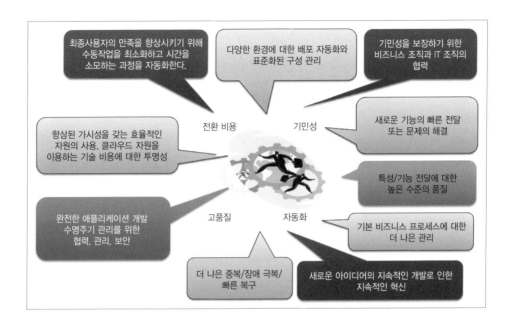

다양한 이해당사자 사이의 협력은 조직이 그들의 비즈니스 목표를 달성하는 데 도움이 되는 많은 비즈니스 혜택과 기술적인 혜택을 가져온다.

▌ 데브옵스 수명주기 – 이것은 모두 "지속적인" 것에 대한 것이다

지속적인 통합[CI], 지속적인 테스팅[CT], 지속적인 전달[CD]은 데브옵스 문화의 중요한 부분이다. CI는 빌드 자동화, 단위 테스트, 패키징 프로세스를 포함하는 반면 CD는 다양한 환경에 걸친 애플리케이션 전달 파이프라인에 관심을 갖는다. CI와 CD는 빌드, 테스트 및 코드 분석과 같은 다양한 단계에 걸친 자동화를 통해 애플리케이션 개발 프로세스를 가속화한다. 그리고 애플리케이션 전달 수명주기 내에서 사용자가 전체적인 자동화를 할 수 있도록 한다.

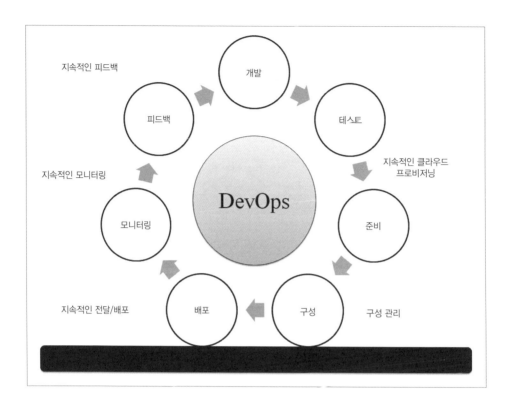

지속적인 통합과 지속적인 전달, 지속적인 배포는 클라우드 프로비저닝과 구성 관리에 의해 잘 지원된다. 지속적인 모니터링은 이슈의 식별이나 전체 파이프라인에서의 병목지점을 식별하는 것을 돕고 파이프라인의 효율화를 돕는다.

지속적인 피드백은 이러한 파이프라인의 필수적인 부분으로 이해당사자에게 필요한 결과에 가까운지, 다른 방향으로 가는지 여부를 표시한다.

꾸준한 노력(힘이나 지능이 아닌)이야말로 잠재력을 깨울 열쇠다.

– 윈스턴 처칠Winston Churchill

다음 그림은 자바 웹 애플리케이션의 도구 세트와 애플리케이션 전달 파이프라인의 다양한 부분에 대한 맵핑을 보여준다.

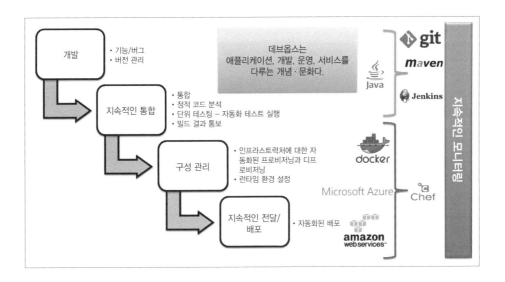

이 책에서는 샘플 스프링^{Spring} 애플리케이션을 데모 목적으로 사용하며 이는 도구 세트가 자바와 관련 있는 이유다.

빌드 자동화

자동화된 빌드는 아파치 앤트^{Apache Ant}와 아파치 메이븐^{Apache Maven} 같은 빌드 자동화 도구를 이용해 애플리케이션의 빌드 결과를 생성한다. 자동화된 빌드 프로세스는 다음과 같은 활동을 포함한다.

- 소스 코드를 클래스 파일이나 바이너리 파일로 컴파일
- 서드 파티 라이브러리 파일에 대한 참조 제공
- 구성 파일의 경로 제공
- 자바의 경우 클래스 파일이나 바이너리 파일의 WAR 파일 패키징
- 자동화된 테스트 케이스 실행
- 로컬 머신이나 원격 머신으로의 WAR 파일 배포
- WAR 파일 생성 시 수동작업 축소

메이븐과 앤트는 빌드 프로세스를 자동화하며 간단하고 반복적으로 만든다. 그리고 한 번 생성해 여러 번 실행하는 개념이기 때문에 오류 발생이 더 적다. 빌드 자동화는 애플리케이션 전달 파이프라인에서 모든 자동화 유형의 기본이다.

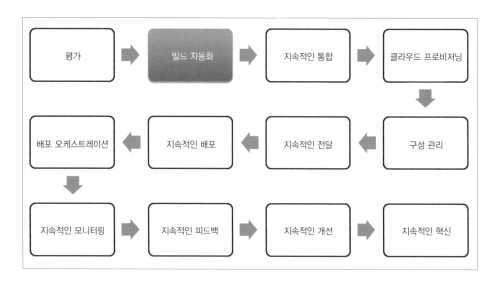

빌드 자동화^{Build automation}는 지속적인 통합에 필수적이며 자동화의 나머지 부분은 빌드 프로세스가 자동화되는 경우에만 효과적이다. 젠킨스^{Jenkins}, 애틀라시안^{Atlassian}, 뱀부^{Bamboo} 같은 모든 CI 서버는 지속적인 통합과 그들의 애플리케이션 전달 파이프라인을 위해 빌드 파일을 사용한다.

지속적인 통합

지속적인 통합^{CI, Continuous Integration}이란 무엇인가? 간단히 말해 CI는 개발자가 체크인하는 경우 다음 방법 중 하나로 검증하는 소프트웨어 엔지니어링 실천 방법이다.

- **풀 메커니즘**^{Pull mechanism}: 예정된 시간에 자동화된 빌드 작업을 실행한다.
- **푸시 메커니즘**^{Push mechanism}: 변경 사항이 저장소에 저장되는 경우 자동화된 빌드가 실행된다.

이 단계에서는 소스 코드 저장소에서 이용 가능한 최신 변경 사항에 대한 단위 테스트의 실행이 뒤따른다.

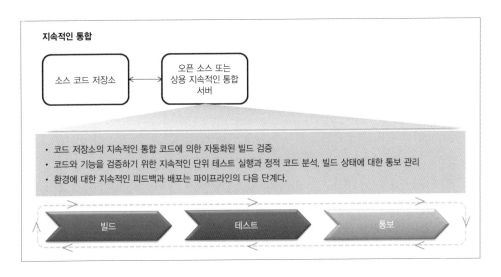

지속적인 통합의 주된 혜택은 빌드 실행 결과에 기반한 빠른 피드백이다. 빌드가 성공적인 경우에는 모든 것이 좋다. 빌드가 성공적이지 않은 경우에는 깨진 빌드를 커밋한 개발자에게 책임을 할당하고 모든 이해당사자에게 통보한다. 그리고 이슈를 해결한다.

 CI에 대한 자세한 내용은 https://martinfowler.com/articles/continuousIntegration. html을 참조하라.

그렇다면 왜 CI가 필요한가? CI는 모든 것을 단순하게 만들고 코드 내의 버그나 오류를 상대적으로 고치기 쉬운 시기인 개발 초기 단계에서 식별하는 데 도움이 된다. 동일한 시나리오가 매우 오랜 기간 후에 발생하고 관리해야 하는 의존성과 복잡성이 너무 많다고 가정해보자. 문제를 초기 단계에서 보완하고 고치는 것이 훨씬 쉽다. 건강 문제에 비유해 생각하면 이러한 상황은 더 분명해진다.

지속적인 통합은 개발자가 코드를 공유 저장소로 하루에 여러 번 통합하는 것이 필요한 개발 실천사항이다. 각각의 체크인은 자동화된 빌드를 통해 검증되며 이것은 팀이 문제를 조기에 발견할 수 있도록 한다. CI는 중요한 부분이며 실제로 데브옵스 문화를 개발하길 원하는 모든 조직의 출시 관리 전략의 기반이다.

다음 사항은 CI를 통한 즉각적인 혜택이나.

- 풀 또는 푸시 메커니즘을 통한 자동화된 통합
- 어떠한 수동 개입도 없는 반복 가능한 프로세스
- 자동화된 테스트 케이스 실행
- 코딩 표준 검사
- 요구사항에 기반한 스크립트의 실행
- 빠른 피드백: 이해당사자에게 이메일을 통한 빌드 상태의 통보
- 팀이 프로세스 관리가 아닌 자신의 작업에 중점을 둔다.

젠킨스Jenkins, 아파치 컨틴늄Apache Continuum, Buildbot, GitLabCI 등은 오픈소스 CI 도구의 일부 예다. AnthillPro, 애틀리시안 뱀부, TeamCity, 팀 파운데이션 서버 등은 상용 CI 도구의 일부 예다.

모범 사례

이제 지속적인 통합의 구현을 고려할 때 유용한 모범 사례를 살펴보자.

- Git이나 SVN과 같은 코드 저장소를 유지한다.
- 서드파티 JAR 파일, 빌드 스크립트, 다른 산출물 등을 코드 저장소에 체크인한다.
- 코드 저장소에서 완전히 빌드를 실행한다. 클린 빌드Clean build를 사용한다.
- 자바용 메이븐Maven이나 앤트Ant를 사용해 빌드를 자동화한다.
- 빌드 자체적인 테스팅을 한다. 단위 테스트를 만든다.
- 기능마다 최소한 하루에 한 번 모든 변경 사항을 커밋한다.

- 모든 커밋은 변경 사항의 무결성을 검증하기 위해 빌드돼야 한다.
- 사용자를 인증하고 액세스 제어를 강제화한다(인증 및 권한 부여).
- 빌드 이름에 알파벳 문자를 사용하고 기호문자는 피한다.
- 다양한 빌드 작업에 대한 균일성을 유지하고 더 나은 방법으로 작업을 관리한다. 문제 해결을 시도하는 경우 모든 태스크에 대한 단일작업은 어렵다. CI 서버가 해당 개념이 지원하는 경우 슬레이브 인스턴스에 빌드 실행을 할당하는 것도 도움이 된다.
- 문제 해결 시 유용할 수 있는 아카이브된 빌드와 다른 산출물을 포함하고 있는 CI 서버의 home 디렉터리를 정기적으로 백업한다.
- 빌드와 관련된 많은 세부 항목을 저장하기 때문에 CI 서버에 사용 가능한 디스크 공간이 충분한지 확인한다.
- 여러 작업이 동시에 시작하도록 예약하지 않거나 특정 작업이 슬레이브 인스턴스에 할당해 여러 빌드 작업이 동시에 실행할 수 있는 마스터-슬레이브 개념을 이용한다.
- 프로젝트나 애플리케이션의 특정 이해당사자에 대해 이메일, SMS, 트위터Twitter 통보를 설정한다.
- 특정 이해당사자를 위해 커스터마이즈된 이메일의 사용이 권장된다.
- 커뮤니티 플러그인의 사용이 권장된다.

클라우드 컴퓨팅

클라우드 컴퓨팅은 최근 몇 년 동안의 획기적인 혁신으로 간주되고 있다. 클라우드 컴퓨팅은 기술적인 경관을 재구성하고 있다. 적절한 서비스와 비즈니스 모델로 구성된 획기적인 발전과 더불어 클라우드 컴퓨팅은 IT 서비스의 근간Backbone으로 그 역할이 확장됐다. 경험 기반으로 조직은 전용 서버에서 통합 서버, 가상화와 클라우드 컴퓨팅으로 개선됐다.

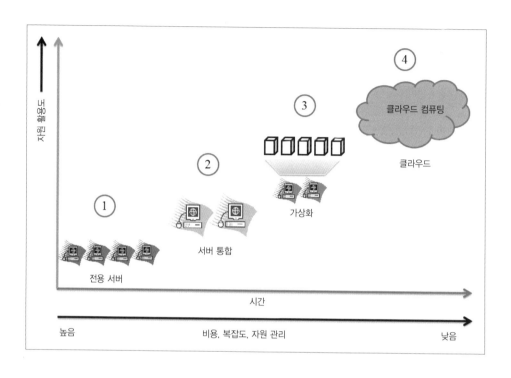

클라우드 컴퓨팅은 사용량 기반 과금(pay per use pricing) 모델을 통해 최대 부하 및 정상 부하 시에 효율적으로 활용할 수 있는 탄력적이고 무제한적인 자원을 제공한다. Pay-as-you-go 기능은 수년간 자원 부족에 직면한 개발팀에게 혜택이 된다. 자원 프로비저닝과 사용자 요구사항에 기반한 구성 자동화가 가능하며 이것은 수동작업을 상당히 줄인다. 더 많은 정보는 https://nvlpubs.nist.gov/nistpubs/Legacy/SP/nist specialpublication800-145.pdf에 있는 NIST SP 800-145, The NIST Definition of Cloud Computing을 참조하라.

클라우드 컴퓨팅은 애플리케이션의 가용성 측면(다음 다이어그램에서 보듯이 세 가지 서비스 모델과 네 가지 배포 모델을 고려하는 배포 환경)에서 다양한 기회를 열었다.

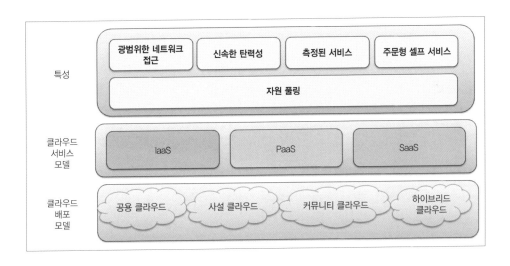

각각의 특정 요구사항을 처리하는 네 가지 클라우드 배포 모델이 있다.

- **공용 클라우드**Public cloud: 일반적으로 이 클라우드 인프라스트럭처는 공용으로 이용이 가능하다.
- **전용 클라우드**Private cloud: 이 클라우드 인프라스트럭처는 단일 조직을 위해 운영된다.
- **커뮤니티 클라우드**Community cloud: 이 클라우드 인프라스트럭처는 공유된 관심사항을 갖는 특정 커뮤니티에 의해 공유된다.
- **하이브리드 클라우드**Hybrid cloud: 이 클라우드 인프라스트럭처는 두 개 이상의 클라우드 모델로 구성된다.

모든 조직에서 데브옵스 문화를 가르치기 위해 자동화를 달성하길 원한다면 클라우드 컴퓨팅은 중요하다. 구성 관리 도구를 이용해 자원을 생성, 설정, 관리하는 경우 인프라스트럭처를 코드처럼 유사하게 다룰 수 있다. 클라우드 자원은 데브옵스 문화를 성공적으로 적용하는 데 필수적이다. 탄력적이고 확장 가능하고 페이고Pay-as-you-go 방식인 자원 소비는 조직이 다양한 환경에서 같은 유형의 클라우드 자원의 사용을 가능하게 만든다. 모든 환경에서의 주된 문제는 불일치와 제한된 용량이다. 클라우드 컴퓨팅은 경제적 혜택뿐만 아니라 이러한 문제를 해결한다.

구성 관리

구성 관리^{CM, Configuration Management}는 시스템, 더 구체석으로는 서버 런타임 환경에서의 변경 사항을 관리한다. 동일한 종류의 구성을 갖는 여러 서버를 관리해야 하는 경우를 생각해보자. 예를 들어 각 서버에 톰캣^{Tomcat}을 설치할 필요가 있다. 모든 서버의 포트를 변경하거나 일부 패키지를 업데이트하거나 일부 사용자에게 권한을 제공하는 경우 어떻게 해야 하는가? 이러한 시나리오에서 모든 종류의 변경은 수동이며 오류가 발생하기 쉬운 프로세스다. 동일한 구성이 모든 서버에 사용되므로 자동화가 유용할 수 있다. 서버 런타임 환경에서의 자동화된 설치와 변경 또는 권한의 변경은 서버를 효과적으로 특정 수준까지 올라가게 한다.

구성 관리는 특정 노드나 서버 상태와 관련된 세부 정보의 추적, 버전 유지에 관한 내용이다. 우리가 이들을 필요로 하고 업데이트하는 경우가 더 좋은 상황이다. 중앙집중식 변경은 이를 트리거할 수 있다. 또는 스스로 업데이트해야 할지 여부에 대해 노드가 구성 관리 서버와 통신할 수 있다. 구성 관리 도구는 변경되는 동작이 업데이트되는 경우에만 이러한 프로세스를 효과적으로 만든다. 그리고 전체 설치와 변경은 서버 노드에 다시 적용되지 않는다.

시장에는 셰프^{Chef}, 퍼펫^{Puppet}, 앤서블^{Ansible}, 솔트^{Salt} 같이 인기 있는 구성 관리 도구가 많다. 각 도구는 동작하는 방법은 다르지만 특성과 최종 목표(표준화된 동작으로 오류 없이 특정 노드의 상태 변경을 하는 것)는 동일하다.

지속적인 전달/지속적인 배포

지속적인 전달^{Continuous delivery}과 지속적인 배포^{Continuous deployment}는 상호교환적으로 자주 사용된다. 그러나 이들 사이에는 작은 차이점이 있다. 지속적인 전달은 모든 환경에서 자동화된 방식으로 애플리케이션을 배포하는 프로세스이며 품질을 향상시키기 위해 지속적인 피드백을 제공한다. 반면 지속적인 배포는 프로덕션 환경으로 최신 변경 사항을 갖는 애플리케이션의 배포에 관한 것이다. 다시 말해 지속적인 배포는 지속적인 전달을 의미한다고 할 수 있지만 그 반대는 맞는 사실이 아니다.

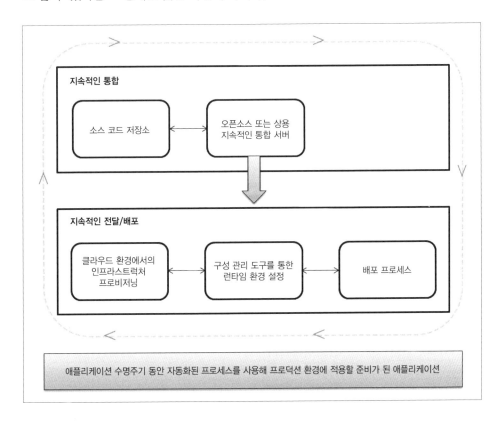

지속적인 전달은 짧은 구현 기간이나 애자일 기간의 스프린트 이후의 점진적인 출시 때문에 중요하다. 개발부터 테스팅까지 기능이 준비된 애플리케이션을 배포하기 위해 요구사항이나 해석의 변경으로 인해 스프린트에서 여러 번의 반복이 포함될 수 있다. 그러나 스프린트의 마지막에는 최종적인 기능이 준비된 애플리케이션이 프로덕션 환경으로 배포된다. 짧은 시간 동안 테스팅 환경에서 여러 번의 배포를 수행하는 것은 논의한 바와 같이 자동화가 권장된다. 모든 환경에 대해 인프라스트럭처와 런타임 환경을 생성하기 위해서는 스크립트가 유용하다. 이러한 환경에서 자원의 프로비저닝은 더 쉽다.

예를 들어 마이크로소프트 애저에서 애플리케이션을 배포하려면 다음과 같은 자원이 필요하다.

- 애저 웹 애플리케이션은 특정 유형의 자원으로 구성된다.
- 데이터베이스 생성을 위한 BACPAC 파일을 저장하기 위한 저장소 계정

이후 다음 단계를 따라야 한다.

1. 데이터베이스를 호스팅하기 위한 SQL Server 인스턴스 생성
2. 새로운 데이터베이스를 생성하기 위한 저장소 계정으로부터 BACPAC 파일 가져오기
3. 마이크로소프트 애저로 웹 애플리케이션 배포

이 시나리오에서 각 환경을 위한 명명 규칙과 경로에 대한 구성 파일의 사용을 고려할 수 있다. 그러나 각 환경에서는 유사한 유형의 자원이 필요하다. 환경에 따라 자원의 구성을 변경할 수 있다. 이것은 각 환경의 구성 파일에서 관리가 가능하나. 자동화 스크립트는 환경에 기반한 구성 파일을 사용할 수 있으며 자원을 생성해 애플리케이션으로 배포할 수 있다. 따라서 반복적인 단계는 자동화된 방식으로 쉽게 관리할 수 있다. 그리고 이것은 지속적인 전달과 지속적인 배포 모두에 도움이 된다.

지속적인 전달의 모범 사례

다음 사항은 지속적인 전달 구현을 위해 따라야 하는 공통적인 실천 방법이다.

- 애플리케이션 전달 파이프라인에서 모든 사항을 자동화하기 위한 계획: 대상 환경에 애플리케이션을 배포하기 위해 하나의 커밋만 필요한 상황을 고려하라. 컴파일, 단위 테스트 실행, 코드 검증, 통보, 인스턴스 프로비저닝, 런타임 환경 설정, 배포가 포함돼야 한다. 자동화를 위해 다음 사항을 기억해야 한다.

- 반복적인 작업^{Repetitive tasks} 반복적인 작업 Repetitive tasks
  - 어려운 작업 Difficult tasks
  - 수동작업 Manual tasks
- 유사 프로덕션 환경에서 새로 구현된 버그 수정을 개발하고 테스트한다. 이것은 클라우드 컴퓨팅에 의해 제공되는 사용량 기반 과금 pay-per-use 으로 인해 가능하다.
- 경험과 일관성을 얻기 위해 개발 환경과 테스트 환경으로 자주 배포한다.

 지속적인 전달: Reliable Software Releases through Build, Test, and Deployment Automation: http://martinfowler.com/books/continuousDelivery.html.

지속적인 전달 vs 지속적인 배포: https://continuousdelivery.com/2010/08/continuous-delivery-vs-continuous-deployment/

지속적인 모니터링

지속적인 모니터링 Continuous monitoring 은 전체적인 전달 파이프라인의 근간이며 오픈소스 모니터링 도구는 아이스크림 위의 토핑과 같다. 다음 그림에서 보듯이 모든 프로세스에 대한 투명성을 유지하기 위해 모니터링은 대부분의 단계에서 바람직하다. 또한 모니터링은 문제를 빨리 해결하는 데 도움이 된다.

모니터링은 세심하게 구현된 계획이어야 하며 다음 다이어그램에 언급된 각 컴포넌트의 일부여야 한다. 지속적인 전달 · 배포를 위한 지속적인 통합에 대한 모니터링 실천 방법을 고려해야 한다.

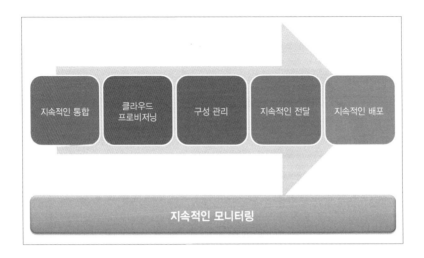

전체적인 배포가 자동화 방식으로 구현된 시나리오가 있지만 문제는 코딩 문제, 쿼리 관련 문제, 인프라스트럭처 관련 문제 등에 의해 발생한다. 다음 다이어그램에서 보듯이 다양한 유형의 모니터링을 생각할 수 있다.

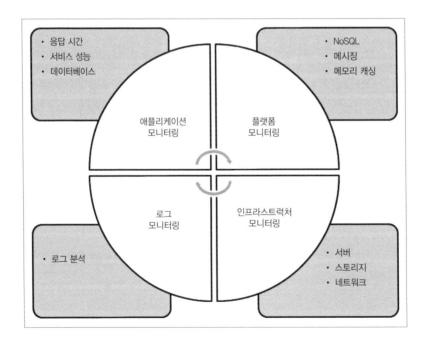

일반적으로 인프라스트럭처 자원만 모니터링하는 경향이 있다. 우리가 반드시 제기해야 할 질문은 자원의 모니터링만으로 충분한지, 다른 유형의 모니터링에 중점을 둬야 하는지 여부다. 질문에 답하기 위해 계획 단계에서 적절한 모니터링 전략을 갖고 있어야 한다. 모니터링 전략은 항상 이해당사자와 모니터링 관점을 식별하고 조직의 문화와 경험을 기반으로 하는 것이 더 좋다.

 지속적인 모니터링 완전 분석: https://searchsecurity.techtarget.com/features/Continuous-monitoring-demystified

지속적인 피드백

지속적인 피드백Continuous feedback은 데브옵스 문화에서 중요한 맨 마지막 구성 요소이며 개선과 혁신의 수단을 제공한다. 무엇이 필요한지, 어떻게 결과가 나와야 하는지 알고 있는 이해당사자로부터 피드백이 나오는 경우 피드백은 항상 개선사항을 제공한다. 배포 활동 이후, 고객의 피드백은 다음 다이어그램에서 보듯이 개선을 위한, 개발자에 대한 입력 역할을 할 수 있으며 피드백의 올바른 통합은 고객을 더 만족시킨다.

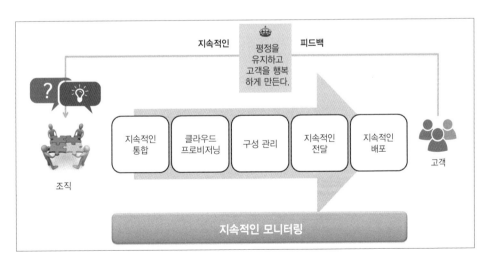

여기서는 구현 기능이 이해당사자에게 제공되고 이해당사자가 피드백을 제공하는 상황을 고려한다. 폭포수 모델에서 피드백 주기는 매우 길다. 따라서 개발자는 최종제품이 어떠한 것인지, 고객이 요청한 것이 무엇인지, 전달해야 하는 필요사항의 해석이 어디서 변경됐는지 알지 못한다. 애자일이나 데브옵스 문화에서는 실제로 이해당사자가 작은 구현 단계의 결과를 확인하기 때문에 더 짧은 피드백 주기가 주뇐 자이점을 만든다. 따라서 결과가 여러 번 검증된다. 고객이 만족하지 않는 경우 변경을 위한 매우 지루하지 않은 단계에서의 피드백이 유용하다. 폭포수 모델에서는 피드백이 매우 늦게 받아들여지므로 재앙이 될 수 있다. 시간과 의존성 때문에 복잡도가 증가하고 이러한 상황에서의 변경은 오랜 시간이 걸린다. 이외에도 두 달 전에 작성한 내용을 기억하는 사람은 아무도 없다. 따라서 더 빠른 피드백 주기는 전체적인 프로세스를 향상시키고 엔드포인트를 연결하면 실수 패턴을 발견하고 교훈을 학습하며 개선된 패턴을 사용한다. 그러나 지속적인 피드백은 구현의 기술적 측면을 향상시킬 뿐만 아니라 현재의 기능을 평가하는 방법과 기능이 전반적인 시나리오에 적합한지 아니면 여전히 개선할 여지가 있는지도 제공한다. 개선된 경험을 제공해 고객을 행복하게 만드는 데 지속적인 피드백이 중요한 역할을 한다는 점을 인식하는 것이 중요하다.

▌ 도구와 기술

도구와 기술은 데브옵스 문화에서 중요한 역할을 담당한다. 그러나 주의가 필요한 유일한 부분은 아니다. 전체 파이프라인의 계속적인 실행을 위한 효과적인 결과를 만들기 위해서는 애플리케이션 전달 파이프라인, 다양한 도구, 파괴적 혁신, 오픈소스 이니셔티브, 커뮤니티 플러그인 등 모든 부분이 필요하다.

코드 저장소 - Git

서브버전^{Subversion}은 파일과 폴더에 대한 모든 변경 사항을 추적하는 데 사용되는 버전 관리 시스템이다. 서브버전을 사용해 개발되는 애플리케이션의 변경 사항을 추적할 수 있다. 몇 달 전에 추가된 기능도 코드 버전을 이용해 추적할 수 있다. 코드에 대한 버전 추적이 전부다. 새로운 기능이 추가되거나 새로운 코드가 작성될 때마다 코드는 개발자에 의해 테스트되고 커밋된다. 그후 코드는 변경을 추적하기 위해 저장소로 보내지고 코드에 대한 새로운 버전이 주어진다. 해당 개발자가 주석을 작성하면 다른 개발자도 변경 사항을 쉽게 이해할 수 있다. 다른 개발자는 변경 사항을 확인하기 위해 업데이트 사항을 체크만 하면 된다.

장점

소스 코드 저장소를 사용하는 몇 가지 장점은 다음과 같다.

- 많은 개발자가 같은 코드로 동시에 작업할 수 있다.
- 컴퓨터가 고장난 경우 코드를 커밋한 서버가 있기 때문에 복구가 가능하다.
- 버그가 발생하는 경우 새로운 코드를 이전 버전으로 쉽게 복원할 수 있다.

Git은 작고 다양한 프로젝트를 신속하고 효율적으로 처리할 수 있도록 설계된 오픈소스 분산 버전 관리 시스템이다. Git은 배우기 쉽고 성능도 뛰어나다. Git은 완전한 저장소와 독립적인 중앙서버, 네트워크 접근을 통한 버전 관리 추적 기능으로 구성된다. Git은 2005년 리누스 토발즈^{Linus Torvalds}가 설계해 개발했다.

특징

Git의 중요한 일부 특징은 다음과 같다.

- 비선형 개발을 지원한다.
- 기존 시스템 및 프로토콜과의 호환이 가능하다.
- 이력의 암호화 인증을 보장한다.
- 잘 설계된 플러그가 가능한 머지 전략을 갖고 있다.

- 툴킷 기반^{toolkit-based} 설계로 구성돼 있다.
- resolve, octopus, recursive 같은 다양한 병합 기법을 지원한다.

SVN과 Git의 차이점

SVN과 Git 둘 다 인기 있는 소스 코드 저장소다. 그러나 최근 Git은 점점 더 많은 인기를 얻고 있다. 둘 사이의 주된 차이점을 살펴보자.

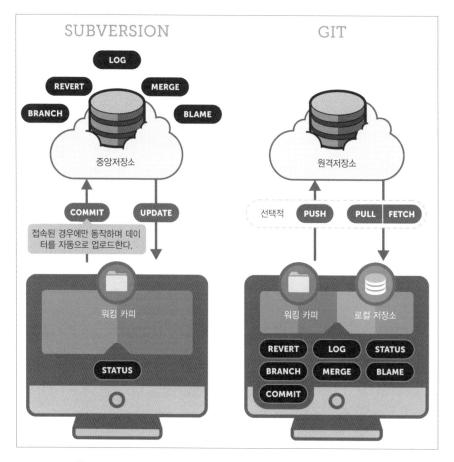

https://www.git-tower.com/learn/git/ebook/en/mac/appendix/from-subversion-to-git

서브버전과 Git의 세부사항이 다음 표에 설명돼 있다.

서브버전	Git
중앙집중식 버전 관리 시스템	분산 버전 관리 시스템
프로젝트의 특정 버전에 대한 스냅샷이 개발자 머신에서 사용 가능하다.	저장소의 완전한 복제본이 개발자 머신에서 사용 가능하다.
commit, merge, blame, revert 같은 동작을 수행하고 중앙저장소에서 branch와 log를 확인한다.	commit, merge, blame 같은 동작을 수행하고 로컬 저장소에서 branch와 log를 확인한다. 더불어 개발자가 작업한 내용을 다른 사람과 공유해야 하는 경우 원격저장소에 대한 pull과 push 동작을 수행한다.
URL은 트렁크, 브랜치, 태그에 사용된다. https://(URL/IP Address)/svn/trunk/AntExample1/	.git는 프로젝트의 루트이며 브랜치를 기술하기 위해 URL이 아닌 명령어가 사용된다. git@github.com:mitesh51/game-of-life.git
SVN 워크플로우 활성화된 기능의 구현이 브랜치의 하위 디렉터리에서 개발된다. ↓ 기능 구현이 완료된다. ↓ 기능 브랜치의 하위 디렉터리가 트렁크로 병합된다. ↓ 기능 브랜치의 하위 디렉터리가 제거된다. ↓ 프로젝트의 최신 안정 트렁크가 출시된다.	Git 워크플로우 모든 브랜치와 태그 이력은 .git 디렉터리에 있다. ↓ 최신의 안정된 출시는 마스터 브랜치 내에서 사용이 가능하다. ↓ 활성 기능 구현은 별개의 브랜치에서 개발된다. ↓ 기능 브랜치의 하위 디렉터리가 트렁크에 병합된다. ↓ 기능 브랜치의 하위 디렉터리가 제거된다.
파일 변경 사항이 다음 커밋에 포함된다.	파일 변경 사항이 명시적으로 표시돼야 다음 커밋에 변경 사항이 포함된다.
커밋된 작업은 중앙저장소로 즉시 전송되므로 저장소에 대한 직접 연결이 가능해야 한다.	커밋된 작업은 원격저장소로 즉시 전송되지 않고 로컬 저장소로 커밋된다. 다른 개발자와 공유하기 위해서는 원격저장소로 커밋된 작업을 푸시해야 한다. 이러한 경우 원격저장소에 대한 연결이 필요하다.

각 커밋은 오름차순으로 리비전 번호를 갖는다.	각 커밋은 오름차순으로 리비전 번호가 아닌 커밋 해시를 갖는다.
애플리케이션 디렉터리: .svn db src test toplink-mw war build build.properties build readme warfile	애플리케이션 디렉터리: .git gameoflife-acceptance gameoflife-build gameoflife-core gameoflife-deploy gameoflife-web infinitest.filters pom README.markdown
.svn 디렉터리 구조: > .svn Name pristine tmp entries format wc	.git 디렉터리 구조: > .git Name hooks info logs objects refs COMMIT_EDIT config description HEAD index packed-refs
짧은 학습곡선	긴 학습곡선

빌드 도구 – 메이븐

아파치 메이븐^{Apache Maven}은 아파치 2.0 라이선스를 갖는 빌드 도구다. 메이븐은 자바 프로젝트에 사용되며 크로스 플랫폼^{cross-platform} 환경에서 사용 가능하다. 메이븐은 루비, 스칼라, C#, 다른 언어에도 사용할 수 있다.

다음은 메이븐의 중요한 기능이다.

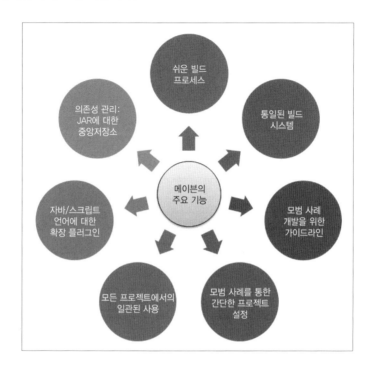

프로젝트 객체 모델POM, Project Object Model XML 파일은 애플리케이션 이름, 소유자 정보, 애플리케이션 배포 파일의 생성 방법, 의존성 관리 방법 정보를 포함하고 있다.

pom.xml 파일 예제

pom.xml 파일은 validate, generate-sources, process-resources, generate-resources, process-resources, compile, process-test-sources, process-test-resources, test-compile, test, package, install, deploy와 같이 미리 정의된 타깃Target을 갖는다.

다음은 메이븐에서 사용되는 pom.xml 파일의 예제다.

```xml
<?xml version="1.0" encoding="UTF-8"?>
<project xmlns="http://maven.apache.org/POM/4.0.0" xmlns:xsi="http://www.w3.org/2001/XMLSchema-instance" xsi:schemaLocation="
http://maven.apache.org/POM/4.0.0 http://maven.apache.org/maven-v4_0_0.xsd">
    <modelVersion>4.0.0</modelVersion>
    <groupId>org.springframework.samples</groupId>
    <artifactId>spring-petclinic</artifactId>
    <version>1.0.0-SNAPSHOT</version>

    <name>petclinic</name>
    <packaging>war</packaging>

    <properties>

    <dependencies>

    <!-- Maven plugin versions are mentioned in order to guarantee the build reproducibility in the long term -->
    <build>
        <defaultGoal>install</defaultGoal>
        <testResources>
            <testResource>
                <!-- declared explicitly so Spring config files can be placed next to their corresponding JUnit test class  -->
                <directory>${project.basedir}/src/test/java</directory>
            </testResource>
            <testResource>
                <directory>${project.basedir}/src/test/resources</directory>
            </testResource>
        </testResources>
        <plugins>
    </build>
        <reporting>

    <url>demopetclinic</url>
</project>
```

지속적인 통합 도구 - 젠킨스

젠킨스[Jenkins]는 MIT 라이선스를 갖는 자바로 작성된 지속적인 통합을 위한 오픈소스 소프트웨어다. 그러나 젠킨스 2는 지속적인 통합과 지속적인 전달을 포함한 모든 자동화에 중점을 둔 오픈소스 자동화 서버다.

젠킨스는 윈도우, 우분투/데비안, 레드햇/페도라, 맥 OS X, openSUSE, FreeBSD 같은 다양한 플랫폼에서 사용 가능하다. 젠킨스는 애자일 환경에서 사용자가 소프트웨어 개발을 위한 지속적인 통합 서비스를 활용할 수 있도록 한다. 젠킨스는 아파치 앤트와 메이븐 2/메이븐 3을 기반으로 자유로운 스타일의 소프트웨어 프로젝트를 빌드하는 데 사용 가능하다. 또한 윈도우 배치 명령과 쉘 스크립트도 실행할 수 있다.

젠킨스는 플러그인을 사용해 사용자를 쉽게 정의할 수 있다. 지속적인 통합 설정을 위한 특정 요구에 기반해 사용자를 정의할 때 젠킨스를 사용할 수 있는 다양한 종류의 플러그인이 존재한다. 플러그인의 범주에는 소스 코드 관리(Git, CVS, Bazaar 플러그인), 빌드 트리거(Accelerated Build Now와 Build Flow 플러그인), 빌드 보고서(Code Scanner와 Disk Usage 보고서), 인증과 사용자 관리(Active Directory와 GitHub OAuth 플러그인), 클러스터 관리와 분산 빌드(Amazon EC2와 Azure Slave 플러그인)가 포함된다.

 젠킨스를 더 자세히 알고 싶다면 Jenkins Essentials(https://www.packtpub.com/product/jenkins-essentials/9781783553471)를 참조하라.

젠킨스는 자동화를 통해 소프트웨어 개발 프로세스를 가속시킨다.

핵심 기능과 이점

젠킨스의 놀라운 일부 장점은 다음과 같다.

- 설치, 업그레이드, 설정이 쉽다.
- **지원 플랫폼**: 윈도우, 우분투/데비안, 레드햇/페도라/CentOS, 맥 OS X, openSUSE, FreeBSD, OpenBSD, 솔라리스, 젠투
- 개발 수명주기 프로세스를 관리하고 통제한다.
- **젠킨스가 지원하는 비 자바 프로젝트**: 닷넷, 루비, PHP, 드루팔, 펄, C++, Node.js, 파이썬, 안드로이드, 스칼라
- 자동화된 빌드에 의해 검증되는 일 단위 통합 개발 방법론
- 모든 커밋은 빌드를 트리거할 수 있다.
- 젠킨스는 사용자가 CI와 CD의 구현을 가능하게 만드는 완전한 기능의 기술 플랫폼이다.

- 젠킨스의 사용은 CI와 CD에 국한되지 않는다. 젠킨스는 쉘과 윈도우 배치 명령 실행을 지원하기 때문에 젠킨스의 사용을 통한 전체 파이프라인에 대한 모델의 포함과 오케스트레이션이 가능하다. 젠킨스 2.0은 전체 배포와 전달 파이프라인의 모델링에 **도메인 특화 언어**^{DSL, Domain-Specific Language}를 사용하는 전달 파이프라인을 지원한다.

- 코드로서의 파이프라인은 개발팀과 운영팀이 효과적인 방법으로 협력하는 것을 돕는 공통 언어(DSL)를 제공한다.

- 젠킨스 2는 전달 파이프라인을 걸친 진행 사항을 관찰하기 위한 단계 뷰를 갖는 새로운 GUI를 갖는다.

- 젠킨스 2.0은 젠킨스 1.x 시리즈와 완전히 하위 호환된다.

- 이제 젠킨스 2는 실행을 위해 서블릿 3.1을 필요로 한다.

- Embedded **Winstone-Jetty**나 (톰캣 8과 같이) 서블릿 3.1을 지원하는 컨테이너를 사용할 수 있다.

- GitHub, Collabnet, SVN, TFS 코드 저장소 등이 협력적인 개발을 위해 젠킨스에서 지원된다.

- **지속적인 통합**: 빌드 자동화와 테스트 자동화 테스팅(지속적인 테스팅), 패키징, 정적 코드 분석

- HP ALM Tools, JUnit, Selenium, MSTest와 같은 일반적인 테스트 프레임워크가 지원된다.

- 지속적인 테스팅을 위해 젠킨스는 두 가지를 위한 플러그인을 갖는다. 즉 젠킨스 슬레이브^{Jenkins slave}는 다양한 플랫폼에서 테스트 스위트를 실행할 수 있다.

- 젠킨스는 CheckStyle과 FindBug에 의한 코드 검증과 같은 정적 코드 분석 도구를 지원한다. 또한 Sonar와도 통합된다.

- **지속적인 전달과 지속적인 배포**: 애플리케이션 배포 파이프라인을 자동화한다. 인기있는 형상 관리 도구를 통합한다. 그리고 환경의 프로비저닝을 자동화한다.

- 지속적인 전달과 배포를 달성하기 위해 젠킨스는 자동 배포를 지원한다. IBM

uDeploy와 직접적인 통합을 위한 플러그인을 제공한다.

- **높은 구성 가능성**^{Highly configurable}: 플러그인 기반의 아키텍처는 다양한 기술, 저장소, 빌드 도구와 테스트 도구를 지원한다. 젠킨스는 오픈소스 CI 서버를 갖고 있으며 확장성을 위해 400개 이상의 플러그인을 제공한다.
- **분산 빌드 지원**^{Supports distributed builds}: 젠킨스는 "마스터/슬레이브" 모드를 지원한다. 빌드 프로젝트의 경우 부하는 여러 슬레이브 노드에 위임된다.
- 젠킨스에서 프로그램의 처리, 새로운 빌드를 트리거하는 등의 정보를 추출하기 위해 머신에서 처리할 수 있는 원격 액세스 API를 갖는다.
- 애플리케이션 개발 수명주기를 자동화해 더 빠른 전달을 가능하게 하며 더 나은 애플리케이션을 더 빨리 전달한다.

젠킨스 빌드 파이프라인(품질 관문^{Quality gate} 시스템)은 작업 체인으로 상위 스트림과 하위 스트림에 연결된 작업의 빌드 파이프라인 뷰를 제공하며 각 작업은 품질 보증 단계의 대상이 된다. 젠킨스 외부의 승인 프로세스와 같이 실행에 앞서 조정이 필요한 작업에 대해 수동 트리거를 정의할 수 있다. 다음 다이어그램은 빌드 파이프라인에 대한 품질 관문과 오케스트레이션을 설명한다.

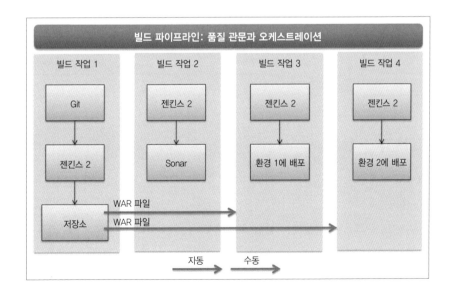

젠킨스는 다음과 같은 다양한 범주의 도구와 함께 사용 가능하다.

언어	Java	.NET
코드 저장소	Subversion, Git, CVS, StarTeam	Subversion, Git, CVS, StarTeam
빌드 도구	Ant, Maven	NAnt, MS Build
코드 분석 도구	Sonar, CheckStyle, FindBugs, NCover, Visual Studio Code Metrics, PowerTool	Sonar, CheckStyle, FindBugs, NCover, Visual Studio Code Metrics, PowerTool
지속적인 통합	Jenkins	Jenkins
지속적인 테스팅	Jenkins plugins (HP Quality Center 10.00 with the QuickTest Professional add-in, HP Unified Functional Testing 11.5x and 12.0x, HP Service Test 11.20 and 11.50, HP LoadRunner 11.52 and 12.0x, HP Performance Center 12.xx, HP QuickTest Professional 11.00, HP Application Lifecycle Management 11.00, 11.52, and 12.xx, HP ALM Lab Management 11.50, 11.52, and 12.xx, JUnit, MSTest, and VsTest)	Jenkins plugins (HP Quality Center 10.00 with the QuickTest Professional add-in, HP Unified Functional Testing 11.5x and 12.0x, HP Service Test 11.20 and 11.50, HP LoadRunner 11.52 and 12.0x, HP Performance Center 12.xx, HP QuickTest Professional 11.00, HP Application Lifecycle Management 11.00, 11.52, and 12.xx, HP ALM Lab Management 11.50, 11.52, and 12.xx, JUnit, MSTest, and VsTest)
인프라스트럭처 프로비저닝	Configuration management tool-Chef	Configuration management tool-Chef
가상화/클라우드 서비스 공급자	VMware, AWS, Microsoft Azure (IaaS), traditional environment	VMware, AWS, Microsoft Azure (IaaS), traditional environment
지속적인 전달/배포	Chef/deployment plugin/shell scripting/Powershell scripts/Windows batch commands	Chef/deployment plugin/shell scripting/Powershell scripts/Windows batch commands

구성 관리 도구 – 셰프

소프트웨어 구성 관리^{SCM, Software Configuration Management}는 조직이 소프트웨어 구성 요소의 변경을 관리하는 데 사용되는 도구와 기법으로 구성된 소프트웨어 공학 분야다. 소프트웨어 구성 관리는 프로젝트를 개발하는 동안 프로젝트의 기술적 측면, 의사소통, 프로젝트에 대한 변경 통제를 포함한다. 소프트웨어 구성 관리는 소프트웨어 통제 관리^{Software Control}

Management라고도 부른다. 소프트웨어 구성 관리는 개발에서부터 빠른 프로토타이핑, 계속되는 유지 · 보수까지 모든 소프트웨어 프로젝트에 대한 사례로 구성된다. 소프트웨어 구성 관리는 소프트웨어의 신뢰성과 품질을 향상시킨다.

셰프Chef는 인프라스트럭처를 코드로 변환하는 데 사용되는 구성 관리 도구다. 셰프는 인프라스트럭처의 구축, 배포, 관리를 자동화한다. 셰프를 사용하면 인프라스트럭처는 코드로 간주될 수 있다. 셰프의 배경 개념은 재사용성Reusability이다. 셰프는 레시피를 사용해 인프라스트럭처를 자동화한다. 레시피Recipe는 데이터베이스, 웹 서버, 로드 밸런스 구성에 필요한 지침이다. 레시피는 인프라스트럭처의 모든 부분과 구성, 배포, 관리되는 방법을 설명한다. 레시피는 자원을 알려진 빌딩 블록으로 사용한다. 자원은 템플릿, 패키지, 설치돼야 하는 파일과 같이 인프라스트럭처의 일부로 설명된다.

이러한 레시피와 구성 데이터는 셰프 서버에 저장된다. 셰프 클라이언트는 네트워크의 각 노드에 설치된다. 물리 서버나 가상 서버는 노드가 될 수 있다.

다음 다이어그램에서 보듯이 셰프 클라이언트는 주기적으로 최신 레시피와 노드가 레시피에 의해 정의된 정책의 준수 여부를 확인하기 위해 셰프 서버를 확인한다. 레시피가 오래된 경우 셰프 클라이언트는 레시피를 실행해 노드를 최신 상태로 만든다.

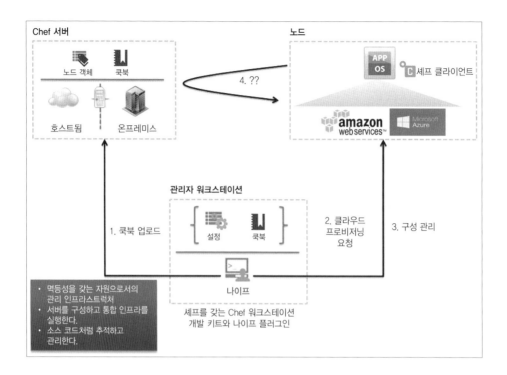

기능

다음은 셰프 구성 관리 도구의 중요한 일부 기능이다.

- 셰프 서버:
  - 매우 많은 수의 노드를 관리한다.
  - 인프라스트럭처의 청사진을 유지한다.
- 셰프 클라이언트:
  - 리눅스, 윈도우, 맥 OS, 솔라리스, FreeBSD 같은 다양한 운영 시스템을 관리한다.
  - 클라우드 제공업체와의 통합을 제공한다.
  - 버전 관리, 테스트, 반복적인 방법이 가능한 방법으로 컨테이너를 쉽게 관리

할 수 있다.

- ○ 셰프 정의, 구축, 관리 배포에 사용되는 클라우드 인프라스트럭처에 대해 지속 적으로 자동화 플랫폼을 제공한다.
- ○ 프로그래밍 방식으로 자원 프로비저닝과 자원 구성을 가능하게 한다. 그리고 프로비저닝과 구성을 자동화하기 위한 배포 파이프라인에 도움이 된다.

다음과 같은 셰프의 세 가지 기본 개념은 조직이 모든 인프라스트럭처를 빨리 관리하게 만든다.

- 원하는 상태의 달성
- IT 인프라스트럭처에 대한 중앙집중화된 모델링
- 빌딩 블록 역할을 하는 자원 기본 요소

> ⓘ 셰프에 대한 더 많은 내용을 학습하고 싶다면 Learning Chef(https://www.packtpub. com/product/learning-chef/9781783285211)을 참조하라.

클라우드 서비스 제공업체

AWS와 마이크로소프트 애저^{Microsoft Azure}는 현재 가장 인기 있는 공공 클라우드 공급자다. 이들은 다양한 분야에 클라우드 서비스를 제공하며 모두 자신이 강력한 분야를 갖고 있다. 조직의 문화와 과거의 파트너십에 기반한 요구사항에 기반해 세부적인 평가를 한 후 두 업체 중 하나를 고려할 수 있다.

다음은 각 항목별 비교다.

	AWS	마이크로소프트 애저
가상 머신	Amazon EC2	Virtual machine
PaaS	Elastic Beanstalk	Azure Web Apps
컨테이너 서비스	Amazon EC2 Container Service	Azure Container Services
RDBMS	Amazon RDS	Azure SQL Database
NoSQL	DynamoDB	DocumentDB
빅데이터	Amazon EMR	HD Insight
네트워킹	Amazon VPC	Virtual network
캐시	Amazon Elasticache	Azure RadisCache
가져오기/내보내기	Amazon import/export	Azure import/export
검색	Amazon CloudSearch	Azure Search
CDN	CloudFront	Azure CDN
식별 및 접근 관리	AWSIAM과 Directory Services	Azure Active Directory
자동화	AWS OpsWorks	Azure Automation

 아마존 웹 서비스: Amazon Web Services): http://aws.amazon.com/
마이크로소프트 애저: Microsoft Azure): https://azure.microsoft.com

컨테이너 기술

컨테이너 Container는 고립된 사용자 공간 사이에 커널이 공유되는 OS 수준의 가상화를 사용한다. Docker와 OpenVZ는 인기있는 오픈소스 OS 수준 가상화 기술의 예다.

도커

도커 Docker는 코드, 런타임 환경, 시스템 도구, 라이브러리를 랩핑하는 오픈소스 도구다. 도커 컨테이너는 실행하는 커널을 공유한다. 따라서 경량 방식으로 바로 실행된다. 도커 컨테이너는 리눅스 배포판뿐만 아니라 윈도우에서도 실행된다. 컨테이너와 가상 머신이 어떻게 다른지 이해하는 것이 중요하다. 다음은 가상 머신과 컨테이너의 비교표다.

가상 머신	도커 컨테이너
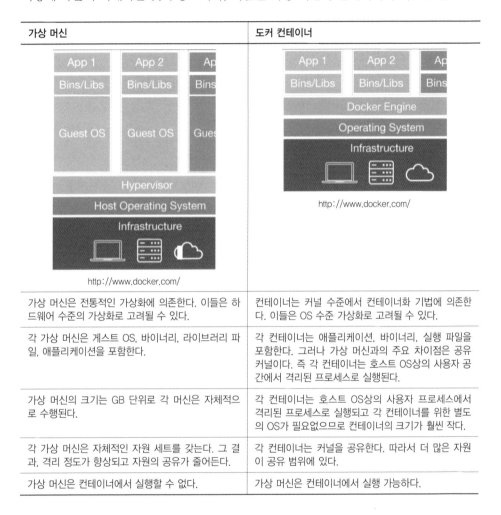	
가상 머신은 전통적인 가상화에 의존한다. 이들은 하드웨어 수준의 가상화로 고려될 수 있다.	컨테이너는 커널 수준에서 컨테이너화 기법에 의존한다. 이들은 OS 수준 가상화로 고려될 수 있다.
각 가상 머신은 게스트 OS, 바이너리, 라이브러리 파일, 애플리케이션을 포함한다.	각 컨테이너는 애플리케이션, 바이너리, 실행 파일을 포함한다. 그러나 가상 머신과의 주요 차이점은 공유 커널이다. 즉 각 컨테이너는 호스트 OS상의 사용자 공간에서 격리된 프로세스로 실행된다.
가상 머신의 크기는 GB 단위로 각 머신은 자체적으로 수행된다.	각 컨테이너는 호스트 OS상의 사용자 프로세스에서 격리된 프로세스로 실행되고 각 컨테이너를 위한 별도의 OS가 필요없으므로 컨테이너의 크기가 훨씬 작다.
각 가상 머신은 자체적인 자원 세트를 갖는다. 그 결과, 격리 정도가 향상되고 자원의 공유가 줄어든다.	각 컨테이너는 커널을 공유한다. 따라서 더 많은 자원이 공유 범위에 있다.
가상 머신은 컨테이너에서 실행할 수 없다.	가상 머신은 컨테이너에서 실행 가능하다.

 도커는 https://github.com/docker/docker에서 다운로드가 가능하다.

모니터링 도구

자원 모니터링을 위해 이용 가능한 다양한 오픈소스 도구가 있다. 제노스^{Zenoss}와 나기오스^{Nagios}는 가장 인기있는 오픈소스 도구로 많은 조직에서 사용되고 있다.

제노스

제노스는 애플리케이션, 서버, 네트워크에 대한 에이전트가 없는^{agentless} 오픈소스 관리 플랫폼으로 GPL^{General Public License} 2로 출시됐으며 Zope 애플리케이션 서버를 기반으로 한다. 제노스 코어^{Zenoss Core}는 확장 가능한 프로그래밍 언어인 파이썬, 객체지향 웹 서버인 Zope, 모니터링 프로토콜 네트워크, 그래프, RRD 도구에 의한 로그 시계열 데이터, MySQL, 이벤트 주도 네트워킹 엔진인 Twisted로 구성된다. 제노스는 경고, 성능, 구성, 인벤토리를 모니터링하는, 사용하기 쉬운 웹 포탈을 제공한다. 다음 다이어그램은 제노스의 기능을 설명하고 있다.

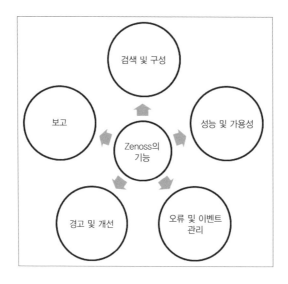

 Zenoss Core 5 웹사이트인 https://community.zenoss.com/home을 방문해보라.

나기오스

나기오스^{Nagios}는 크로스 플랫폼으로 인프라스트럭처와 네트워크를 위한 오픈소스 모니터링 도구다. 나기오스는 FTP, HTTP, SSH, SMTP 같은 네트워크 서비스를 모니터링한다. 그리고 자원을 모니터링하고 문제를 감지하고 이해당사자에게 경고를 한다. 나기오스는 조직과 서비스 공급자에게 IT 인프라스트럭처와 프로세스에 미치는 영향이 최소화되는 방식으로 문제의 식별과 해결을 위임할 수 있다. 따라서 SLA에 대한 높은 수준의 준수를 보장한다. 나기오스는 컴퓨터, 스토리지, 네트워크 같은 클라우드 자원의 모니터링이 가능하다.

 나기오스의 공식 웹사이트인 https://www.nagios.org/에서 더 많은 정보를 얻을 수 있다.

배포 오케스트레이션/지속적인 전달 – 젠킨스

배포^{deployment} 또는 애플리케이션 전달^{application delivery} 파이프라인으로 불리는 빌드 파이프라인은 지속적인 통합, 클라우드 프로비저닝, 구성 관리, 지속적인 전달, 지속적인 배포, 알림을 포함한 모든 동작에 대한 전체적인 자동화를 달성하는 데 사용할 수 있다. 다음과 같은 젠킨스 플러그인은 전체적인 자동화와 관련된 모든 액티비티의 전반적인 오케스트레이션에 사용 가능하다.

- **지속적인 통합**: 젠킨스
- **구성 관리**: 셰프
- **클라우드 서비스 공급자**: AWS, Microsoft Azure
- **컨테이너 기술**: 도커
- **지속적인 전달/배포**: ssh

전체적인 오케스트레이션: 젠킨스 플러그인

다음은 다양한 도구를 이용한 전체적인 자동화의 예제다.

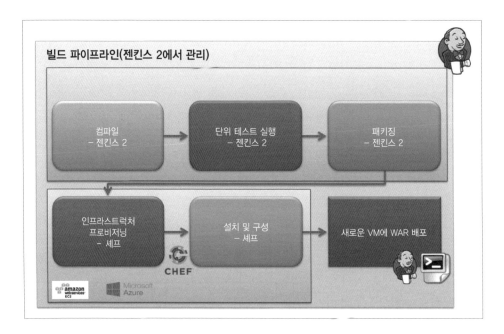

젠킨스는 단위 테스팅과 코드 검증을 관리하는 데 사용 가능하다. 셰프는 런타임 환경을 설정하는 데 사용할 수 있다. 나이프 플러그인은 AWS나 마이크로소프트 애저에서 가상 머신을 생성하는 데 사용할 수 있다. 젠킨스에서 빌드 파이프라인이나 배포 파이프라인 플러그인은 배포 오케스트레이션을 관리에 사용할 수 있다.

우리는 단일 파이프라인 대시보드에서 파이프라인에 설정돼 있는 모든 빌드 상태를 볼 수 있다. 파이프라인 내의 각 빌드는 일종의 품질 관문이다. 하나의 빌드가 실패하면 더 이상 실행이 진행되지 않는다. 컴파일 실패, 단위 테스트 실패, 성공하지 못한 배포에 기반한 알림 같이 부가적인 관점을 추가할 수 있다. 최종적인 배포는 특정 이해당사자로부터의 일종의 허가를 기반으로 할 수도 있다. 파라미터화된 빌드가 개선된 빌드 개념에 대한 시나리오를 고려해보자. 어떻게 해야 하는가? 1장에서 우리가 따라야 하는 모든 사항

72

을 알려줄 것이다!

데브옵스 대시보드

데브옵스 문화에서 가장 선호되는 컴포넌트 중 하나는 전체적인 모든 액티비티의 조합 상태를 제공하는 대시보드나 GUI다. 자동화 도구의 경우 사용하기 쉬운 GUI가 자원 관리에 편리하다. 애플리케이션 배포 액티비티에서의 전체적인 자동화를 위해 다양한 오픈소스나 상업용 도구가 사용된다. 전체 액티비티를 위해 Git이나 SVN 같은 저장소, 젠킨스 같은 CI 서버 그리고 IBM UrbanCode Deploy 같은 배포 오케스트레이션 도구와 같은 단일 제품을 사용할 확률은 별로 높지 않다. 이러한 시나리오에서는 특정 애플리케이션에 대해 추적할 수 있는 다양한 도구의 단일 모니터링 뷰single-pane-of-glass view를 갖는 것이 좋다.

히게이아Hygieia는 배포 파이프라인의 상태 추적 방법을 제공하는 오픈소스 데브옵스 대시보드다. 현재 히게이아는 기본적으로 기능(Jira, VersionOne), 코드 저장소(GitHub, Subversion), 빌드(Jenkins, Hudson), 품질(SonarQube, Cucumber/Selenium), 모니터링과 배포(IBM UrbanCode Deploy)를 포함한 여섯 가지 다양한 분야를 추적할 수 있다. 다음은 구성을 마친 데브옵스 대시보드의 예제 이미지다.

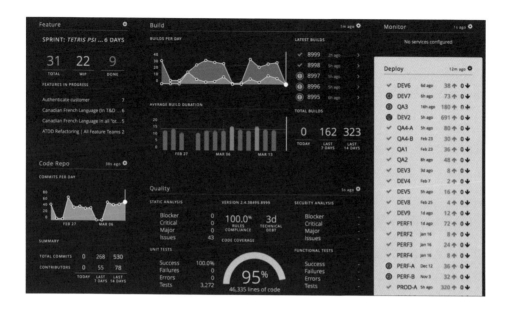

 https://github.com/capitalone/Hygieia에서 히게이아를 다운로드받을 수 있다.

▌ 샘플 자바 EE 애플리케이션의 개요

우리는 GitHub에서 이용 가능한 PetClinic을 이용할 것이다. PetClinic은 기존에 작성된 JUnit 테스트 케이스를 갖는 샘플 스프링 애플리케이션이다.

 샘플 스프링 기반 애플리케이션: https://github.com/spring-projects/spring-petclinic

PetClinic 샘플 애플리케이션은 빌드 샘플을 위해 사용 가능하며 스프링의 핵심 기능의 사용을 보여주기 위한 견고한 데이터베이스지향 애플리케이션이다. PetClinic은 웹 브라우저를 통해 접근이 가능하다.

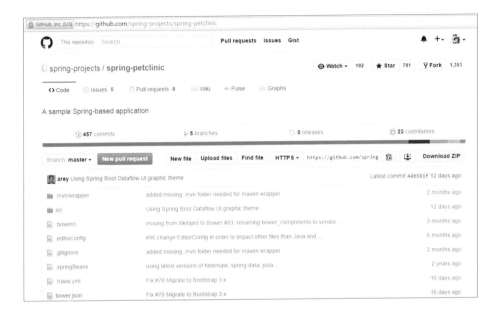

사용 사례 중 일부는 다음과 같다.

- 새로운 애완동물의 주인, 새로운 애완동물, 애완동물의 방문 기록 관련 정보를 시스템에 추가한다.
- 애완동물과 애완동물의 주인 관련 정보를 업데이트한다.
- 수의사와 그들의 전문 분야, 애완동물의 주인, 애완동물, 애완동물의 방문 이력에 대한 리스트를 본다.

WAR 파일이 생성되면 이 파일을 톰캣이나 다른 웹 서버로 배포할 수 있다. 그리고 이를 localhost에서 확인하려면 http://localhost:8080/petclinic을 방문하면 된다. 다음과 같은 내용이 표시된다.

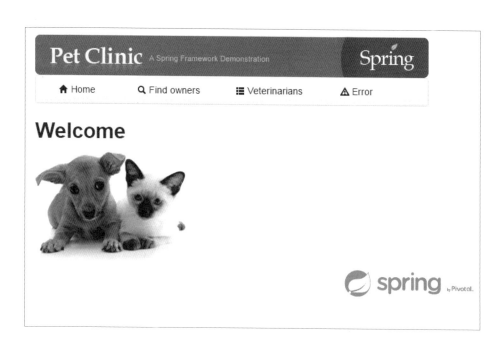

작업 목록

2장 이후부터 수행히는 작업은 다음과 같다.

- 젠킨스의 설치, 구성, UI 개인화
- 젠킨스에서의 자바 구성(JAVA_HOME)
- 젠킨스에서의 메이븐 또는 앤트 구성
- 젠킨스에서의 플러그인 설치와 구성
- 젠킨스에서의 보안(접근 제어, 권한 부여, 프로젝트 기반 보안)
- 젠킨스 빌드 구성과 실행
- 이메일 알림 구성
- 웹 애플리케이션 서버로 WAR 파일 배포
- 빌드/배포 파이프라인 생성과 구성
- 셰프의 설치와 구성

- 도커의 설치와 구성
- AWS, 마이크로소프트 애저, 컨테이너에서의 가상 머신 생성과 구성
- 가상 머신과 컨테이너로 WAR 파일 배포
- 인프라스트럭처 모니터링의 구성
- 젠킨스 플러그인을 이용한 애플리케이션 전달 파이프라인 오케스트레이션

▌진단 테스트

1. 다음 중 전통적인 환경의 개발팀과 관련이 없는 문장은 어느 것인가?
   - 경쟁적인 시작은 기능이나 버그 수정에 대한 적시 전달에 대한 압력을 생성한다.
   - 프로덕션 준비 코드 관리와 새로운 기능 구현
   - 때때로 출시 주기가 길어진다. 따라서 개발팀은 애플리케이션 배포가 최종적으로 배포되기 전에 가정을 한다.
   - 프로덕션 환경에서 애플리케이션을 실행하기 위한 재설계나 조정이 필요하다.

2. 다음 중 데브옵스의 장점은 무엇인가?
   - 완전한 애플리케이션 개발 수명주기 관리에 대한 협력, 관리, 보안
   - 새로운 아이디어의 지속적인 개발로 인한 지속적인 혁신
   - 새로운 기능의 더 빠른 전달이나 문제의 해결
   - 다양한 환경에 대한 자동화된 배포와 표준화된 구성 관리
   - 위의 모든 사항

3. 데브옵스 문화나 애플리케이션 전달 파이프라인의 일부는 다음 중 어느 것인가?
   - 지속적인 통합

- 지속적인 프로비저닝
- 구성 관리
- 지속적인 전달/배포
- 지속적인 모니터링
- 지속적인 피드백

4. 데브옵스 문화나 애플리케이션 전달 파이프라인의 부산물은 다음 중 어느 것인가?
   - 지속적인 통합
   - 지속적인 전달/배포
   - 지속적인 모니터링
   - 지속적인 피드백
   - 지속적인 개선
   - 지속적인 혁신

5. 다음 문장이 참인지, 거짓인지 서술하라.
   - 젠킨스와 애틀라시안 뱀부는 빌드 자동화 도구다.
   - 아파치 앤트와 아파치 메이븐은 지속적인 통합 도구다.
   - 셰프는 구성 관리 도구다.
   - 빌드 자동화는 지속적인 통합에 필수적이며 자동화의 나머지는 빌드 프로세스가 자동화된 경우에만 효과적이다.
   - 서브버전은 분산 버전 관리 시스템이다.
   - Git은 중앙집중식 버전 관리 시스템이다.
   - AWS와 마이크로소프트 애저는 공공 클라우드 서비스 공급자다.

6. NIST의 클라우드 컴퓨터 정의에 따르는 클라우드 배포 모델은 다음 중 어느 것인가?

- 공공 클라우드
- 사설 클라우드
- 커뮤니티 클라우드
- 하이브리드 클라우드
- 위의 모든 사항

7. NIST의 클라우드 컴퓨팅 정의에 따르는 클라우드 서비스 모델은 다음 중 어느 것인가?

- SaaS^{Software as a Service}
- PaaS^{Platform as a Service}
- IaaS^{Infrastructure as a Service}
- 위의 모든 사항

8. 셰프 설치의 주요 구성 요소는 다음 중 어느 것인가?

- 셰프 서버/호스팅된 셰프
- 셰프 워크스테이션
- 셰프 노드
- 위의 모든 사항

요약

1장에서는 전통적인 환경에서 개발팀과 운영팀이 직면하는 어려움과 이러한 시나리오에서 애자일 개발이 얼마나 도움이 되는지 학습했다. 애자일 개발이 도래한 이후의 변화된 점과 애자일이 가져온 문제점은 무엇인가? 지속적인 통합과 지속적인 전달을 포함한 데브옵스 문화의 중요한 측면을 다뤘다. 프로세스를 향상시키고 데브옵스 문화의 적용을 돕는 클라우드 컴퓨팅과 구성 관리의 세부사항도 살펴봤다.

도구와 기술 관점에서 SVN, Git, 아파치, 메이븐, 젠킨스, AWS, 마이크로소프트 애저, 셰프, 나기오스, 제노스, 데브옵스 대시보드인 히게이아를 다뤘다.

2장에서는 젠킨스 2.0의 설치와 구성 방법을 살펴보고 GitHub에서 이용 가능한 간단한 샘플 스프링 애플리케이션을 사용해 지속적인 통합을 구현한다.

데브옵스 문화의 맥락저으로 관련 있기 내문에 찰스 다윈Charles Darwin의 말은 인용하기에 적합하다.

> "최후까지 살아남는 종은 가장 지적이거나 강한 종이 아니라 스스로 환경 변화를 발견하고 변화에 가장 잘 적응하거나 적응할 수 있는 종이다."

02

젠킨스 2를 통한
지속적인 통합

"뭔가를 시작하는 방법은 말하기를 그만두고 행동을 시작하는 것이다."

– 월트 디즈니^{Walt Disney}

젠킨스 2^{Jenkins 2}가 배포됐다. 젠킨스 2는 전달 파이프라인, 개선된 사용성, 새로운 설정 경험, 그리고 기존에 설치된 젠킨스와 완벽한 하위 호환성을 기본으로 제공하고 있다. 이 책에서는 젠킨스 2를 사용한다.

2장에서는 젠킨스가 지속적인 통합에서 어떻게 중요한 역할을 하는지 자세히 설명한다. 2장에서는 애플리케이션 수명주기 관리를 위한 런타임 환경을 준비하는 방법과 젠킨스를 통해 런타임 환경을 구성하는 방법을 살펴본다. 젠킨스는 분산 파일을 생성하거나 샘플 자바 EE 애플리케이션 배포를 위해 SVN이나 Git 같은 소스 코드 저장소와 통합하고 **웹 애플리케이션 아카이브**^{WAR, Web application ARchive} 파일을 위한 빌드 실행의 모든 측면을 관리한다.

2장에서는 젠킨스의 설치와 구성 방법을 배우고 샘플 애플리케이션에 대한 모든 사항과 더불어 빌드 작업과 구성, 정적 코드 분석, 알림, 젠킨스 플러그인 등에 대한 전반적인 경험을 얻을 수 있다.

2장에서 다루는 주제는 다음과 같다.

- 젠킨스^{Jenkins} 소개
- 젠킨스와 플러그인의 설치
- 젠킨스에서의 자바와 메이븐^{Maven} 또는 앤트^{Ant}의 설정
- 메이븐을 통한 자바 애플리케이션의 빌드 작업 생성과 구성
- 대시보드 뷰 플러그인 – 개요와 사용법
- 빌드 상태에 기반한 이메일 알림
- 젠킨스와 소나^{Sonar}의 통합

소개

우리 모두 **지속적인 통합**^{CI, Continuous Integration}이 무엇인지 알고 있다. 그렇지 않은가? 지속적인 통합은 우리 여행의 첫 번째 단계다.

> "천리 길 여행도 한 걸음부터 시작된다."
>
> – 노자(도교의 창시자)

간단히 말해 CI는 개발자에 의한 모든 체크인이 다음 중 하나의 방법으로 검증되는 소프트웨어 엔지니어링 사례다.

- **풀 메커니즘**^{Pull mechanism}: 예정된 시간에 자동화된 빌드를 실행한다.
- **푸시 메커니즘**^{Push mechanism}: 변경 사항이 저장소에 저장되는 경우 자동화된 빌드가 실행된다.

다음 단계로 이용 가능한 소스 코드 저장소의 최신 변경 사항에 대해 단위 테스트가 실행된다.

젠킨스에 대한 소개는 필요하지 않다. 젠킨스는 오픈소스이며 시장에서 이용 가능한, 가장 인기있는 CI 도구 중 하나다. 젠킨스는 CI의 반복적인 작업을 자동화하는 데 도움이 된다. 젠킨스는 프로세스를 효과적이고 투명하게 만든다.

> "우리라는 존재는 우리가 반복적으로 하는 무엇이다. 따라서 훌륭함은 행동이 아닌 습관이다."
>
> – 아리스토텔레스

다음으로 무엇이 젠킨스를 그렇게 인기있게 만들었는지 물을 수 있다. 이미 한 가지 이유를 알려줬다. 기억나는가?

그렇다. 젠킨스는 오픈소스다. 오픈소스 도구는 미리 정의된 개념과 함께 제공되지만 젠킨스 커뮤니티는 이와 다르며 도구로서의 젠킨스는 상당히 다르다.

그렇다면 젠킨스가 인기있는 또 다른 이유를 살펴보자.

- 자바로 작성됐다.
- 다음과 같은 다양한 통합을 위한 400개 이상의 플러그인을 통해 확장성을 제공한다.
  - 소스 코드 관리
  - 빌드 트리거
  - 빌드 보고서
  - 산출물 업로더
  - 외부 사이트/도구의 통합
  - UI 플러그인
  - 인증과 사용자 관리
  - 클러스터 관리와 분산 빌드

- 자바^{Java}, .NET, 루비^{Ruby}, 그루비^{Groovy}, 그레일즈^{Grails}, PHP, 안드로이드^{Android}, iOS 애플리케이션을 지원한다.
- 사용하기 쉽다.
  - 간단한 학습곡선을 갖는다.
  - 사용자 인터페이스는 이미 단순하며 젠킨스 2가 일반에게 공개돼 사용할 수 있게 된 이후 더 개선됐다.
- 간편한 설치
- 쉬운 구성

▎ 젠킨스 설치

젠킨스는 모든 유형의 사용자를 위해 다양한 설치 방법을 제공한다. 적어도 다음과 같은 운영체제에 젠킨스의 설치가 가능하다.

- Ubuntu/Debian
- Windows
- Mac OS X
- OpenBSD
- FreeBSD
- openSUSE
- Gentoo
- CentOS/Fedora/Red Hat

권장하는 가장 쉬운 옵션 중 하나는 WAR 파일을 사용하는 방법이다. WAR 파일은 컨테이너나 웹 애플리케이션 서버의 사용 유무와 상관없이 사용이 가능하다. 젠킨스용 WAR 파일을 사용하기 전에 반드시 자바^{Java}가 설치돼 있어야 하며 다음과 같이 수행이 가능하다.

1. https://jenkins.io/에서 jenkins.war 파일을 다운로드받는다.

2. 윈도우의 명령 프롬프트나 리눅스의 터미널을 열고 jenkins.war 파일이 저장된 디렉터리로 이동한다. 그리고 다음 명령을 실행한다.

```
java - jar jenkins.war
```

3. 다음 화면에서 볼 수 있듯이 젠킨스가 완전히 실행되면 웹 브라우저를 통해 http://localhost:8080을 방문해 젠킨스가 실행되는지 확인한다.

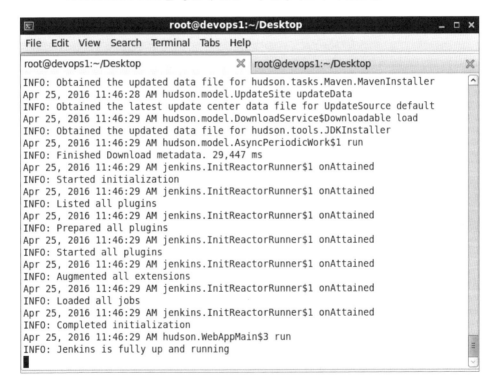

4. 기본적으로 젠킨스는 8080 포트에서 동작한다. 다음 명령어를 명령행에서 실행한다.

```
java -jar jenkins.war --httpPort=9999
```

5. HTTPS를 위해 다음 명령을 실행한다.

```
java -jar jenkins.war --httpsPort=8888
```

6. 젠킨스가 실행되면 젠킨스의 홈 디렉터리를 확인하라. 예제의 경우 CentOS 6.7 가상 머신에 젠킨스 2를 설치했다.

7. 다음 화면에 보이듯이 /home/<username>/.jenkins로 이동한다. .jenkins 디렉 터리가 보이지 않는다면 숨겨진 파일이 표시되고 있는지 확인하라. CentOS에서 숨겨진 파일을 표시하기 위해서는 Ctrl + H를 누르면 된다.

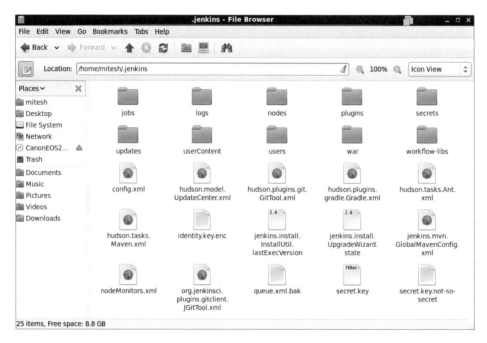

젠킨스 설정

이제 젠킨스가 설치됐기 때문에 젠킨스의 실행 여부를 확인해보자. 브라우저를 열고 http://localhost:8080이나 http://<IP_ADDRESS>:8080으로 이동한다. 이전에 젠킨스를 사용했고 최근 젠킨스 2의 WAR 파일을 다운받았다면 보안 설정을 물을 것이다.

젠킨스의 잠금 해제를 위해서는 다음 단계를 따른다.

1. .jenkins 디렉터리로 이동하고 secrets 하위 디렉터리의 initialAdminPassword 파일을 연다.

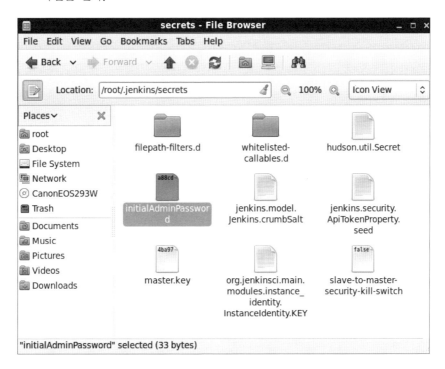

2. 해당 파일의 패스워드를 복사해 Administrator password 박스에 붙여 넣는다. 그리고 다음 그림과 같이 Continue를 클릭한다.

3. Continue를 클릭하면 Customize Jenkins 페이지로 리다이렉션된다. Install suggested plugins를 클릭한다.

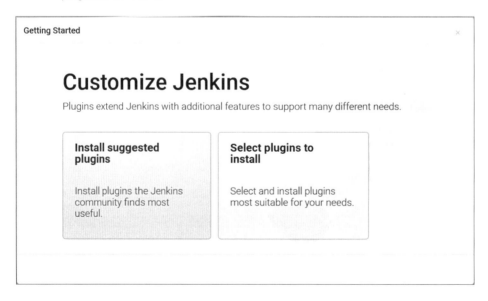

4. 플러그인의 설치가 시작된다. 인터넷 연결이 정상적으로 동작하는지 확인이 필요하다.

5. 필요한 모든 플러그인이 설치되면 Create First Admin User 페이지를 볼 수 있다. 필요한 세부 사항을 제공한 후 Save and Finish 버튼을 클릭한다.

6. 'Jenkins is ready!'가 표시된다. 젠킨스의 설정이 완료됐다. Start using Jenkins를 클릭하면 된다.

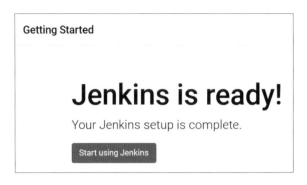

 https://wiki.jenkins-ci.org/display/JENKINS/Plugins에서 젠킨스 플러그인을 찾을 수 있다.

▍젠킨스 대시보드

젠킨스 대시보드는 모든 빌드를 관리할 수 있는 간단하지만 강력한 부분으로 애플리케이션 전달 파이프라인도 관리할 수 있다. 브라우저에서 `http://<localhost or IP address>:8080`으로 이동한다. 앞에서 생성한 사용자 자격증명을 통해 로그인하면 대시보드로 이동하게 된다.

대시보드의 파라미터를 이해해보자.

- **New Item**: 젠킨스 2에서 새로운 빌드 작업, 파이프라인, 빌드 흐름[build flow]을 생성하는 데 사용된다.

- Manage Jenkins: 플러그인, 사용자, 보안, 노드, 자격증명, 전체적인 도구 구성 등을 관리하기 위해 젠킨스 2 관리자를 사용할 수 있다.

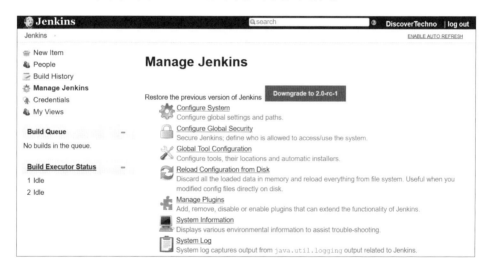

- 빌드에 사용되는 기존 노드를 알고 싶다면 Manage Nodes를 클릭한다. master 노드 항목을 이용할 수 있다. master 노드는 젠킨스가 설치된 노드다. 노드를 분산시키기 위해 여러 slave 노드를 추가할 수 있는데 이 부분은 2장 후반부에서 다

른다.

이제 젠킨스를 설치하고 젠킨스 대시보드에 익숙해졌다. 다음 단계는 빌드 실행과 지속적인 통합의 기초가 되는 다양한 도구를 설정하는 것이다.

다음 절에서는 자바, 메이븐, 앤트를 설치하고 구성한다.

▌ 젠킨스에서의 자바와 메이븐 구성

젠킨스 2에서 Global Tool Configuration 섹션이 도입됐는데 이것은 좋은 방향이다. 외부 도구, 이들의 위치, 자동 설치 도구와 관련된 모든 주요 설정은 이 섹션에서 생성할 수 있다. 이전 버전에서 이러한 구성은 페이지를 약간 어수선하게 만드는 시스템 구성의 일부였다.

자바 구성

자바에 대한 구성을 위해 Name과 JAVA_HOME 경로를 제공하거나 Install automatically 체크박스를 선택하면 된다.

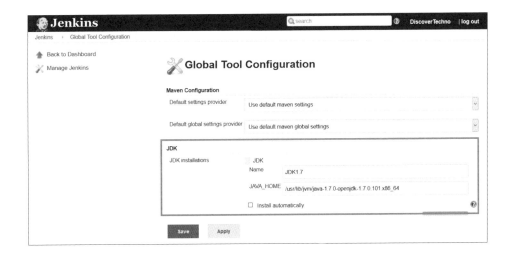

메이븐 설정

메이븐 설정을 위해서는 메이븐 설치 프로그램을 https://maven.apache.org/down load.cgi에서 다운로드받고 젠킨스 가상 머신상의 디렉터리에 압축을 푼다. Global Tool Configuration 섹션에서 Name과 MAVEN_HOME 경로를 제공하거나 Install automatically 체크박스를 선택하면 된다.

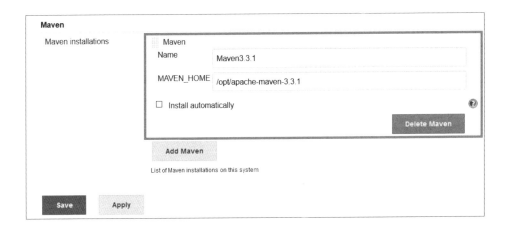

이것이 전부다! 간단한 빌드를 수행하기 위한 주요 설정이 완료됐다. 이제 젠킨스 대시보드의 홈페이지로 이동해 빌드 작업을 생성하고 설정하자.

메이븐을 이용한 자바 애플리케이션의 빌드 작업 생성 및 구성

메이븐으로 구성된 젠킨스 빌드는 메이븐의 동작 방법과 실행 측면에서 필요한 사항을 이해하고 있다. 메이븐은 설정과 소스 파일에서 패키지 파일을 생성하기 위해 pom.xml을 사용한다.

이제 새로운 빌드 작업을 생성하고 구성하기 위한 단계를 수행해보자. 젠킨스 대시보드로 가서 New Item을 클릭해보자.

생성 가능한 작업 유형의 모든 옵션을 검토하라. 우리의 경우 데모를 위해 프리스타일 프로젝트^{Freestyle project}를 생성한다.

1. Enter an item name에 PetClinic 항목을 입력하고 Freestyle project를 선택한다. 계속 진행하기 위해 OK 버튼을 클릭한다.

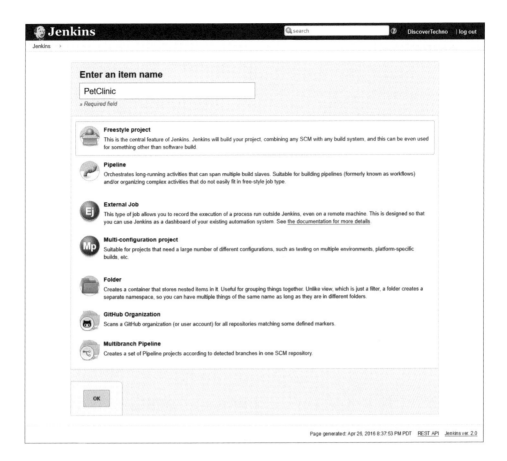

2. 이 동작이 어떤 일을 하는지 검증해보자. 젠킨스 홈 디렉터리로 이동한 후 jobs 디렉터리로 이동한다. 다음 화면과 같이 새로 생성된 작업과 동일한 이름을 갖는 디렉터리가 생성된 것을 확인할 수 있다.

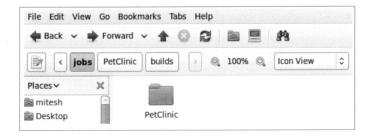

GitHub에서의 소스 코드 구성과 인증

다음 단계는 빌드 작업과 더불어 소스 코드 저장소를 구성하는 것이다. 1장에서 설명했듯이 오픈소스 GitHub에 호스팅되고 있는 스프링 애플리케이션을 사용할 것이다.

1. 그후 https://github.com/mitesh51/spring-petclinic과 유사한 URL을 얻을 것이다.

2. GitHub 계정을 생성하고 https://github.com/spring-projects/spring-petclinic에서 저장소를 포크fork한다.

 다음 문서의 사용 가능한 지침을 이용해 가상 머신에 Git을 설치하라.

Getting Started – Installing Git (https://git-scm.com/book/en/v2/Getting-Started-Installing-Git).

윈도우 애플리케이션을 다운로드하기 위해서는 https://git-scm.com/을 탐색하고 Downloads for Windows를 클릭하라.

3. 인증에 사용할 새로운 SSH 키를 생성하라. Git이 설치된 CentOS 가상 머신상의 터미널을 연다.

4. 여러분의 GitHub 이메일 주소로 대체해 `sh-keygen -t rsa -b 4096 -C "your_email@example.com"`을 실행하라.

5. Enter file in which to save the key가 화면에 나타나면 Enter 키를 누른다.

```
[mitesh@devops1 git]$ ssh-keygen -t rsa -b 4096 -C "          @gmail.com"
Generating public/private rsa key pair.
Enter file in which to save the key (/home/mitesh/.ssh/id_rsa):
Enter passphrase (empty for no passphrase):
Enter same passphrase again:
Your identification has been saved in /home/mitesh/.ssh/id_rsa.
Your public key has been saved in /home/mitesh/.ssh/id_rsa.pub.
The key fingerprint is:
d5:48:73:9f:94:d8:02:32:75:5d:c8:08:da:33:2b:5d mitesh.soni83@gmail.com
The key's randomart image is:
+--[ RSA 4096]----+
|          o.*oo*.+.|
|          * *+o*. |
|          . * E.o  |
|            o =     |
|           S o      |
|             .      |
|                    |
|                    |
|                    |
+------------------+
[mitesh@devops1 git]$ █
```

6. ssh-agent에 SSH 키를 추가한다.

```
[mitesh@devops1 git]$ ssh-add ~/.ssh/id_rsa
Identity added: /home/mitesh/.ssh/id_rsa (/home/mitesh/.ssh/id_rsa)
[mitesh@devops1 git]$ █
```

7. .ssh 폴더에서 새로 생성된 키를 확인한다.

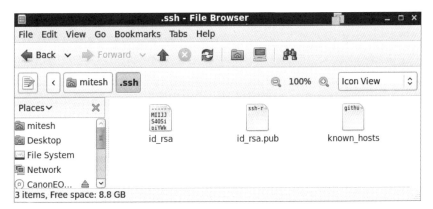

8. GitHub 계정이 새로운 SSH 키를 사용하도록 설정하기 위해 새로운 SSH 키를 GitHub 계정에 추가한다. 독자의 계정 페이지를 방문해 **Settings**를 클릭한다.

9. Personal settings 사이드 바에서 **SSH and GPG keys**를 클릭한다. 그런 다음 New SSH key를 클릭한다.

10. 가상 머신의 텍스트 편집기에서 /.ssh/id_rsa.pub을 열고 내용을 복사한다.

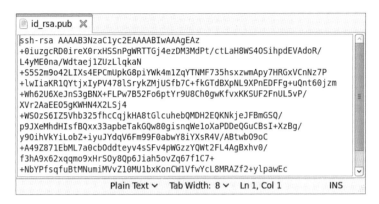

11. Title 필드에서 새로운 키에 대한 설명 레이블을 추가하고 복사된 키의 내용을 Key 필드에 붙여 넣는다. Add SSH key를 클릭한다.

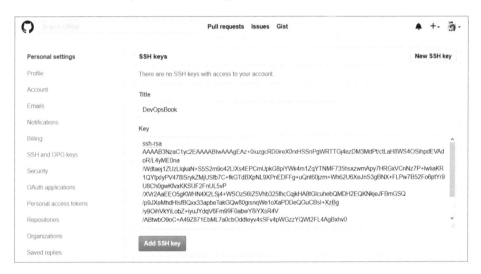

12. 추가된 SSH 키를 확인한다.

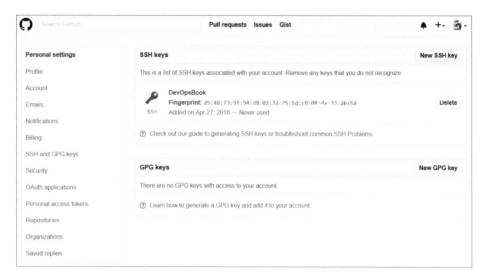

13. 이제 인증을 확인해보자. 터미널을 열고 ssh -T git@github.com을 입력한 후 Enter 키를 누른다. 성공적으로 인증되면 자격증명^{credentials} 없이 Git 저장소 접근이 가능하다.

▌ 빌드 작업 구성

이제 Git 인증이 완료됐으니 PetClinic 빌드 작업을 구성해보자.

1. 젠킨스 대시보드에서 PetClinic 빌드 작업을 클릭하고 Configure 링크를 클릭한다. 아래와 같은 다음 페이지가 표시되는 것을 볼 수 있다.

2. 다음 화면과 같이 이전에 포크한 샘플 스프링 프로젝트에 대한 GitHub URL을 Source Code Management 아래에 입력한다.

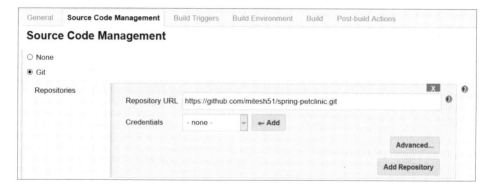

3. 다음 화면과 같이 Build Triggers와 Build Environment를 구성한다.

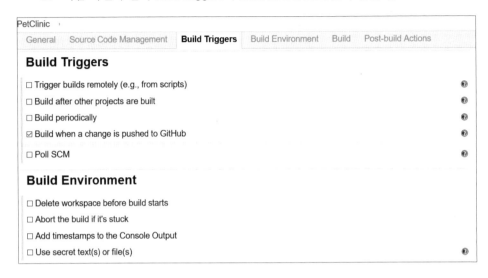

4. Build 아래의 Add build step을 클릭하고 Invoke top−level Maven targets를 선택한다. Global Tools Configuration에서 설정했던 메이븐 버전을 선택한다. Maven target을 입력하고 Save를 클릭한다.

5. Build Now를 클릭해 작업을 수동으로 트리거해보자. 빌드가 완료되면 다음과 같이 표시된다.

6. # 기호를 갖는 빌드 번호를 클릭한다. Console Output을 열고 Maven target 실행 전에 Git 작업이 실행되는지 확인한다.

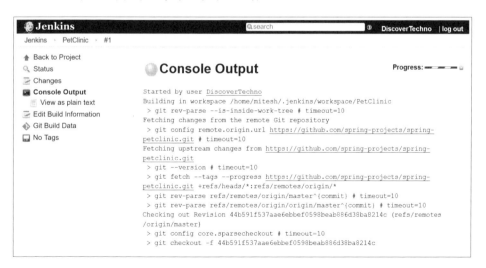

7. 빌드 작업의 작업 공간에서 소스를 사용할 수 있게 되면 Maven target이 실행돼 WAR 파일이 실행된다. 빌드 상태를 확인하라.

```
Jenkins   PetClinic   #1

[INFO]
[INFO] --- maven-war-plugin:2.3:war (default-war) @ spring-petclinic ---
[INFO] Packaging webapp
[INFO] Assembling webapp [spring-petclinic] in [/home/mitesh/.jenkins/workspace
/PetClinic/target/spring-petclinic-4.2.5-SNAPSHOT]
[INFO] Processing war project
[INFO] Copying webapp resources [/home/mitesh/.jenkins/workspace/PetClinic
/src/main/webapp]
[INFO] Webapp assembled in [12697 msecs]
[INFO] Building war: /home/mitesh/.jenkins/workspace/PetClinic/target
/petclinic.war
[INFO] ------------------------------------------------------------------------
[INFO] BUILD SUCCESS
[INFO] ------------------------------------------------------------------------
[INFO] Total time: 03:14 min
[INFO] Finished at: 2016-04-27T12:15:29-07:00
[INFO] Final Memory: 27M/214M
[INFO] ------------------------------------------------------------------------
Finished: SUCCESS
```

Page generated: Apr 27, 2016 12:12:13 PM PDT   REST API   Jenkins ver. 2.0

8. 빌드 작업의 작업 공간을 확인하기 위해서는 Workspace 링크를 클릭한다. 작업 공간 내의 이용 가능한 모든 파일을 확인한다. 이러한 파일은 특정 빌드 작업 아래의 .jenkins 폴더에서 발견할 수 있다.

Workspace of PetClinic on master

.git	
.mvn/wrapper	
src	
target	
.bowerrc	45 B view
.editorconfig	192 B view
.gitignore	61 B view
.springBeans	726 B view
.travis.yml	31 B view
bower.json	134 B view
mvnw	6.95 KB view
mvnw.cmd	5.06 KB view
pom.xml	16.71 KB view
readme.md	8.32 KB view
sonar-project.properties	332 B view

(all files in zip)

Page generated: Apr 27, 2016 12:16:52 PM PDT   Jenkins ver. 2.0

JUnit 설정

샘플 애플리케이션은 JUnit 테스트 케이스를 갖고 있다. 이러한 테스트 케이스를 실행하기 위해서는 빌드 작업 구성에서 JUnit 관련 설정을 구성해야 한다.

1. Post-build Actions 아래의 Publish JUnit test result report를 선택한다.

2. 작업 공간에 기반한 Test report XMLs를 위한 경로를 지정한다.

3. Apply를 클릭한 후 Save를 클릭한다.

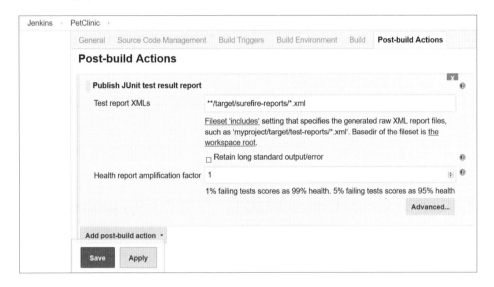

4. 빌드에 대한 JUnit 설정을 구성한 후 예약된 빌드 실행을 기다리거나 Build Now
   를 클릭한다.

5. 젠킨스 대시보드에서 빌드 상태를 확인하면 간단한 요약 정보를 갖는 Test Result 링크를 볼 수 있다. Test Result를 클릭한다.

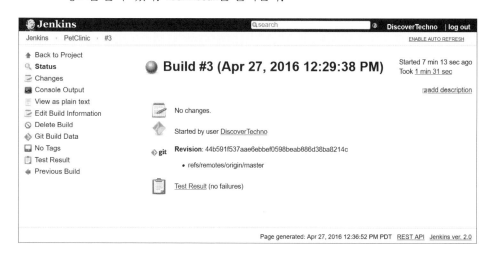

6. 모든 테스트 실행 상태를 패키지별로 확인한다. 이 페이지는 실행 기간 및 실패한 테스트 케이스의 정보도 제공한다.

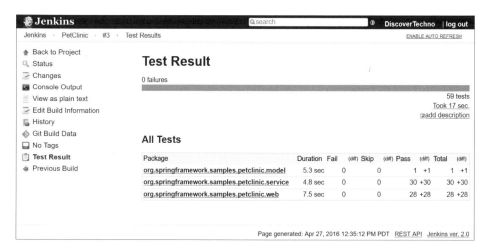

다음 절에서는 빌드 작업 뷰에 대한 사용자 정의에 도움이 되는 Dashboard View 플러그인을 살펴본다.

Dashboard View 플러그인 - 개요 및 사용법

Dashboard View 플러그인은 포탈 유형 레이아웃에 기반한 다양한 뷰의 구현을 제공한다. 새로운 뷰에 포함돼야 하는 다양한 빌드 작업을 선택할 수 있으며 뷰에 대한 다양한 포틀릿portlets을 구성할 수 있다.

구성을 위해서는 다음 단계를 따르면 된다.

1. Manage Jenkins에서 Plugin Manager로 이동해 Available 탭을 클릭한다. Dashboard View 플러그인을 검색하고 Install without restart를 클릭한다.

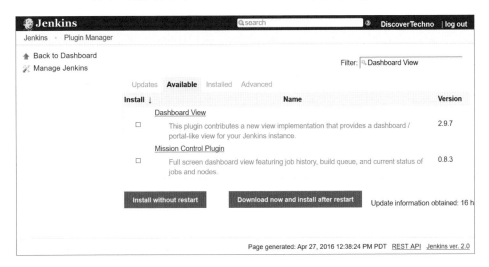

2. 플러그인이 성공적으로 설치되면 젠킨스 대시보드에서 + 기호를 클릭해 새로운 뷰를 생성할 수 있다.

3. View name을 입력하고 뷰 타입을 선택한다. 그리고 OK를 클릭한다.

4. Edit를 클릭하고 위쪽, 왼쪽 열, 오른쪽 열, 아래에 대해 Dashboard Portlets을 구성한다. Test Statistics Chart와 Trends 같은 다양한 포틀릿을 사용할 수 있다.

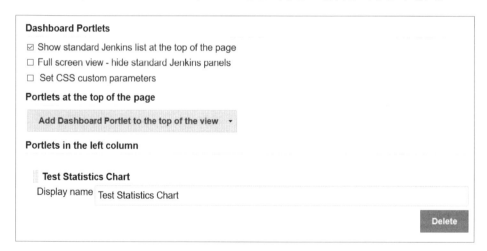

5. 요구 사항에 따라 다양한 포틀릿을 뷰에 추가하고 저장한다. 다음 그림은 샘플 뷰다.

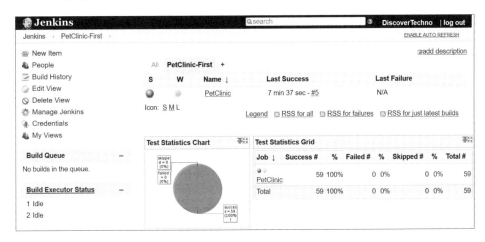

6. 빌드 작업이 실행되면 빌드 작업의 대시보드에서 테스트 결과 차트를 확인할 수 있다.

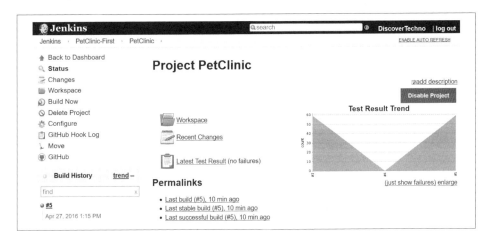

이제 젠킨스의 가장 인기있는 기능 중 하나인 분산 빌드^{distributed builds}를 살펴보자.

소스 코드를 컴파일하기 위해 여러 버전의 JDK가 필요한 다양한 자바 애플리케이션을 원하는 시나리오를 생각해보자. 이러한 상황을 효과적으로 관리할 수 있는 방법은 무엇인가? 다음 절에서 이러한 사항을 살펴본다.

▌ 노드 관리

앞에서 언급한 시나리오를 관리하기 위해 젠킨스는 마스터-슬레이브^{master-slave} 개념을 제공한다. 우리는 빌드 구성에서 다양한 슬레이브에 서로 다른 빌드 작업을 할당할 수 있다. 그리고 전체적인 수명주기 관리를 위해 마스터-슬레이브 시스템을 사용한다. 마스터 노드는 슬레이브 노드가 빌드 작업 구성에 명시적으로 설정돼 있지 않은 경우 스스로 빌드를 실행할 수 있다.

이러한 기능을 사용하는 이유는 다음과 같다.

- 빌드 작업에는 자원이 필요하며 이들은 자원의 가용성을 놓고 경쟁한다.
- 다양한 런타임 환경은 서로 다른 빌드 작업을 필요로 한다.
- 슬레이브 노드에 걸쳐 부하를 분산시킨다.

더 명확히 말해 슬레이브 노드에는 젠킨스를 설치할 필요가 없다. 슬레이브 노드를 적절히 구성하면 되며 이러한 내용을 다룰 것이다.

유일한 요구 사항은 다음과 같다.

- 구성과 런타임 환경은 슬레이브 노드에서 이용 가능해야 한다.
- 실행을 위해 슬레이브 노드에서 사용되는 런타임 환경이나 도구는 마스터 노드에서 경로가 올바르게 구성돼야 한다.

젠킨스 2에서의 슬레이브 노드 생성 및 구성

다음 단계는 젠킨스 2에서의 슬레이브 노드 생성과 구성을 가이드한다.

1. 젠킨스 대시보드에서 Manage Jenkins 링크를 클릭한다.

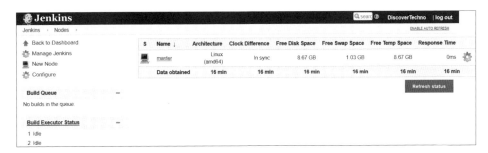

2. master 노드의 항목만 사용 가능한지 확인하라. 새로운 노드를 추가하기 위해 왼
    쪽 사이드 바에서 New Node를 클릭한다. Node name 필드에 노드 이름을 입력
    하고 OK를 클릭한다.

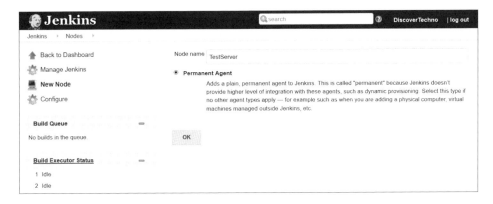

3. 다음 단계는 새로 생성된 노드를 설정하는 것이다. 슬레이브 노드에서의 빌드 작업과 관련된 세부 사항을 저장할 Remote root directory를 입력한다. 이 노드의 Labels를 지정하라. Labels는 특정 슬레이브 노드에 서로 다른 빌드 작업을 할당하는 데 사용할 수 있다.

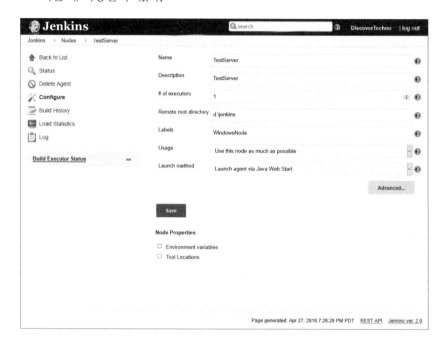

4. 젠킨스 2에서 슬레이브 노드를 생성하고 설정할 때 slaveAgentPort.disabled 오류가 발생하면 다음 단계로 가기 전에 해당 오류를 해결해야 한다.

5. 오류를 해결하기 위해 Manage Jenkins 페이지로 이동해 Configure Global Security 링크를 클릭한다. Enable security를 선택하고 TCP port for JNLP agents에 대해 Fixed나 Random을 선택한 후 설정을 저장한다.

6. 다음 단계는 젠킨스 마스터와 더불어 젠킨스 슬레이브를 연결하는 단계다. 명령행을 이용해 젠킨스에 에이전트를 연결한다.

7. slave.jar를 다운로드해 슬레이브 노드에 위치시킨다.

8. 슬레이브 노드의 명령행에서 다음 코드를 실행시킨다.

```
java -jar slave.jar -jnlpUrl
http://192.168.1.34:8080/computer/TestServer/slave-agent.jnlp -secret
65464e02c58c85b192883f7848ad2758408220bed2f3af715c01c9b01cb72f9b
```

9. 젠킨스 대시보드에서 슬레이브 노드의 상태를 확인한다.

10. 이제 젠킨스 대시보드에서 두 개의 노드를 확인할 수 있다.

마스터 및 슬레이브 노드에 빌드 작업 구성하기

다음 단계는 마스터 노드와 슬레이브 노드에 빌드 작업을 구성하는 방법을 가이드한다.

1. 마스터에서 빌드 작업의 실행 구성을 위해 빌드 구성을 열고 General 섹션에서 Restrict where this project can be run을 선택한다.
2. Label Expression에서 Master 노드의 레이블을 입력한다.

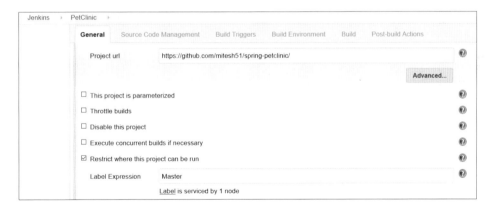

3. 슬레이브 노드에서 실행하는 빌드 작업을 구성하기 위해 Label Expression에 슬레이브 노드의 레이블을 입력한다. 또한 빌드 실행을 위해 JDK와 다른 일부 필수 경로를 설정할 수 있다.

4. 슬레이브 노드에 대한 특정 도구를 설정하기 위해서는 Manage Nodes 섹션의 Configure를 클릭한다. Node Properties에서 다음 그림과 같이 슬레이브 노드에 대한 Tool Locations를 설정한다.

Node Properties

☐ Environment variables
☑ Tool Locations
List of tool locations   Name   (Git) Default

      Home   C:\Program Files\Git\bin\git.exe

                 Delete

      Name   (JDK) WindowsJDK

      Home   C:\Program Files\Java\jdk1.8.0

                 Delete

      Name   (Maven) WindowsMaven

      Home   C:\apache-maven-3.3.1

                 Delete

다음 절에서는 이메일 알림을 설정하는 방법을 살펴본다.

빌드 상태에 기반한 이메일 알림 전송

"쉽게 말해 실패는 더 현명하게 다시 시작할 수 있는 기회다."

― 헨리 포드[Henry Ford]

뭔가 실패해 이를 수정하거나 문제를 제거하는 경우 실패를 인식하거나 적어도 알고 있는 것이 매우 중요하다.

실패의 경우 알림[Notifications]은 항상 도움이 된다. 빌드 실패나 테스트 케이스 실패가 특정 이해당사자에게 통보돼야 한다고 가정해보자. 이러한 경우 이메일 알림이 바람직하다.

이메일 알림 설정을 위해서는 지메일[G-mail] 구성을 사용한다. 다음 단계를 따르면 된다.

1. https://www.google.com/settings/u/1/security/lesssecureapps로 이동해 젠킨스 2에서 이메일 알림을 보내기 위해 다음 그림과 같이 Turn on Access for less secure apps를 클릭한다.

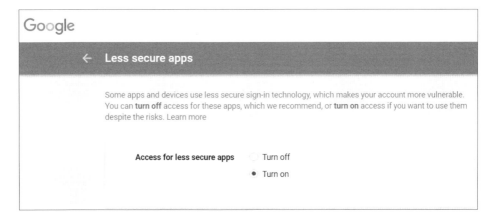

2. 젠킨스 대시보드에서 다음 사항을 수행한다.

    a. Manage Jenkins를 클릭하고 Configure System 섹션으로 이동한다.

    b. E-mail Notification 하위 섹션으로 이동해 SMTP Server와 Default user e-mail suffix에 대한 적절한 값을 입력한다.

    c. Use SMTP Authentication 박스를 선택하고 User Name과 Password를 입력한다.

    d. Use SSL 체크박스를 선택하고 SMTP Port와 Reply-To Address의 세부 사항을 입력한다.

    e. 마지막으로 Test configuration by sending test e-mail을 선택한다. 모든 것이 올바로 설정됐다면 Email was successfully sent 메시지가 표시된다.

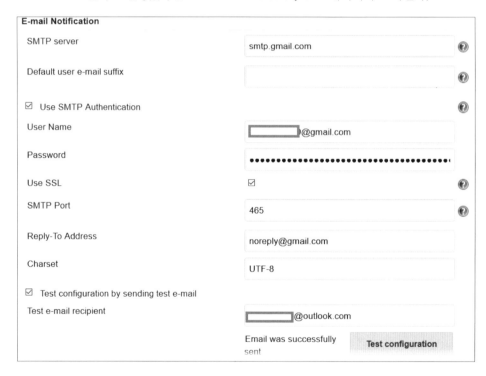

3. 이메일 알림을 확인하기 위해서는 빌드 작업 실패를 시뮬레이션하면 된다. 임의의 빌드 작업을 열고 **Configure**를 클릭한다.

4. **Post-build Actions**에서 **Add Post-build Action**을 클릭하고 다음과 같이 구성한다.

    a. **E-mail Notification**을 선택한다.

    b. **Recipients**에 대한 리스트를 입력한다.

    c. **Send e-mail for every unstable build**와 **Send separate e-mails to individuals who broke the build**를 선택한다.

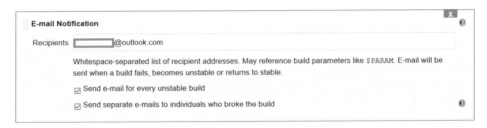

예제의 경우 메이븐 빌드에 대한 컴파일 목표를 실행하고 실패를 시뮬레이션하기 위해 JUnit 테스트 결과를 공표하길 원한다. 우리의 경우 파일의 컴파일은 성공적이지만 빌드 후 작업에 실패하고 구성에서 이를 기반으로 이메일 알림이 트리거되는 것을 확인할 수 있다.

```
[INFO] ------------------------------------------------------------
[INFO] BUILD SUCCESS
[INFO] ------------------------------------------------------------
[INFO] Total time: 21.332 s
[INFO] Finished at: 2016-04-28T19:44:26-07:00
[INFO] Final Memory: 25M/134M
[INFO] ------------------------------------------------------------
Recording test results
ERROR: Step 'Publish JUnit test result report' failed: No test report files were
found. Configuration error?
Sending e-mails to:            @outlook.com
Finished: FAILURE
```

다음 그림은 수신된 이메일이다. 이메일은 실행에 대한 추적 값stack trace을 포함하고 있다.

사용자 정의된 내용을 이메일로 보내는 경우의 시나리오를 생각해보자. 어떠한 방법으로
구현 가능한가?

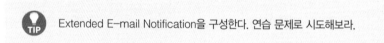

TIP Extended E-mail Notification을 구성한다. 연습 문제로 시도해보라.

젠킨스와 소나의 통합

소나큐브SonarQube는 애플리케이션의 코드 품질을 관리하는 오픈소스 도구다. 소나큐브
는 아키텍처와 설계, 복제, 단위 테스트, 잠재적 버그, 복잡도, 코딩 규칙, 주석과 같은 코
드 품질에 대한 7가지 분야를 관리한다. 소나큐브는 ABAP, C/C++, C#, COBOL, CSS,
Erlang, Flex/ActionScript, Groovy, Java, JavaScript, JSON, Objective-C, PHP,
PL/I, PL/SQL, Puppet, Python, RPG, Swift, VB.NET, Visual Basic 6, XML과 같은

프로그래밍 언어와 형식을 처리한다. 가장 눈에 띄는 기능 중 하나는 확장성이다. 소나큐브는 플러그인 형태의 확장 메커니즘을 이용해 새로운 언어의 처리와 규칙 엔진의 추가가 쉽다.

소나큐브 플러그인을 설치하기 위해서는 다음 단계를 따르면 된다.

1. Manage Jenkins로 이동해 Manage Plugins를 클릭한다. Available 탭을 클릭한다. SonarQube Plugin을 선택하고 Install without restart를 클릭해 SonarQube 플러그인을 설치한다.

2. http://www.sonarqube.org/downloads/에서 Sonar를 다운로드한다.
3. ZIP 파일에서 설치 가능한 디렉터리를 추출하고 bin 서브 디렉터리로 이동한다.

4. OS에 기반해 설치 가능한 디렉터리를 선택하고 StartSonar.* 파일을 다음 그림과 같이 실행한다.

```
D:\##DevOps Book\Installables\sonarqube-5.4\bin\windows-x86-64>StartSonar.bat
wrapper  | --> Wrapper Started as Console
wrapper  | Launching a JVM...
jvm 1    | Wrapper (Version 3.2.3) http://wrapper.tanukisoftware.org
jvm 1    |   Copyright 1999-2006 Tanuki Software, Inc.  All Rights Reserved.
jvm 1    |
jvm 1    | 2016.04.29 23:57:37 INFO  app[o.s.a.AppFileSystem] Cleaning or creating temp directory D:\##DevOps Book\Install
ables\sonarqube-5.4\temp
jvm 1    | 2016.04.29 23:57:38 INFO  app[o.s.p.m.JavaProcessLauncher] Launch process[search]: C:\Program Files\Java\jre1.8
.0_45\bin\java -Djava.awt.headless=true -Xmx1G -Xms256m -Xss256k -Djava.net.preferIPv4Stack=true -XX:+UseParNewGC -XX:+Use
ConcMarkSweepGC -XX:CMSInitiatingOccupancyFraction=75 -XX:+UseCMSInitiatingOccupancyOnly -XX:+HeapDumpOnOutOfMemoryError -
Djava.io.tmpdir=D:\##DevOps Book\Installables\sonarqube-5.4\temp -cp ./lib/common/*;./lib/search/* org.sonar.search.Search
Server C:\Users\MItesh\AppData\Local\Temp\sq-process7000722619322287622properties
jvm 1    | 2016.04.29 23:57:49 INFO  app[o.s.p.m.Monitor] Process[search] is up
jvm 1    | 2016.04.29 23:57:49 INFO  app[o.s.p.m.JavaProcessLauncher] Launch process[web]: C:\Program Files\Java\jre1.8.0_
45\bin\java -Djava.awt.headless=true -Dfile.encoding=UTF-8 -Djruby.management.enabled=false -Djruby.compile.invokedynamic=
false -Xmx768m -Xms256m -XX:MaxPermSize=160m -XX:+HeapDumpOnOutOfMemoryError -Djava.net.preferIPv4Stack=true -Djava.io.tmp
dir=D:\##DevOps Book\Installables\sonarqube-5.4\temp -cp ./lib/common/*;./lib/server/*;D:\##DevOps Book\Installables\sonar
qube-5.4\lib\jdbc\h2\h2-1.3.176.jar org.sonar.server.app.WebServer C:\Users\MItesh\AppData\Local\Temp\sq-process3019138822
364693273properties
jvm 1    | 2016.04.29 23:59:07 INFO  app[o.s.p.m.Monitor] Process[web] is up
```

5. 소나가 실행되면 브라우저를 열고 http://localhost:9000/나 http://<IP_Address>:9000을 방문한다. 그러면 소나의 대시보드를 확인할 수 있다.

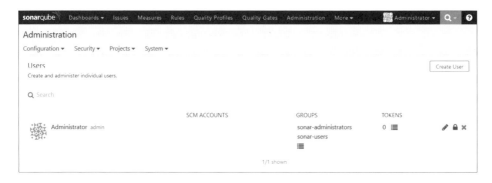

젠킨스 2와 소나의 통합을 위한 중요한 단계는 보안 토큰을 생성하는 것이다.

1. 오른쪽 상단 구석의 My Account 링크로 간다.

122

2. Security 탭을 클릭하고 Generate Tokens로 간다.

3. 토큰 이름을 입력하고 Generate를 클릭한다. 토큰 값을 복사하고 Done을 클릭
한다.

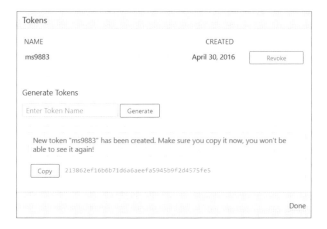

4. 대시보드의 TOKENS 열을 확인한다.

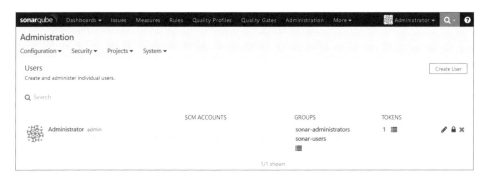

5. 보안 토큰이 준비되면 젠킨스와 소나큐브를 통합해야 한다.

6. Manage Jenkins 섹션에서 Configure System을 클릭한다. 그리고 소나큐브 서버를 추가한다. 여기서 Server URL과 Server authentication token을 제공하고 설정을 저장한다.

7. Global Tool Configuration에서 SonarQube Scanner installations도 설정한다.

소나와 관련된 설치와 구성이 모두 완료되면 SonarQube Scanner를 실행하기 위한 빌드 단계를 추가해야 한다. 다음 단계에 따라 빌드 작업을 실행한다.

1. 특정 애플리케이션에 대해 소나큐브 프로젝트를 구성하기 위해 sonar-project. properties가 필요하다. sonar-project.properties 파일은 다음에 보여지듯 이미 이용 가능하다.

```
# Required metadata
sonar.projectKey=java-sonar-runner-simple
sonar.projectName=Simple Java project analyzed with the SonarQube Runner
sonar.projectVersion=1.0

# Comma-separated paths to directories with sources (required)
sonar.sources=src

# Language
sonar.language=java

# Encoding of the source files
sonar.sourceEncoding=UTF-8
```

2. 소나 실행을 위한 빌드 작업의 콘솔 출력을 확인한다.

```
D:\##DevOps Book\Installables\sonar-scanner-2.6
INFO: Scanner configuration file: D:\##DevOps Book\Installables\
sonarscanner-2.6\conf\sonar-scanner.properties
INFO: Project root configuration file: d:\jenkins\workspace\PetClinic-
Test\sonar-project.properties
INFO: SonarQube Scanner 2.6
INFO: Java 1.8.0-ea Oracle Corporation (64-bit)
INFO: Windows 8.1 6.3 amd64
INFO: Error stacktraces are turned on.
INFO: User cache: C:\Users\MItesh\.sonar\cache
INFO: Load global repositories
INFO: Load global repositories (done) | time=1131ms
INFO: User cache: C:\Users\MItesh\.sonar\cache
INFO: Load plugins index
INFO: Load plugins index (done) | time=16ms
INFO: Download sonar-csharp-plugin-4.4.jar
```

```
INFO: Download sonar-java-plugin-3.10.jar
INFO: Download sonar-scm-git-plugin-1.0.jar
INFO: Download sonar-scm-svn-plugin-1.2.jar
INFO: Download sonar-javascript-plugin-2.10.jar
INFO: SonarQube server 5.4
INFO: Default locale: "en_US", source code encoding: "UTF-8"
INFO: Process project properties
INFO: Load project repositories
INFO: Load project repositories (done) | time=133ms
INFO: Apply project exclusions
INFO: Load quality profiles
INFO: Load quality profiles (done) | time=927ms
INFO: Load active rules
INFO: Load active rules (done) | time=4068ms
INFO: Publish mode
INFO: ------------- Scan Simple Java project analyzed with the
SonarQube Runner
INFO: Language is forced to java
INFO: Load server rules
INFO: Load server rules (done) | time=656ms
INFO: Base dir: d:\jenkins\workspace\PetClinic-Test
INFO: Working dir: d:\jenkins\workspace\PetClinic-Test\.sonar
INFO: Source paths: src
INFO: Source encoding: UTF-8, default locale: en_US
INFO: Index files
INFO: 56 files indexed
INFO: Quality profile for java: Sonar way
INFO: JaCoCoSensor: JaCoCo report not found:
d:\jenkins\workspace\PetClinic-Test\target\jacoco.exec
INFO: JaCoCoItSensor: JaCoCo IT report not found:
d:\jenkins\workspace\PetClinic-Test\target\jacoco-it.exec
INFO: Sensor JavaSquidSensor
INFO: Configured Java source version (sonar.java.source): none
INFO: JavaClasspath initialization...
INFO: Bytecode of dependencies was not provided for analysis of source
files, you might end up with less precise results. Bytecode can be
provided
using sonar.java.libraries property
INFO: JavaClasspath initialization done: 1 ms
```

INFO: JavaTestClasspath initialization...

INFO: Bytecode of dependencies was not provided for analysis of test files, you might end up with less precise results. Bytecode can be provided using sonar.java.test.libraries property

INFO: JavaTestClasspath initialization done: 1 ms

INFO: Java Main Files AST scan...

INFO: 56 source files to be analyzed

INFO: 46/56 files analyzed, current file: d:\jenkins\workspace\PetClinic-Test\src\test\java\org\springframework\samples\petclinic\service\AbstractCl inicServiceTests.java

INFO: Java Main Files AST scan done: 12107 ms

INFO: Java bytecode has not been made available to the analyzer. The org.sonar.java.bytecode.visitor.DependenciesVisitor@4f1150f5, org.sonar.java.checks.unused.UnusedPrivateMethodCheck@3fba233d are disabled.

INFO: Java Test Files AST scan...

INFO: 0 source files to be analyzed

INFO: Java Test Files AST scan done: 1 ms

INFO: Sensor JavaSquidSensor (done) | time=15295ms

INFO: Sensor Lines Sensor

INFO: 56/56 source files have been analyzed

INFO: 0/0 source files have been analyzed

INFO: Sensor Lines Sensor (done) | time=28ms

INFO: Sensor QProfileSensor

INFO: Sensor QProfileSensor (done) | time=29ms

INFO: Sensor SurefireSensor

INFO: parsing d:\jenkins\workspace\PetClinic-Test\target\surefirereports

INFO: Sensor SurefireSensor (done) | time=531ms

INFO: Sensor SCM Sensor

INFO: SCM provider for this project is: git

INFO: 56 files to be analyzed

INFO: 56/56 files analyzed

INFO: Sensor SCM Sensor (done) | time=3754ms

INFO: Sensor Code Colorizer Sensor

INFO: Sensor Code Colorizer Sensor (done) | time=9ms

INFO: Sensor CPD Sensor

INFO: JavaCpdIndexer is used for java

```
INFO: Sensor CPD Sensor (done) | time=303ms
INFO: Analysis report generated in 1055ms, dir size=294 KB
INFO: Analysis reports compressed in 629ms, zip size=191 KB
INFO: Analysis report uploaded in 524ms
INFO: ANALYSIS SUCCESSFUL, you can browse
http://localhost:9000/dashboard/index/java-sonar-runner-simple
INFO: Note that you will be able to access the updated dashboard once
the server has processed the submitted analysis report
INFO: More about the report processing at
http://localhost:9000/api/ce/task?id=AVRjchhfszI1jSgY1AZe
  INFO: -----------------------------------------------------------------
---------
INFO: EXECUTION SUCCESS
  INFO: -----------------------------------------------------------------
---------
INFO: Total time: 57.737s
INFO: Final Memory: 52M/514M
  INFO: -----------------------------------------------------------------
---------
Recording test results
Finished: SUCCESS
```

3. http://localhost:9000/dashboard/index/java-sonar-runner-simple에서 소
   나의 UI를 확인해보자.

4. PROJECTS 섹션에서 이제 이용 가능한 프로젝트 세부 사항을 발견할 수 있다. 프로젝트 이름을 클릭한다.

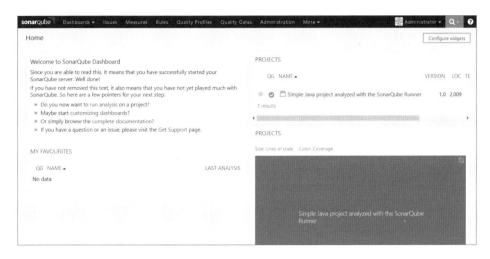

5. 여기서 분석 결과를 확인할 수 있다. Quality Gate를 통과했음을 확인할 수 있다. Technical Debt, Duplications, Structure의 세부적인 정보도 제공한다.

6. 품질 관문Quality gate은 소나큐브 대시보드에서 정의할 수 있다. 예제에서는 기본
   품질 관문을 사용했다.

7. Lines of code, Complexity, Comment lines 데이터를 확인하기 위해 소나 대시보드
   에서 Structure 탭을 클릭한다.

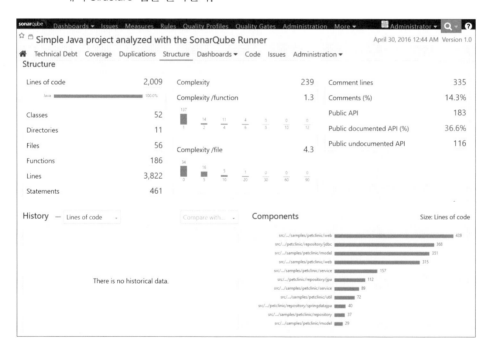

8. 특정 파일의 문제에 대한 더 상세한 정보를 얻기 위해서는 Technical Debt 탭을 클릭하고 차트에서 버블(원)을 클릭한다.

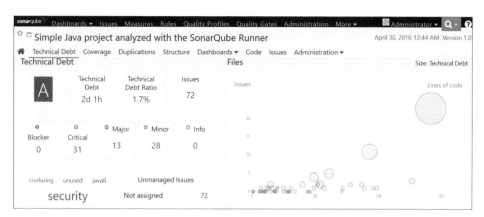

 소나는 24시간 단위로 이력 데이터를 저장한다.

진단 테스트

1. 젠킨스는 자바로 작성됐다.
   - 참
   - 거짓

2. 젠킨스를 설치할 수 있는 운영 시스템은 다음 중 어느 것인가?
   - 우분투/데비안
   - 윈도우
   - 맥 OS X
   - CentOS/페도라/레드햇

- 위의 모든 사항

3. 젠킨스가 실행되는 기본 포트를 변경하기 위해 사용되는 명령어는 다음 중 어느 것인가?
   - `java -jar jenkins.war --httpPort=9999`
   - `java -jar jenkins.war --http=9999`
   - `java -jar jenkins.war --https=9999`
   - `java -jar jenkins.war --httpsPort=9999`

4. 소나는 22시간 단위로 이력 데이터를 저장한다.
   - 참
   - 거짓

요약

2장에서는 젠킨스 2의 새로운 기능과 젠킨스가 인기있는 이유, 젠킨스의 설치 방법을 배웠다. 보안 관점의 개선 사항과 설정하는 동안의 플러그인 설치, 자바와 메이븐의 구성 방법도 논의했다. 젠킨스에서 새로운 작업을 생성하는 경우 백그라운드에서 발생하는 일, Git에서 인증하는 방법, 젠킨스에서 Git을 구성하는 방법을 살펴봤고 그후 샘플 스프링 애플리케이션에서 단위 테스트를 실행하고 사용자 정의 뷰를 위한 다양한 포틀릿을 갖는 Dashboard View를 구성했다. 또한 부하 분산을 위해 마스터 노드와 슬레이브 노드를 관리하는 방법과 필요한 다양한 환경을 관리하는 방법, 빌드 상태에 따른 이메일 알림의 구성 방법, 소나와 젠킨스를 통합하는 방법도 배웠다.

3장에서는 애플리케이션 전달에 대한 전체 파이프라인의 오케스트레이션에서 가장 중요한 측면 중 하나를 살펴본다. 그리고 젠킨스 2의 파이프라인 개념과 빌드 파이프라인 플러그인도 설명한다.

지속적인 통합 내의 빌드 실행 동안 발생하는 오류의 내용과 관련 있기 때문에 랄프 왈도 에머슨Ralph Waldo Emerson의 말을 인용하기에 적절한 때다.

"우리의 가장 큰 영광은 실패하는 데 결코 있지 않으며 실패할 때마다 일어나는 데 있다."

03

코드 작성과
빌드 파이프라인 구성

"넓게 시작하고 더 멀리 확장하고 절대로 뒤돌아보지 말라."

– 아놀드 슈왈츠제네거^{Arnold Schwarzenegger}

항상 일찍 시작하고 달성하고 싶은 것을 시각화하는 것이 좋다. 이것이 3장의 목표다. 이 책의 마지막 장을 마치면 3장의 중요성을 쉽게 깨달을 수 있을 것이다.

젠킨스 2^{Jenkins 2}의 주요 특징 중 하나는 내장된 전달 파이프라인의 지원이다. 우리는 젠킨스가 지속적인 통합을 위한 서버라는 사실을 알고 있다. 그러나 젠킨스를 지속적인 전달이나 지속적인 배포에도 사용하고 싶은 경우에는 어떻게 되는가? 애플리케이션 전달 파이프라인을 다루는 동안에는 자동화^{Automation}와 오케스트레이션^{Orchestration} 둘 다 똑같이 중요하다.

3장에서는 **자바 엔터프라이즈 에디션**^Java EE 애플리케이션 예제의 다양한 작업에 대해 파이프라인을 생성하는 방법을 자세히 설명한다. 또한 로컬 웹이나 애플리케이션 서버로 애플리케이션의 배포도 다루며 지속적인 통합의 수명주기를 위한 빌드 파이프라인의 구성도 다룬다. 이러한 방법으로 젠킨스 사용자는 애플리케이션 전달 파이프라인을 코드로 모델링할 수 있다. 전달 파이프라인을 코드로 만들면 코드 저장소에 저장할 수 있으며 더 나은 방법으로 관리할 수 있다. 주요 혜택은 협력이다. 코드는 버전 관리 시스템에 저장되기 때문에 여러 팀이 다양한 환경을 기반으로 하는 작업에 재사용할 수 있다.

독자는 3장에서 코드 저장소에서 코드를 가져오고 코드를 작성하고 단위 테스트를 실행하고 서로 다른 작업에 사용하는 정적 분석을 포함한 지속적인 통합^{continuous integration}에서 수명주기를 관리하는 방법을 배운다.

3장에서는 다음 주제를 다룬다.

- 젠킨스 2에 내장된 전달 파이프라인
- 지속적인 통합 수명주기를 관리하기 위한, 전체적인 자동화를 위한 빌드 파이프라인 구성
- 젠킨스에서 로컬 톰캣^{Tomcat} 서버로 WAR 파일 배포

▌ 내장된 전달 파이프라인 생성

젠킨스 2는 **도메인 특화 언어**^{DSL, Domain-Specific Language}를 이용해 전달 파이프라인을 생성하는 방법을 제공한다.

다음은 내장된 전달 파이프라인을 생성하는 단계다.

1. 젠킨스 대시보드로 이동해 New Item을 클릭한다.

2. PetClinic-Pipeline을 항목 이름으로 입력하고 아래 그림과 같이 Pipeline을 선택한다. 그리고 OK를 클릭한다.

3. 기존 파이프라인을 사용할 수 있는 경우 기존 파이프라인을 복사해 새로운 파이프라인을 생성할 수 있다.

4. Advanced Project Options로 이동한다. 학습 목적을 위해 Script 박스에 echo 'Hello from Pipeline Demo'를 입력한다.

5. 설정을 저장하려면 Save를 클릭한다.

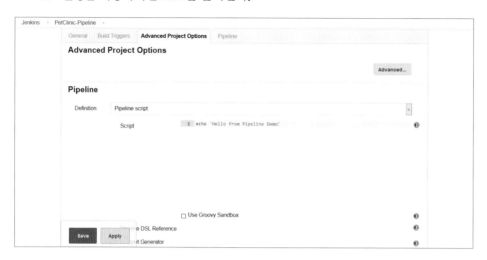

6. 아무 단계도 생성하지 않았기 때문에 다음 그림과 같이 경고를 받을 것이다. 그러나 데모를 위해 파이프라인을 실행할 수 있다.

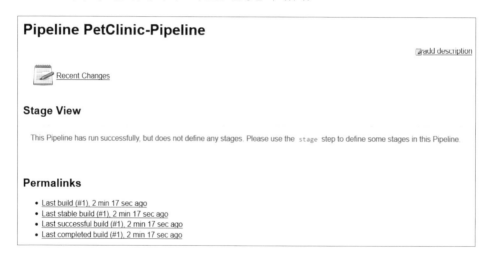

7. Build Now를 클릭한다. Console Output을 확인하면 스크립트 실행이 성공적으로 완료된 것을 볼 수 있다.

스크립트 생성

단계별로 스크립트를 생성하는 방법을 배워보자. 작업을 더 쉽게 하려면 Pipeline DSL 레퍼런스를 참고하거나 Snippet Generator를 사용한다. 체크박스를 선택하고 Sample Step을 선택한다. 단계별로 요구되는 구체적인 파라미터를 제공하고 Generate Groovy를 클릭한다.

 Pipeline DSL Reference: https://jenkins.io/doc/pipeline/steps/

Snippet Generator: https://jenkins.io/doc/pipeline/#using-snippet-generator

예제 1 - 작업을 만들기 위한 그루비 스크립트 생성

작업을 만들기 위해 그루비Groovy 스크립트를 생성하는 방법은 다음과 같다. 그루비 스크립트는 빌드를 위한 새로운 다운스트림 작업을 트리거한다.

샘플 단계	파라미터
Build: Build a job	Project to Build: PetClinic-Compilc Parameters: None 다른 구성: Default

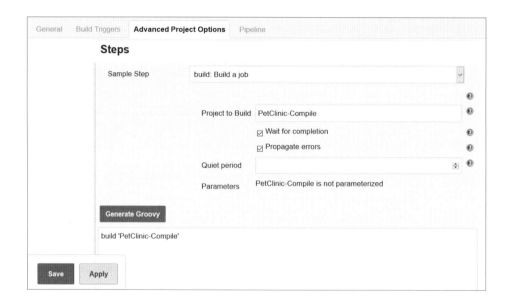

예제 2 - 테스트 보고서를 게시하기 위한 빌드 단계 생성

빌드 단계 생성은 빌드 후 작업이나 드롭다운 리스트를 기반으로 파이프라인과 호환 가능한 일반적인 빌드 단계를 구성하는 데 사용된다.

샘플 단계	파라미터
Build: General Build Setup	Build Step: Publish JUnit test result report Test Report XMLs: **/target/surefire-reports/Test-*.xml 다른 구성: Default

예제 3 – 빌드 작업 산출물 보관

빌드 작업 산출물을 보관하려면 다음 파라미터를 사용한다.

샘플 단계	파라미터
archive: Archive artifacts	Includes: 산출물을 보관하기 위해 쉼표로 구분된 리스트 매칭 앤트 스타일 패턴을 이용하는 산출물을 포함한다. Excludes: 산출물을 보관하지 않기 위해 쉼표로 구분된 리스트 매칭 앤트 스타일 패턴(Ant-style pattern)을 이용하는 산출물을 제외한다.

예제 4 – 노드에서 빌드 단계 수행하기

특정 노드에서 빌드 단계를 수행하려면 스크립트를 작성해야 한다. Snippet Generator를 이용하고 Sample Step의 노드를 선택한다. 그리고 **슬레이브 노드 레이블**을 선택한다. 그런 다음 Generation Groovy를 클릭한다.

샘플 단계	파라미터
node: Allocate node	Label: 슬레이브 노드와 관련된 레이블. 2장, '젠킨스 2를 통한 지속적인 통합'을 참고하라. 더 자세한 내용은 젠킨스 2의 마스터–슬레이브 노드를 참고하라.

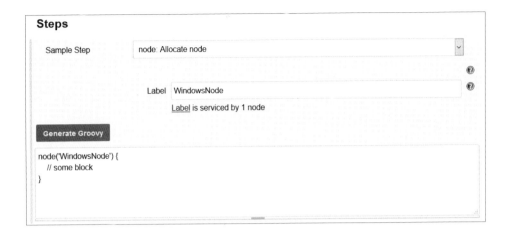

예제 5 – 빌드 작업의 명확한 단계 표시

이제 빌드 작업의 명확한 부분을 표시하기 위해 제한된 동시성에 따라 통제되는 그루비 스크립트를 작성한다.

샘플 단계	파라미터
stage: Stage	Stage Name: Compile/Test/Deploy 다른 구성: Default

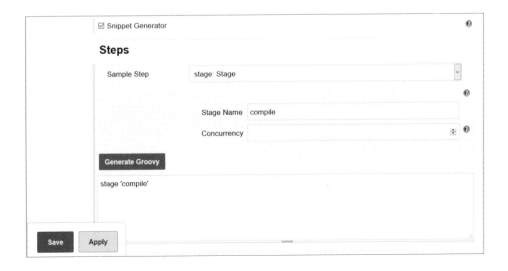

▌ 컴파일과 단위 테스트 실행을 위한 파이프라인 생성

우리의 데모 목적으로 소스 파일 컴파일과 단위 테스트 케이스 실행을 위해 파이프라인을 생성하는 간단한 시나리오를 시도한다.

1. Script 박스에서 다음 스크립트를 실행해보지.

```
echo 'Hello from Pipeline Demo'
stage 'Compile'
build 'PetClinic-Compile'
stage 'Test'
build 'PetClinic-Test'
```

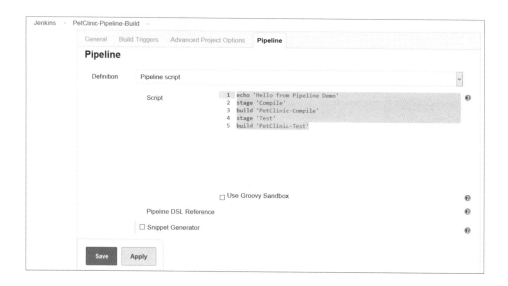

2. Build Now를 클릭하고 Console Output으로 이동해 프로세스 실행을 확인한다.

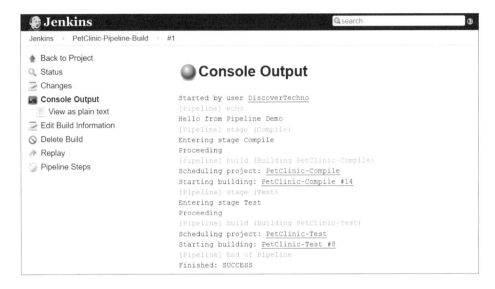

3. 빌드 작업의 메인 페이지로 이동한다. 여기서 Stage View를 볼 수 있다. 우리가 Compile과 Test라는 두 단계를 생성한 것을 기억해야 한다. Stage View는 즉각적인 시각화를 제공한다. Stage View는 빌드 컴파일 시간, 빌드가 실행된 노드, 빌드가 성공 또는 실패하는 여부 같은 세부 사항을 제공한다.

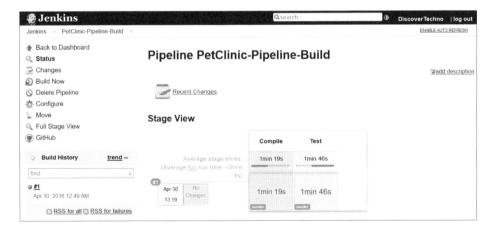

4. 특정 빌드를 수행하기 위해 Pipeline Steps도 확인할 수 있다.

5. 다음 화면과 같이 전체 화면 보기를 위해 Full Stage View를 클릭한다.

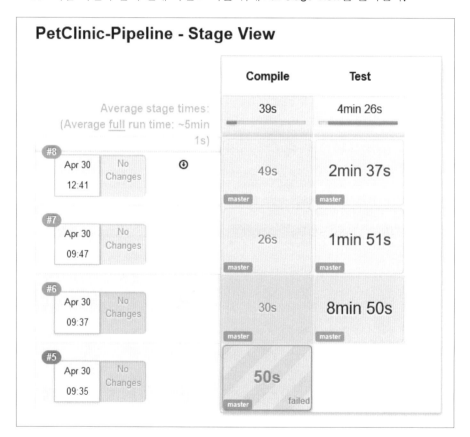

6. 단계에 대한 세부 정보를 얻기 위해 마우스를 특정 단계 위에 위치시킨다. 그러면 Logs 링크와 더불어 해당 실행 단계의 상태가 표시된다.

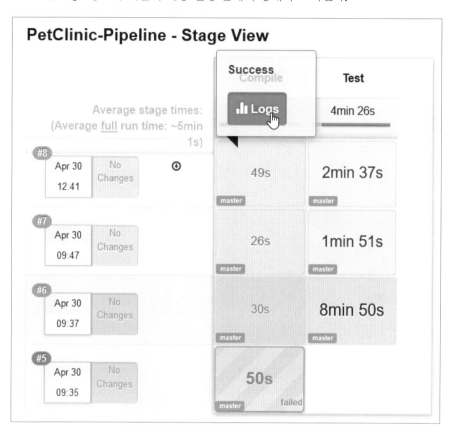

7. Stage Logs 링크를 클릭한다. 그러면 단계에 대한 개별 로그의 세부 정보가 제공된다. 로그의 더 세부적인 정보를 얻기 위해서는 드롭다운 메뉴를 클릭한다.

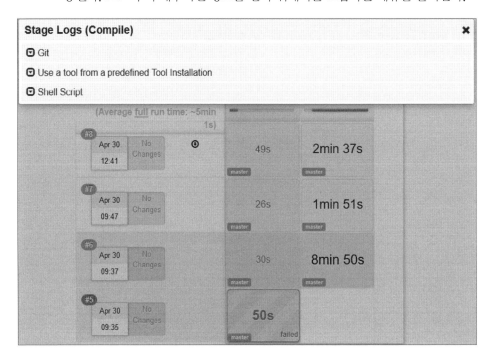

이제 또 다른 노드에서 다른 단계를 실행하는 시나리오를 생각해보자.

1. 다음 코드를 복사해 Script 섹션에 붙여 넣는다.

```
echo 'Hello from Pipeline Demo'
stage 'Compile'
node {
    git url: 'https://github.com/mitesh51/spring-petclinic.git'
    def mvnHome = tool 'Maven3.3.1'
    sh "${mvnHome}/bin/mvn -B compile"
}
stage 'Test'
node('WindowsNode') {
    git url: 'https://github.com/mitesh51/spring-petclinic.git'
```

```
    def mvnHome = tool 'WindowsMaven'
    bat "${mvnHome}\\bin\\mvn -B verify"
    step([$class: 'ArtifactArchiver', artifacts: '**/target/*.war',
fingerprint: true])
    step([$class: 'JUnitResultArchiver', testResults:
'**/target/surefire-reports/TEST-*.xml'])
        }
```

2. Build Now를 클릭하고 Stage View를 확인한다.

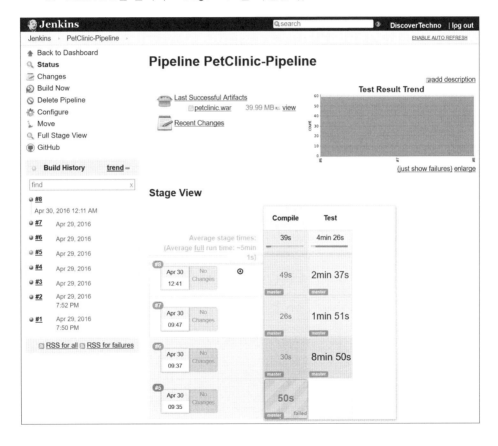

3. Pipeline Steps는 다음 화면과 같이 실행과 관련된 많은 세부 정보를 표시한다.

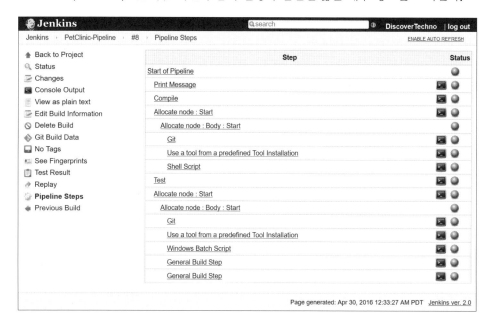

4. Git 동작에 대한 Stage Log를 확인해보자. Compile 단계에 마우스를 올려놓고 logs를 클릭한다. Git 드롭다운을 확장하면 다음 화면에서 보듯이 더 많은 세부 정보를 얻을 수 있다.

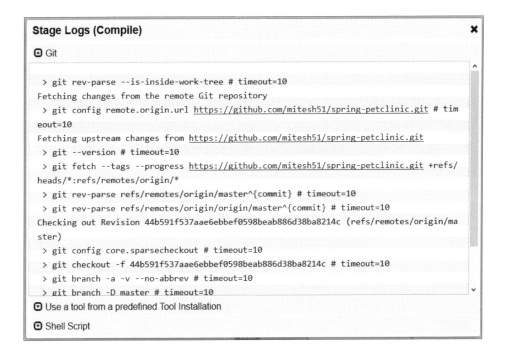

파이프라인을 생성하기 위한 그루비 스크립트가 갖는 잠재적 문제점이 무엇인지 생각해볼 수 있는가?

그렇다. 다시 말해 그루비 스크립트는 코드로 시간이 지나면 관리가 어려워진다. 따라서 코드는 항상 저장소에 저장하는 것이 더 좋다. Pipeline Definition 부분에는 로드를 위한 Pipeline script from SCM 옵션이 있다. 우리는 SCM으로 Git이나 Subversion을 선택할 수 있으며 저장소와 스크립트 파일의 세부 사항을 저장소에 제공해야 한다.

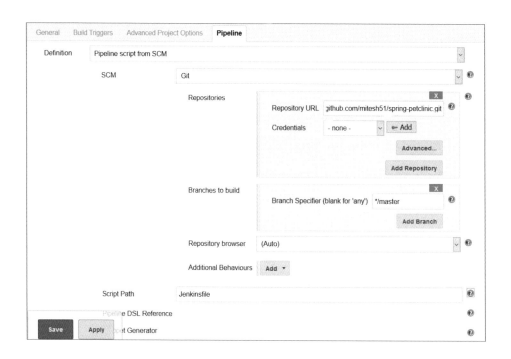

 자세한 사항은 젠킨스 문서: https://jenkins.io/doc/pipeline/에 있는 Getting Started with Pipeline을 참고하라.

▌ Build Pipeline 플러그인 사용하기

젠킨스 2에 내장된 파이프라인 개념을 살펴봤다. 이 개념은 매우 유연하고 강력한 개념이지만 이를 위해서는 그루비 스크립트를 작성해야 한다. 더 쉬운 학습곡선을 갖는 또 다른 방법은 **Build Pipeline** 플러그인을 사용하는 것이다. Build Pipeline 플러그인은 업스트림과 다운스트림 빌드 작업에 대한 간단한 시각화를 제공한다. 또한 특정 빌드의 실행에 대한 승인이 필요한 상황에서도 수동 트리거를 가능하게 만든다. 우리는 전체적인 자동화를 위한 작업 체인chain of jobs을 생성할 수 있다. 지금은 업스트림과 다운스트림 빌드 작업의 개념을 이미 알고 있다고 가정한다.

빌드 파이프라인을 생성하기 위해서는 다음 단계를 따르면 된다.

1. Build Pipeline 플러그인을 설치한다.
2. 젠킨스 대시보드에서 십자 기호를 클릭하면 Build Pipeline View를 생성하는 페이지가 열린다. 빌드 파이프라인에 대한 View name을 입력하고 OK를 클릭한다.

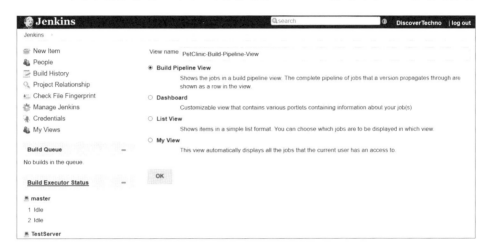

3. 업스트림과 다운스트림 빌드 작업의 구성이 중요하다.

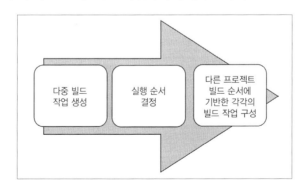

소스 코드를 컴파일하고 소나^{Sonar}를 이용해 소스 코드를 검증하고 JUnit 테스트 케이스를 실행하기 위한 다중 빌드 작업을 생성했다.

우리는 실행 순서도 정의했다. 즉 컴파일이 성공하면 다른 두 작업이 실행된다. 예제의 경우 PetClinic-Code와 PetClinic-Test가 된다.

빌드 작업의 구성을 위해서는 다음 단계를 수행한다.

1. PetClinic-Compile 빌드 작업의 구성 페이지로 이동한다.
2. Post-Build Action 섹션으로 이동한다.
3. Project to build 텍스트 박스에 빌드 작업의 이름을 입력한다. 쉼표로 구분된 목록을 제공할 수 있다.
4. Save를 클릭해 구성을 저장한다.

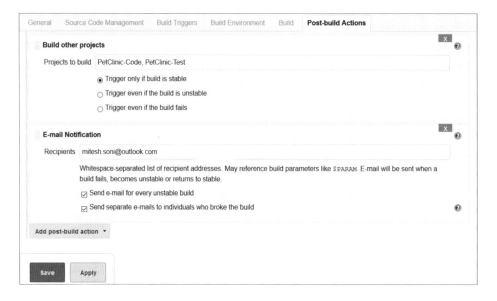

5. 빌드 작업의 메인 페이지에서 Downstream Projects 목록을 확인한다.

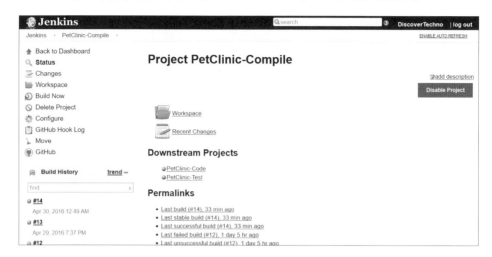

6. 다음은 이전에 생성한 Build Pipeline View를 구성하는 단계다. 다음 표를 이용하면 된다.

속성	설명
Name	빌드 파이프라인의 이름
Description	Build Pipeline View 페이지에 표시되는 설명 파이프라인, 자원, 파이프라인의 목적, 플로우와 같은 세부 사항을 표시하는 데 사용할 수 있다.
Filter build queue	특정 뷰에 있는 작업만 대기열(queue)에 보인다.
Filter build executions	이 뷰에서 작업을 실행할 수 있는 빌드 실행기(build executors)를 표시하는 데 사용된다.
Build Pipeline View Title	젠킨스 대시보드에 표시되는 build pipeline view의 제목
Layout	업스트림/다운스트림 관계를 기반으로 한다. 즉 이러한 레이아웃 모드는 작업 사이의 업스트림/다운스트림 트리거 관계를 기반으로 파이프라인 구조를 유도한다.
Select Initial Job	이 항목은 build pipeline view에서 초기 작업이나 상위 작업을 설정한다. 나머지 빌드 작업은 업스트림/다운스트림 관계에 기반해 고려된다.
No of Displayed Builds	뷰에서 표시돼야 하는 빌드 파이프라인의 개수
Restrict triggers to most recent successful builds	가장 최근에 성공한 빌드 파이프라인에 대해 Trigger 버튼의 표시를 제한하는 데 사용된다.

Always allow manual trigger on pipeline steps	빌드가 매개변수화된 경우 같은 파라미터 값을 이용해 성공적인 파이프라인 단계를 다시 실행하는 데 사용된다.
Show pipeline project headers	파이프라인 뷰에서 파이프라인 정의 헤더를 표시하는 데 사용된다.
Show pipeline parameters in project headers	파이프라인의 프로젝트 헤더에서 최근에 성공한 작업을 실행하는 데 사용된 매개변수를 리스트하는 데 사용된다.
Show pipeline parameters in revision box	각 파이프라인의 리비전 박스에서 첫 번째 작업을 실행하는 데 사용된 매개변수를 리스트하는 데 시용된디.
Refresh frequency (in seconds)	Build Pipeline Plugin이 빌드 라이트박스(lightbox)를 업데이트하는 빈도를 초 단위로 제공한다.
URL for custom CSS files	사용자 정의 CSS 파일이 있는 경우 사용된다.
Console Output Link Style	Lightbox, New Window, 또는 This Window를 선택할 수 있다.

7. 아래 그림에서 볼 수 있듯이 Select Initial Job 섹션에서 PetClinic—Compile 빌드 작업을 선택했다.

8. PetClinic–Build–Pipeline–View 페이지에서 Run을 클릭해 빌드 파이프라인을 실행할 수 있으며 History를 클릭해 이력을 볼 수 있다. 그리고 Configure를 클릭해 파이프라인을 구성할 수 있으며 Delete를 사용해 파이프라인을 삭제할 수 있다. 처음에 빌드 파이프라인을 실행하기 위해 Run을 클릭한다.

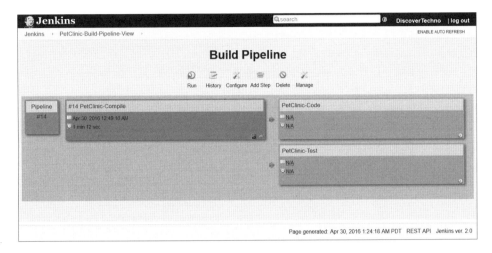

9. 다음은 기본 색상 코드다.

색상	설명
빨강(Red)	빌드 작업이 실패했음을 의미한다.
녹색(Green)	빌드 작업이 성공적으로 실행됐음을 의미한다.
파랑(Blue)	빌드 작업이 실행되지 않았음을 의미한다.
노랑(Yellow)	실행 중인 빌드 작업을 의미한다.

10. 다음 화면과 같이 이 파이프라인에서 빌드 작업이 실행 중임을 관찰해보자.

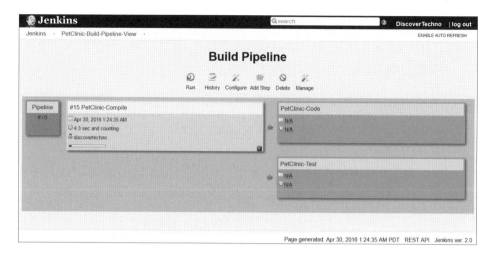

11. 빌드가 모두 성공적으로 실행되면 모든 빌드 작업이 녹색으로 표시되는 것을 확인할 수 있다.

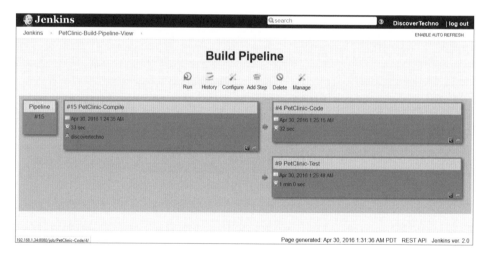

수동 트리거 구성은 파이프라인 단계가 자동으로 실행되지 않고 다음 단계의 실행을 위해서는 수동 개입이 필요하다. 이것은 특정 환경에서 배포에 대한 대기가 필요한 경우나 배포 전에 권한 할당을 대기하는 경우에 유용한 시나리오가 될 수 있다. 수동 트리거를 이용해 빌드 파이프라인을 구성해보자.

1. 다음 화면에서 보듯이 모든 옵션에 대해 **Yes**를 선택한다.

2. Build Pipeline View 섹션에서 변경 사항을 저장하고 확인한다. 수동 트리거와 각 빌드 작업의 상태 정보를 갖는 헤더를 확인한다.

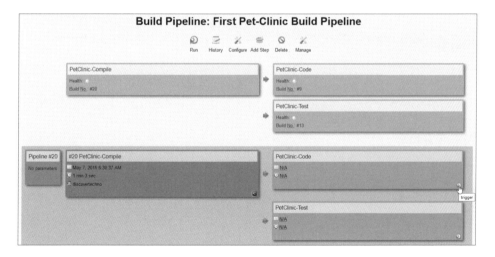

3. 다음 화면에서 보듯이 PetClinic-Build-Pipeline-View의 빌드 이력을 확인한다.

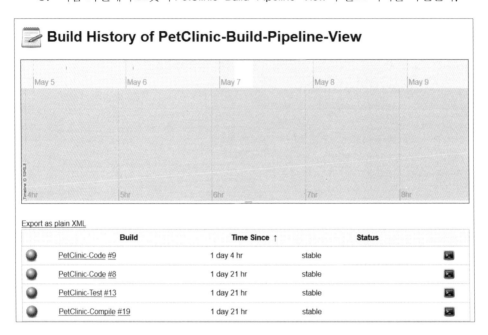

Build	Time Since ↑	Status	
PetClinic-Code #9	1 day 4 hr	stable	
PetClinic-Code #8	1 day 21 hr	stable	
PetClinic-Test #13	1 day 21 hr	stable	
PetClinic-Compile #19	1 day 21 hr	stable	

 Build Pipeline 플러그인의 내용은 https://plugins.jenkins.io/build-pipeline-plugin/ 에서 확인할 수 있다.

WAR 파일 배포

애플리케이션 수명주기 관리에서 가장 중요한 사항은 패키지 배포다. 패키지 배포는 전체 활동에서 비즈니스 부분이다. 우리의 목표는 웹 서버나 애플리케이션 서버로 패키지를 배포하는 프로세스를 자동화하는 것이다. 배포 프로세스가 자동화되면 애플리케이션 전달의 전체 자동화와 배포 프로세스를 쉽게 통합할 수 있다.

메이븐과 톰캣의 통합을 위해 관리자 계정을 생성해보자. 톰캣 서버로 애플리케이션을 배포하는 데 관리자 계정 자격증명을 사용할 것이다.

1. apache-tomcat-7.0.68\conf\tomcat-users.xml을 열고 다음 문장을 추가한다.

   Here we define roles such as manager-gui, manager-script. For this
   deployment, we will use manager-script role.

2. admin이라는 이름을 갖는 사용자를 추가하고 다음과 같이 패스워드와 역할을 할
   당한다.

```
<role rolename="manager-gui"/>
<role rolename="manager-script"/>
<user username="admin" password="cloud@123" roles="manager-script"/>
```

3. 이제 이 톰캣 admin 사용자를 메이븐 settings.xml 파일에 추가한다.

```
servers>
server>
id>tomcat-development-server</id>
username>admin</username>
password>password</password>
/server>
/servers>
```

4. 이제 pom.xml 파일을 편집해보자. pom.xml 파일에서 Tomcat Plugin 블록을 찾아
   다음과 같은 세부 사항을 추가한다. 메이븐의 settings.xml 파일에서 우리가 제
   공한 id와 서버 이름이 동일한지 확인한다.

```
<plugin>
<groupId>org.apache.tomcat.maven</groupId>
<artifactId>tomcat7-maven-plugin</artifactId>
<version>2.2</version>
<configuration>
<server>tomcat-development-server</server>
<url>http://192.168.1.35:9999/manager/text</url>
```

```
<warFile>target\petclinic.war</warFile>
<path>/petclinic</path>
</configuration>
</plugin>
```

5. `mvn tomcat7:deploy` 명령어를 이용해 명령행에서 실행 내용을 확인할 수 있다. 메이븐은 http://localhost:8080/manager/text에서 WAR 파일을 관리자 애플리케이션을 이용해 /petclinic 경로로 톰캣 7으로 배포할 것이다.

6. 톰캣 webapps 폴더 내의 WAR 파일이 이미 있기 때문에 실패한 경우에는 `tomcat 7:redeploy`를 이용하라.

젠킨스에서 빌드 작업을 생성하고 최상위 수준의 메이븐 타깃target을 호출하는 단계를 추가해보자.

1. Goals에 `tomcat7:redeploy`를 입력하고 저장한다.

2. **Build Now**를 클릭해 빌드를 실행한다. 콘솔 출력에서 배포 프로세스를 확인한다.

```
[INFO] --- maven-war-plugin:2.3:war (default-war) @ spring-petclinic ---
[INFO] Packaging webapp
[INFO] Assembling webapp [spring-petclinic] in [d:\jenkins\workspace\PetClinic-Deploy\target\spring-
petclinic-4.2.5-SNAPSHOT]
[INFO] Processing war project
[INFO] Copying webapp resources [d:\jenkins\workspace\PetClinic-Deploy\src\main\webapp]
[INFO] Webapp assembled in [969 msecs]
[INFO] Building war: d:\jenkins\workspace\PetClinic-Deploy\target\spring-petclinic-4.2.5-SNAPSHOT.war
[INFO]
[INFO] <<< tomcat7-maven-plugin:2.2:redeploy (default-cli) < package @ spring-petclinic <<<
[INFO]
[INFO] --- tomcat7-maven-plugin:2.2:redeploy (default-cli) @ spring-petclinic ---
[INFO] Deploying war to http://192.168.1.35:9999/petclinic
Uploading: http://192.168.1.35:9999/manager/text/deploy?path=%2Fpetclinic&update=true
40002/40946 KB
40004/40946 KB
40006/40946 KB
40008/40946 KB
40010/40946 KB
40012/40946 KB
```

3. WAR 파일이 업로드되면 빌드 작업은 성공적으로 완료된다.

```
40940/40946 KB
40942/40946 KB
40944/40946 KB
40946/40946 KB
Uploaded: http://192.168.1.35:9999/manager/text/deploy?path=%2Fpetclinic&update=true (40946 KB at
9024.8 KB/sec)

[INFO] tomcatManager status code:200, ReasonPhrase:OK
[INFO] OK - Deployed application at context path /petclinic
[INFO] ------------------------------------------------------------------------
[INFO] BUILD SUCCESS
[INFO] ------------------------------------------------------------------------
[INFO] Total time: 58.469 s
[INFO] Finished at: 2016-05-07T23:41:13+05:30
[INFO] Final Memory: 38M/263M
[INFO] ------------------------------------------------------------------------
Finished: SUCCESS
```

tomcat7:deploy나 tomcat7:redeploy를 사용하는 경우에는 실행할 때 패키지 수명주기에 포함된다. WAR 파일만 배포하길 원하는 경우 아래 콘솔의 출력과 같이 tomcat7:deploy-only만 사용할 수 있다.

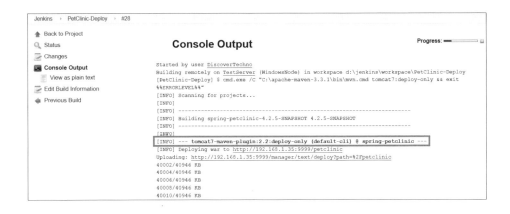

▌ 배포 작업 통합

지금까지 다양한 작업에 대한 파이프라인이나 오케스트레이션을 다뤘다. 이제 파이프라인과 배포 자동화를 통합해보자. 이를 통해 오케스트레이션과 더불어 지속적인 통합과 지속적인 전달을 완성한다. 배포 작업을 빌드 파이프라인에 통합해보자.

다음 작업을 수행해야 한다.

1. 소스 파일을 컴파일한다.
2. JUnit 테스트 케이스를 실행한다.
3. 산출물/WAR 파일을 아카이브한다. 이것은 JAR 파일, WAR 파일, ZIP 파일 같은 빌드 산출물을 아카이브하는 데 사용되므로 나중에 다운로드할 수 있다. 산출물을 아카이브하려면 PetClinic-Test에 Post-build Actions를 추가한다.

4. 다음 화면에서 보듯이 빌드 작업이 실행되고 성공적으로 아카이브됐는지 확인한다. Finished: SUCCESS가 표시되면 빌드 작업이 성공적으로 실행된 것이다.

```
[INFO] --- maven-war-plugin:2.3:war (default-war) @ spring-petclinic ---
[INFO] Packaging webapp
[INFO] Assembling webapp [spring-petclinic] in [d:\jenkins\workspace\PetClinic-Test\target\spring-
petclinic-4.2.5-SNAPSHOT]
[INFO] Processing war project
[INFO] Copying webapp resources [d:\jenkins\workspace\PetClinic-Test\src\main\webapp]
[INFO] Webapp assembled in [2371 msecs]
[INFO] Building war: d:\jenkins\workspace\PetClinic-Test\target\spring-petclinic-4.2.5-SNAPSHOT.war
[INFO] ------------------------------------------------------------------------
[INFO] BUILD SUCCESS
[INFO] ------------------------------------------------------------------------
[INFO] Total time: 35.535 s
[INFO] Finished at: 2016-05-08T00:53:30+05:30
[INFO] Final Memory: 29M/271M
[INFO] ------------------------------------------------------------------------
Archiving artifacts
Recording test results
Warning: you have no plugins providing access control for builds, so falling back to legacy behavior
of permitting any downstream builds to be triggered
Triggering a new build of PetClinic-Deploy
Finished: SUCCESS
```

5. PetClinic-Test에서 산출물을 복사를 위한 빌드 단계를 추가해야 한다. Copy Artifact Plugin 체크박스를 선택하고 Install without restart를 클릭한다.

6. PetClinic–Deploy 빌드 작업에서 copy artifact 플러그인을 설정한다.

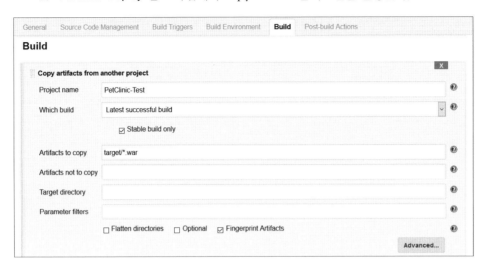

7. workspace 디렉터리를 확인하라. PetClinic–Test 아래의 target 디렉터리로 이동한다. 과거 빌드에서 생성된 WAR 파일이 있는 경우 해당 파일을 삭제한다.

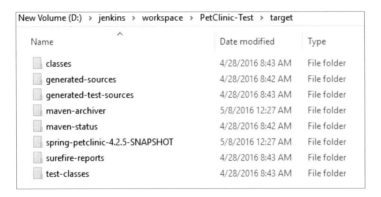

8. PetClinic–Deploy의 target 디렉터리를 확인하라. 그곳에는 WAR 파일이 존재하지 않는다.

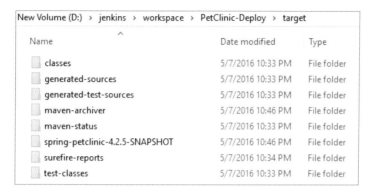

9. PetClinic–Test에 다운스트림 프로젝트로 PetClinic–Deploy를 추가하라. 그 다음 빌드 파이프라인을 실행하라.

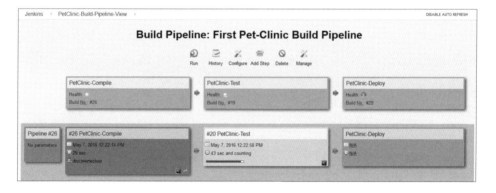

10. 빌드 파이프라인의 실행을 확인하라. 빌드 파이프라인의 라이트박스^{lightbox}를 클릭하고 PetClinic-Test 콘솔 출력을 확인하라.

```
                    Tests run: 59, Failures: 0, Errors: 0, Skipped: 0

                    [INFO]
                    [INFO] --- maven-war-plugin:2.3:war (default-war) @ spring-petclinic ---
                    [INFO] Packaging webapp
                    [INFO] Assembling webapp [spring-petclinic] in [d:\jenkins\workspace\PetClinic-Test\target\spring-
                    petclinic-4.2.5-SNAPSHOT]
                    [INFO] Processing war project
                    [INFO] Copying webapp resources [d:\jenkins\workspace\PetClinic-Test\src\main\webapp]
                    [INFO] Webapp assembled in [2371 msecs]
                    [INFO] Building war: d:\jenkins\workspace\PetClinic-Test\target\spring-petclinic-4.2.5-SNAPSHOT.war
                    [INFO] ------------------------------------------------------------------------
                    [INFO] BUILD SUCCESS
                    [INFO] ------------------------------------------------------------------------
                    [INFO] Total time: 35.535 s
                    [INFO] Finished at: 2016-05-08T00:53:30+05:30
                    [INFO] Final Memory: 29M/271M
                    [INFO] ------------------------------------------------------------------------
                    Archiving artifacts
                    Recording test results
                    Warning: you have no plugins providing access control for builds, so falling back to legacy behavior
                    of permitting any downstream builds to be triggered
                    Triggering a new build of PetClinic-Deploy
                    Finished: SUCCESS
```

Page generated: May 7, 2016 12:24:06 PM PDT   REST API   Jenkins ver. 2.0

이제 하나의 빌드에서 아카이브 파일을 복사해 또 다른 빌드에서 배포하기 위해 사용할 것이다. PetClinic-Test 빌드 작업의 실행이 완료되면 다음 단계를 따른다.

1. workspace 내의 target 폴더를 확인하라. 다음 화면과 같이 target 디렉터리 내에서 WAR를 확인할 수 있다.

Name	Date modified	Type	Size
classes	4/28/2016 8:43 AM	File folder	
generated-sources	4/28/2016 8:42 AM	File folder	
generated-test-sources	4/28/2016 8:43 AM	File folder	
maven-archiver	5/8/2016 12:27 AM	File folder	
maven-status	4/28/2016 8:42 AM	File folder	
spring-petclinic-4.2.5-SNAPSHOT	5/8/2016 12:27 AM	File folder	
surefire-reports	4/28/2016 8:43 AM	File folder	
test-classes	4/28/2016 8:43 AM	File folder	
spring-petclinic-4.2.5-SNAPSHOT.war	5/8/2016 12:53 AM	WAR File	40,946 KB

New Volume (D:) › jenkins › workspace › PetClinic-Test › target

2. PetClinic-Deploy 빌드 작업의 실행을 확인하라.

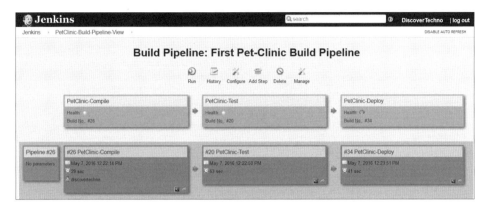

3. 젠킨스 대시보드에서 빌드 작업의 상태를 확인한다.

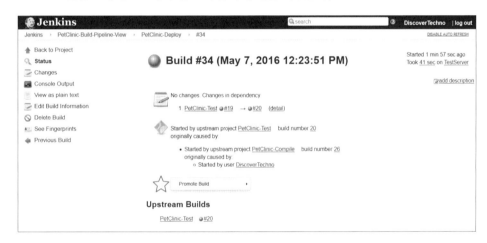

4. Build Pipeline View의 라이트박스를 클릭한다. 특정 빌드 작업의 콘솔 출력으로 리다이렉션된다. PetClinic-Deploy 라이트박스를 클릭한다.

5. 콘솔 출력을 확인하라.

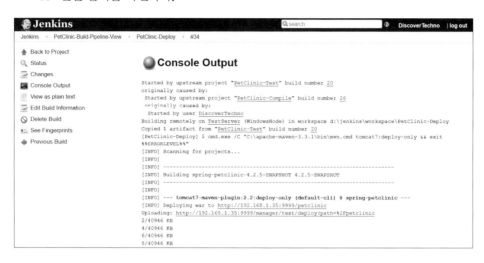

6. 성공적으로 업로드된 파일이 설정 사항을 따르는지 확인하라.

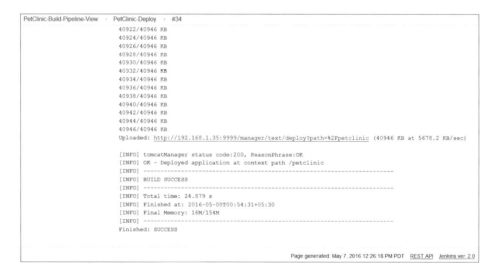

 연습에서와 같이 build flow 플러그인의 사용을 시도해보라.

▌ 진단 테스트

1. 젠킨스 2의 주요 기능 중 하나는 무엇인가?
   - 지속적인 통합에 대한 내장 지원
   - JUnit에 대한 내장 지원
   - 전달 파이프라인에 대한 내장 지원
   - 아파치 메이븐에 대한 내장 지원

2. 전달 파이프라인의 생성에 사용되는 언어는 무엇인가?
   - Java
   - C++
   - C#
   - 도메인 특화 언어^{DSL}

3. Build Pipeline 플러그인에서 파란색의 의미는 무엇인가?
   - 실패한 빌드 작업을 의미한다.
   - 빌드 작업의 성공적인 실행을 의미한다.
   - 실행되지 않은 빌드 작업을 의미한다.
   - 실행 중인 빌드 작업을 의미한다.

▌ 요약

3장에서는 젠킨스 2의 최신 기능 중 하나와 주요 기능 중 하나인 내장된 전달 파이프라인을 살펴보고 기능의 사용법을 자세히 배웠다. 빌드 작업을 위해 간단한 그루비 스크립트, 빌드 단계 생성, 빌드 작업 산출물 아카이브, 특정 노드에 대한 빌드 단계 실행, 제한된 동시성에 의해 시작/제어되는 명확한 섹션 표시를 살펴봤다. 다양한 노드에서 서로 다른 단계를 실행하는 시나리오도 살펴봤다. 예제와 함께 또 다른 유사 플러그인인 Build Pipeline 플러그인을 설치하고 설정했다.

4장에서는 셰프 Chef를 이용한 데브옵스 문화의 중요한 요소 중 하나인 구성 관리를 논의한다. 먼저 워크스테이션에 셰프를 설치하고 호스티드 셰프의 구성 방법을 살펴본다. 그리고 커뮤니티 톰캣 설치 쿡북 community Tomcat installation cookbooks을 이용해 톰캣을 설치하는 방법도 살펴본다.

04

셰프의 설치와 구성

"나무를 베는 데 6시간이 주어진다면 나는 앞의 4시간은 도끼를 날카롭게 가는 데 쓰겠다."

— 에이브럼 링컨Abraham Lincoln

이제 애플리케이션 전달 수명주기의 전체적인 자동화에서 셰프Chef가 얼마나 유용한지를 살펴볼 것이다. 상황을 다시 살펴보자. 우리는 애플리케이션 소스 파일의 컴파일, 단위 테스트 실행, 패키지 파일 생성, 새로운 가상 머신의 생성, 런타임 환경 설정, 배포가 실행되는 전체적인 파이프라인을 생성하길 원한다. 이 상황에서 셰프는 많은 중요한 역할을 한다. 스크립트를 이용해 도구를 설치하는 사용자 정의 방식의 구현보다 런타임 환경을 설정하고 구성 관리 프로세스를 표준화하는 데 셰프를 사용한다. 중앙집중화된 구성 관리는 컴파일 없이도 자원의 제어와 구성을 더 쉽게 만든다.

4장에서는 구성 관리 도구인 셰프의 세부 사항과 셰프 구성 요소의 설치 및 대안, 노드 컴포넌트의 구성과 쿡북^{cookbook}을 사용해 자바 EE 애플리케이션의 런타임 환경을 준비하기 위한 노드의 통합을 설명한다. 그러나 쿡북과 셰프 컴포넌트에 대한 상세한 논의는 너무 많은 사항을 다루므로 이 책의 범위에서 벗어난다.

독자는 셰프 설치와 구성 방법, 쿡북/역할에 기반한 노드의 통합을 배운다.

4장에서 다루는 주제는 다음과 같다.

- 셰프 시작하기
- 셰프 호스팅의 개요
- 셰프 워크스테이션의 설치와 구성
- 셰프 워크스테이션을 통한 셰프 노드의 통합

▌셰프 시작하기

셰프는 오픈소스 세계에서 가장 인기있는 구성 도구 중 하나다. 1장, '시작하기 – 데브옵스 개념, 도구, 그리고 기술'에서 셰프를 간단히 설명했다.

프로비저닝 인스턴스와 구성 관리를 직접 사용해보자. 그러나 그 전에 기본 사항을 이해하고 있어야 한다.

셰프에는 세 가지 주요 구성 요소가 있다.

- **오픈소스 셰프 서버**^{Chef server}, **또는 호스티드 셰프**^{hosted Chef} : 셰프 서버, 또는 호스티드 셰프는 쿡북과 등록된 노드에 대한 또 다른 중요한 세부 사항을 저장하는 중요한 구성 요소다. 셰프 서버나 호스티드 셰프는 셰프 워크스테이션을 사용해 노드를 구성하고 관리하는 데 사용된다.
- **셰프 워크스테이션**: 셰프 워크스테이션은 로컬 저장소로 동작하며 나이프^{knife} 플러

그인이 설치된다. 나이프 플러그인은 셰프 서버로 쿡북을 업로드하는 데 사용되며 플러그인 명령어를 실행한다.

- **노드**: 노드는 실행 환경을 구성하거나 셰프 구성을 사용해 작업을 수행하는 임의의 환경에 있는 물리적인 머신이나 가상 머신이다. 노드는 셰프 서버(오픈소스나 호스티드)와 통신하고 자신과 관련된 구성 세부 사항을 획득한다. 그리고 획득한 세부 사항을 기반으로 단계를 시작한다. 셰프 서버는 운영 시스템을 기반으로 하는 설치 가능한 오픈소스 파일로 물리적인 머신이나 가상 머신에 설치할 수 있다. 설치 없이 셰프 서버를 구성하는 또 다른 쉬운 방법은 호스티드 셰프를 사용하는 것이다. 셰프에서 SaaS 오퍼링을 이용할 수 있다. 이것은 최대 다섯 개의 노드를 허용한다. 가장 큰 혜택은 셰프 서버를 관리하거나 업그레이드할 필요가 없다는 점이다. 따라서 관리와 유지·보수 오버헤드로부터 벗어날 수 있다.

셰프 웹사이트 https://chef.io를 살펴보자. 아래 그림과 같은 셰프 홈페이지를 볼 수 있다.

셰프 홈페이지에는 셰프와 나이프 플러그인은 물론 관련 클라우드 통합에 관한 많은 세부 사항이 있다. 다음 절에서 호스트된 셰프 계정을 생성하고 로컬 워크스테이션을 구성할 것이다. 계속 진행하려면 셰프 웹사이트의 오른쪽 상단에 있는 MANAGEMENT CONSOLE 링크를 클릭한다.

▌ 호스티드 셰프의 개요

우리는 자체적으로 셰프 서버를 설치하고 관리하거나 구성 관리에 활용할 수 있는 SaaS 오퍼링인 호스티드 셰프hosted Chef를 이용할 수 있다.

1. MANAGEMENT CONSOLE을 클릭하거나 https://manage.chef.io/login으로 이동한다. 처음부터 시작할 것이므로 Click here to get started!를 클릭한다.

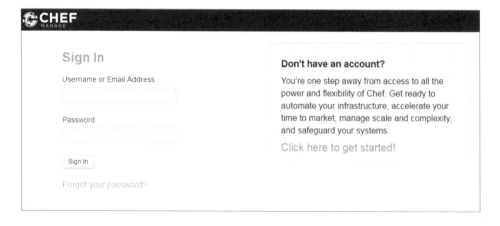

2. Full Name, Company name, Email address, Username을 각각의 텍스트 박스에 입력한다. 그리고 I agree to the Terms of Service and the Master License and Services Agreement 체크박스를 체크한다. 그런 다음 Get Started 버튼을 클릭한다.

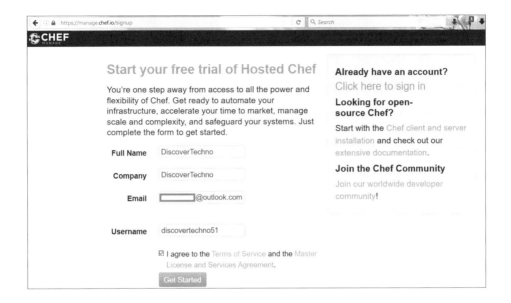

3. 다음과 같은 메시지가 표시된다.

4. 수신함의 이메일을 열고 확인 링크를 클릭해 호스티드 셰프 서버의 계정 생성을 완료한다. Email Verification Successful 메시지를 받을 것이다. 패스워드를 입력한 다음 Create User 버튼을 클릭한다.

Email Verification Successful

Thank you for verifying your email address! Please enter the password you'd like to use below and submit the form to complete the creation of your account.

Password	••••••••••••••

Create User

5. 다음 작업은 조직의 생성이다. Create New Organization 버튼을 클릭한다.

6. 조직의 Full Name과 Short Name을 입력하고 Create Organization 버튼을 클릭한다.

7. 빙고! 방금 호스티드 셰프 계정을 생성했다. 이제 계정을 사용할 수 있다. 다음 단계는 Starter Kit을 다운로드받는 것이다.

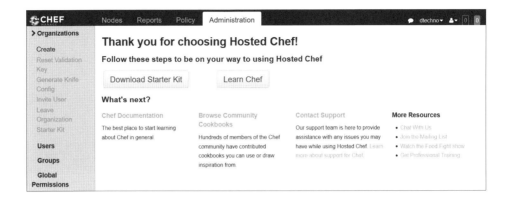

8. Download Starter Kit을 클릭하면 사용자와 조직에 대한 키가 재설정된다. 안전한 곳에 키를 보관하라. 확인 대화상자에서 Proceed를 클릭한다.

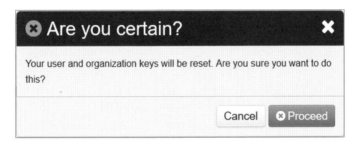

호스티드 셰프 포탈이나 대시보드를 간단히 살펴보자.

1. Nodes를 클릭한다. 셰프 서버를 사용해 구성된 노드가 없기 때문에 빈 리스트가 보인다. 나중에 노드를 구성하는 경우 동일한 환경을 보게 되므로 이러한 사항을 알고 있어야 한다.

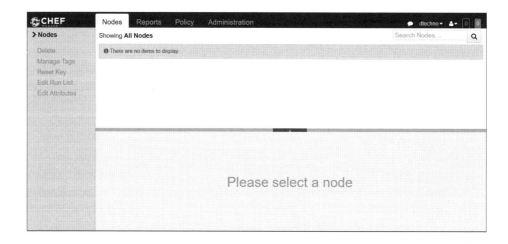

2. 이제 Administration > Users로 이동해 등록할 때 생성된 사용자 계정을 확인한다.

3. Reports 탭에는 통합Convergence 프로세스가 수행되지 않았기 때문에 아무 데이터도 없으며 이용 가능한 성공 데이터나 실패 데이터가 없다.

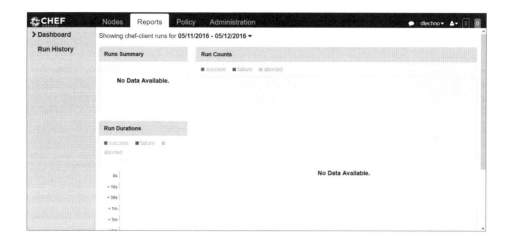

호스티드 셰프 계정을 이용할 수 있다면 다음 단계는 셰프 워크스테이션의 구성이다.

1. 먼저 워크스테이션으로 CentOS 가상 머신을 사용할 예정이므로 https://www.chef.io/downloads/tools/infra-client?os=redhat에서 셰프 클라이언트의 레드햇RedHat 버전을 다운로드한다.

2. 운영 체제 타입을 선택하고 셰프 클라이언트 버전을 선택한다. 그리고 설치 파일을 다운로드한다.

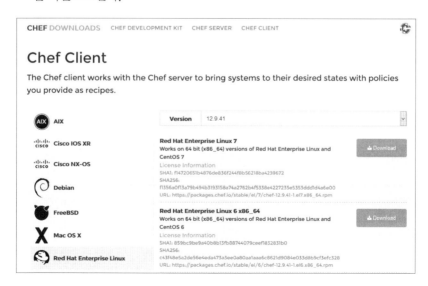

3. Chef development kit은 개발 도구를 설치하는 데 유용하며 AWS나 애저^{Azure}를 위한 나이프^{knife} 플러그인을 설치하는 데도 사용할 수 있다. https://www.chef. io/downloads/tools/chefdk에서 Chef development kit을 다운로드한다.

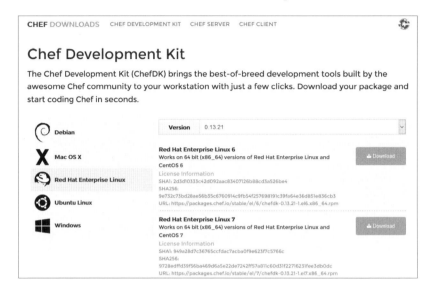

다음 절에서는 셰프 워크스테이션의 구성 방법을 살펴본다.

▌ 셰프 워크스테이션의 설치와 구성

워크스테이션을 준비하기 위해 셰프 클라이언트를 설치하기 전에 셰프 클라이언트가 설 치됐는지를 확인하자.

1. 셰프 클라이언트가 설치 여부를 확인하기 위해 chef-client -version 명령어 를 실행한다.

```
[mitesh@devops1 Desktop]$ chef-client -version
bash: chef-client: command not found
```

2. 이전 명령어의 출력에서 볼 수 있듯이 셰프 클라이언트가 설치돼 있지 않다. 이
   제 cd 명령어를 이용해 셰프 클라이언트 설치 파일이 저장돼 있는 디렉터리로 이
   동한다.

```
[mitesh@devops1 Desktop]$ cd chef/
[mitesh@devops1 chef]$ ls
chef-12.9.41-1.el6.x86_64.rpmchefdk-0.13.21-1.el6.x86_64.rpm
```

3. rpm -ivh chef-<version>.rpm을 사용해 다운로드한 셰프 클라이언트 RPM 파
   일을 실행한다.

```
[mitesh@devops1 chef]$ rpm -ivh chef-12.9.41-1.el6.x86_64.rpm
warning: chef-12.9.41-1.el6.x86_64.rpm: Header V4DSA/SHA1
Signature,   key ID 83ef826a: NOKEY
error: can't create transaction lock on /var/lib/rpm/.rpm.lock
    (Permission denied)
```

4. 권한이 거부되면 sudo를 이용해 명령어를 실행하고 설치 과정을 확인한다.

```
[mitesh@devops1 chef]$ sudo rpm -ivh
chef-12.9.41-1.el6.x86_64.rpm
[sudo] password for mitesh:
warning: chef-12.9.41-1.el6.x86_64.rpm: Header V4DSA/SHA1
Signature,   key ID 83ef826a: NOKEY
Preparing...################################### [100%]
1:chef ################################### [100%]
Thank you for installing Chef!
```

5. 설치가 성공적으로 완료되면 셰프 클라이언트 버전을 확인한다.

```
[mitesh@devops1 chef]$ chef-client -version
Chef: 12.9.41
```

다음 단계는 호스티드 셰프 서버에서 계정을 생성하는 동안 다운로드한 Chef starter kit 을 사용하는 것이다.

1. chef-repo 압축 파일의 압축을 해제하고 내용을 확인한다. .chef 디렉터리를 root나 user 폴더로 복사한다.

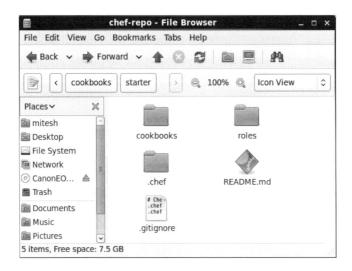

2. chef-repo 디렉터리에서 이용할 수 있는 cookbooks 폴더를 확인한다.

3. .chef 디렉터리에서 다양한 구성을 포함하고 있는 knife.rb 파일을 연다. 필요한 모든 구성 사항은 이미 이용할 수 있다. 필요한 경우 cookbooks 디렉터리의 경로를 조정하라.

```
current_dir = File.dirname(__FILE__)
log_level:              info
log_locationSTDOUT
node_name"discovertechno51"
client_key"#{current_dir}/discovertechno51.pem"
validation_client_name"dtechno-validator"
validation_key"#{current_dir}/dtechno-validator.pem"
chef_server_url"https://api.chef.io/organizations/dtechno"
cookbook_path           ["#{current_dir}/../cookbooks"]
```

> ⓘ knife의 구성 옵션의 자세한 내용은 https://docs.chef.io/workstation/knife_configure/ 를 참고하면 된다.

4. 이것으로 셰프 워크스테이션의 구성을 마무리했다. 다음 단계는 노드를 통합 converge하는 것이다.

▋ 셰프 워크스테이션을 이용한 셰프 노드 통합

이번 절에서는 셰프 워크스테이션을 이용해 노드에서 런타임 환경을 설정한다. 먼저 설정해야 하는 셰프 워크스테이션에 로그인한다.

1. 터미널을 열고 ifconfig를 이용해 IP 주소를 확인해보자.

```
[root@devops1 chef-repo]#ifconfig
eth3     Link encap:EthernetHWaddr00:0C:29:D9:30:7F
inetaddr:192.168.1.35Bcast:192.168.1.255Mask:255.255.255.0
inet6addr: fe80::20c:29ff:fed9:307f/64 Scope:Link
         UP BROADCAST RUNNING MULTICAST MTU:1500Metric:1
         RX packets:841351errors:0dropped:0overruns:0frame:0
         TX packets:610551errors:0dropped:0overruns:0carrier:0
collisions:0txqueuelen:1000
         RX bytes:520196141 (496.0 MiB) TX bytes:278125183
(265.2          MiB)
lo       Link encap:Local Loopback
inetaddr:127.0.0.1Mask:255.0.0.0
inet6addr: ::1/128 Scope:Host
         UP LOOPBACK RUNNING MTU:65536Metric:1
         RX packets:1680errors:0dropped:0overruns:0frame:0
         TX packets:1680errors:0dropped:0overruns:0carrier:0
collisions:0txqueuelen:0
         RX bytes:521152 (508.9 KiB) TX bytes:521152 (508.9
KiB)
```

2. knife --version을 통해 셰프 워크스테이션에 설치된 나이프 버전을 확인해보자.

```
[root@devops1 chef]#knife --version
Chef: 12.9.41
```

3. 셰프 서버(예제의 경우 호스티드 셰프)에 의해 제공되는 노드 리스트를 얻기 위해 knife node list 명령어가 사용된다. 어떠한 노드도 통합하지 않았기 때문에 리스트는 비어 있다.

```
[root@devops1 chef-repo]#knife node list
```

4. VMware 워크스테이션이나 VirtualBox를 이용해 가상 머신을 생성하고 CentOS를 설치한다. VM이 준비되면 IP 주소를 확인하고 기록해둔다.

5. 셰프 워크스테이션에서 터미널을 열고 ssh를 이용해 방금 전에 생성한 노드나 VM에 연결한다.

```
[root@devops1 chef-repo]#sshroot@192.168.1.37
```

6. 호스트 192.168.1.37의 신뢰성은 입증할 수 없다.

```
RSA key fingerprint is 4b:56:28:62:53:59:e8:e0:5e:5f:54:08:c1:0c:1e:6c.
Are you sure you want to continue connecting (yes/no)? yes
Warning: Permanently added '192.168.1.37' (RSA) to the list of known hosts.
root@192.168.1.37's password:
Last login: Thu May 28 10:26:06 2015 from 192.168.1.15
```

7. 이제 셰프 워크스테이션으로부터 노드에 대한 ssh 세션을 갖는다. IP 주소를 확인하면 원격SSH 접근을 통해 다른 머신에 접근하고 있다는 것을 알 수 있다.

```
[root@localhost ~]#ifconfig
eth1    Link encap:EthernetHWaddr00:0C:29:44:9B:4B
inetaddr:192.168.1.37Bcast:192.168.1.255Mask:255.255.255.0
inet6addr: fe80::20c:29ff:fe44:9b4b/64 Scope:Link
        UP BROADCAST RUNNING MULTICAST MTU:1500Metric:1
        RX packets:11252errors:0dropped:0overruns:0frame:0
        TX packets:6628errors:0dropped:0overruns:0carrier:0
collisions:0txqueuelen:1000
        RX bytes:14158681 (13.5 MiB) TX bytes:466365 (455.4KiB)
lo Link encap:Local Loopback
inetaddr:127.0.0.1Mask:255.0.0.0
inet6addr: ::1/128 Scope:Host
        UP LOOPBACK RUNNING MTU:65536Metric:1
        RX packets:59513errors:0dropped:0overruns:0frame:0
        TX packets:59513errors:0dropped:0overruns:0carrier:0
collisions:0txqueuelen:0
```

```
        RX bytes:224567119 (214.1 MiB) TX bytes:224567119
(214.1              MiB)
    [root@localhost ~]#
```

8. 노드 가상 머신을 확인해보자. 예제의 경우 이미 VM이 셰프 클라이언트에 설치
   됐다. 따라서 rpm -qa *chef*을 실행하면 다음과 같은 결과를 얻는다.

```
[root@localhost Desktop]#rpm -qa *chef*
chef-12.3.0-1.el6.x86_64
```

9. yum remove를 이용해 셰프 클라이언트의 설치를 제거한다.

```
[root@localhost Desktop]#yum remove chef-12.3.0-1.el6.x86_64
Loaded plugins: fastestmirror, refresh-packagekit, security
Setting up Remove Process
Resolving Dependencies
--> Running transaction check
---> Package chef.x86_64 0:12.3.0-1.el6 will be erased
--> Finished Dependency Resolution
Dependencies Resolved

===============================================================
Package     Arch      Version         Repository      Size
===============================================================
Removing:
chef        x86_64    12.3.0-1.el6    installed       125 M
Transaction Summary
===============================================================
Remove 1    Package(s)
Installed size: 125 M
Is this ok [y/N]: y
Downloading Packages:
Running rpm_check_debug
Running Transaction Test
Transaction Test Succeeded
Running Transaction
    Erasing: chef-12.3.0-1.el6.x86_641/1
```

```
       Verifying: chef-12.3.0-1.el6.x86_641/1
Removed:
chef.x86_64 0:12.3.0-1.el6
Complete!
You have new mail in /var/spool/mail/root
```

10. 셰프 클라이언트를 제거했다. 확인하기 위해 다음 명령어를 실행해보자.

```
[root@localhost Desktop]# chef-client -version
bash: chef-client: command not found
```

11. 노드에 톰캣이 설치돼 있는 경우 톰캣을 제거해보자.

```
[root@localhost Desktop]# yum remove tomcat6
Loaded plugins: fastestmirror, refresh-packagekit, security
Setting up Remove Process
Resolving Dependencies
--> Running transaction check
---> Package tomcat6.x86_64 0:6.0.24-83.el6_6 will be erased
--> Processing Dependency: tomcat6 = 6.0.24-83.el6_6 for package:
tomcat6-
admin-webapps-6.0.24-83.el6_6.x86_64
   --> Running transaction check
   ---> Package tomcat6-admin-webapps.x86_64 0:6.0.24-83.el6_6 will be
erased
   --> Finished Dependency Resolution
   Dependencies Resolved
   =============================================================
   Package          Arch          Version          Repository
Size
   =============================================================
   Removing:
   tomcat6x86_64      6.0.24-83.el6_6     @updates     188 k
   Removing for dependencies:
   tomcat6-admin-webappsx86_64      6.0.24-83.el6_6     @updates     62k
   Transaction Summary
   =============================================================
```

```
Remove 2 Package(s)
Installed size: 250 k
Is this ok [y/N]: y
Downloading Packages:
Running rpm_check_debug
Running Transaction Test
Transaction Test Succeeded
Running Transaction
   Erasing: tomcat6-admin-webapps-6.0.24-83.el6_6.x86_641/2
   Erasing: tomcat6-6.0.24-83.el6_6.x86_64 2/2
warning: /etc/tomcat6/server.xml saved as
/etc/tomcat6/server.xml.rpmsave
  warning: /etc/tomcat6/logging.properties saved as
/etc/tomcat6/logging.properties.rpmsave
    warning: /etc/sysconfig/tomcat6 saved as /etc/sysconfig/tomcat6.
rpmsave
     Verifying: tomcat6-admin-webapps-6.0.24-83.el6_6.x86_64 1/2
     Verifying: tomcat6-6.0.24-83.el6_6.x86_64 2/2
Removed:
tomcat6.x86_64 0:6.0.24-83.el6_6
Dependency Removed:
tomcat6-admin-webapps.x86_64 0:6.0.24-83.el6_6
Complete!
You have new mail in /var/spool/mail/root
```

12. 이제 톰캣이 여전히 시스템에 설치돼 있는지 확인하기 위해 yum remove tomcat6
    명령어를 실행해보자.

```
[root@localhost Desktop]# yum remove tomcat6
Loaded plugins: fastestmirror, refresh-packagekit, security
Setting up Remove Process
No Match for argument: tomcat6
Loading mirror speeds from cached hostfile

* base: centos.excellmedia.net
* extras: centos.excellmedia.net
* rpmforge: ftp.riken.jp
```

```
* updates: centos.excellmedia.net
Package(s) tomcat6 available, but not installed.
No Packages marked for removal
```

13. 노드에 Java Development Kit이 설치돼 있는지 확인해보자.

```
[root@localhost Desktop]# java -version
java version "1.7.0_75"
OpenJDK Runtime Environment (rhel-2.5.4.0.el6_6-x86_64u75-b13)
OpenJDK 64-Bit Server VM (build 24.75-b04, mixed mode)
```

14. 노드의 가상 머신의 SSH 세션을 종료한다. 이제 셰프 워크스테이션 머신을 제어할 수 있으며 방금 원격으로 접근한 VM의 노드 통합을 시도할 것이다.

15. 노드를 통합하기 위해 나이프를 사용하라. IP 주소/DNS 이름, 사용자, 패스워드, 노드의 이름을 제공한다.

16. 출력을 확인해보자.

```
[root@devops1 chef-repo]# knife bootstrap 192.168.1.37 -x root -P
cloud@123 -N tomcatserver
    Doing old-style registration with the validation key at
/home/mitesh/chef-repo/.chef/dtechno-validator.pem...
    Delete your validation key in order to use your user credentials
instead
    Connecting to 192.168.1.37
    192.168.1.37 -----> Installing Chef Omnibus (-v 12)
    192.168.1.37 downloading
https://omnitruck-direct.chef.io/chef/install.sh
    192.168.1.37 to file /tmp/install.sh.26574/install.sh
    192.168.1.37 trying wget...
    192.168.1.37 el 6 x86_64
    192.168.1.37 Getting information for chef stable 12 for el...
    192.168.1.37 downloading
https://omnitruck-direct.chef.io/stable/chef/metadata?v=12&p=el&pv=
6&m=x86_64
    192.168.1.37 to file /tmp/install.sh.26586/metadata.txt
```

```
192.168.1.37 trying wget...
192.168.1.37 sha1859bc9be9a40b8b13fb88744079ceef1832831b0
192.168.1.37
sha256c43f48e5a2de56e4eda473a3ee0a80aa1aaa6c8621d9084e033d8b9cf3efc328
192.168.1.37 url
https://packages.chef.io/stable/el/6/chef-12.9.41-1.el6.x86_64.rpm
192.168.1.37 version12.9.41
192.168.1.37 downloaded metadata file looks valid...
192.168.1.37 downloading
https://packages.chef.io/stable/el/6/chef-12.9.41-1.el6.x86_64.rpm
192.168.1.37 to file
/tmp/install.sh.26586/chef-12.9.41-1.el6.x86_64.rpm
192.168.1.37 trying wget...

192.168.1.37 Comparing checksum with sha256sum...
192.168.1.37 Installing chef 12
192.168.1.37 installing with rpm...
192.168.1.37 warning:
/tmp/install.sh.26586/chef-12.9.41-1.el6.x86_64.rpm: Header V4DSA/SHA1
Signature, key ID 83ef826a: NOKEY
192.168.1.37 Preparing...
################################### [100%]
192.168.1.37 1:chef
################################### [100%]
192.168.1.37 Thank you for installing Chef!
192.168.1.37 Starting the first Chef Client run...
192.168.1.37 Starting Chef Client, version 12.9.41
192.168.1.37 Creating a new client identity for tomcatserver using the
validator key.
192.168.1.37 resolving cookbooks for run list: []
192.168.1.37 Synchronizing Cookbooks:
192.168.1.37 Installing Cookbook Gems:
192.168.1.37 Compiling Cookbooks...
192.168.1.37 [2016-05-12T23:47:49-07:00] WARN: Node tomcatserver has an
empty run list.
192.168.1.37 Converging 0 resources
192.168.1.37
192.168.1.37 Running handlers:
192.168.1.37 Running handlers complete
```

17. 실행 목록이나 knife 명령어와 관련된 역할은 없지만 통합은 성공적이었다.

18. 호스티드 셰프 계정을 확인해보자. 대시보드의 **노드** 섹션에서 Node Name과 IP 주 **소**를 볼 수 있으며 해당 부분을 열어 세부 사항을 확인할 수 있다.

19. 노드를 선택하고 아래 그림과 같이 노드에 대한 Attributes나 해당 Permissions 같 은 더 많은 정보를 얻기 위해 Details 탭을 클릭한다.

20. CPU 속성과 노드에 대한 다른 세부 사항을 확인하라.

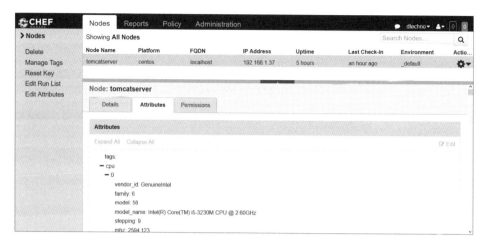

21. 통합은 성공적이었으며 호스티드 셰프 계정의 Reports 섹션에서 해당 내용을 확인할 수 있다.

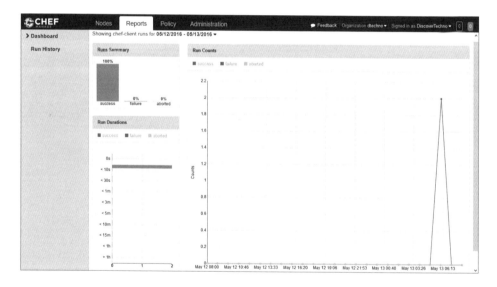

▌ 쿡북을 이용한 소프트웨어 패키지 설치

지금까지 호스티드 셰프 계정의 생성 방법, 셰프 워크스테이션의 구성 방법, 노드를 통합하는 방법을 살펴봤다.

이제 쿡북을 이용해 소프트웨어 패키지를 설치할 시간이다. 런타임 환경을 자동으로 설정하기 위해서는 셰프 커뮤니티의 쿡북을 사용하는 것이 가장 좋다.

1. 아래 화면과 같이 https://github.com/chef-cookbooks를 방문해 런타임 환경 설정에 필요한 모든 커뮤니티 쿡북을 찾는다.

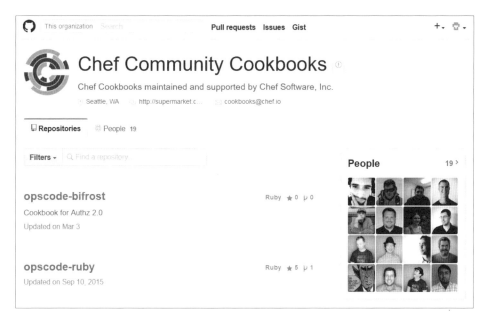

2. 샘플 스프링 애플리케이션Spring application 즉 PetClinic을 사용한다. 이와 같은 Java EE 애플리케이션을 실행하기 위해서는 자바와 톰캣을 설치해야 한다.

3. https://supermarket.chef.io/cookbooks/tomcat에서 톰캣 쿡북을 다운로드한다. 그리고 해당 페이지의 의존성 페이지로 이동한다. 우리 Chef 서버에 의존성을 갖는 패키지가 업로드되지 않으면 톰캣 쿡북을 업로드해 사용할 수 없다.

4. https://supermarket.chef.io/cookbooks/openssl과 https://supermarket. chef.io/cookbooks/chef-sugar에서 각각 OpenSSL과 Chef Sugar를 다운로 드한다.

5. 자바를 설치하기 위해 https://supermarket.chef.io/cookbooks/java에서 쿡 북을 다운로드한다. 그리고 관련 의존성 패키지는 https://supermarket.chef. io/cookbooks/apt에서 다운로드받는다. 쿡북 디렉터리에 모든 압축 파일을 푼다.

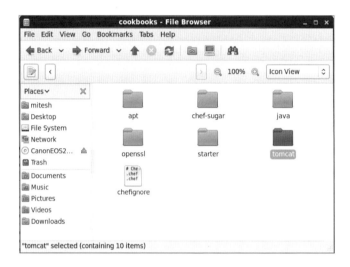

6. 터미널에서 cookbooks로 이동해 커뮤니티 쿡북의 하위 디렉터리를 확인한다.

```
[root@devops1 cookbooks]# ls
apt chefignore chef-sugar java openssl starter tomcat
[root@devops1 cookbooks]# cd ..
```

7. knife cookbook upload apt를 통해 apt 쿡북을 업로드한다.

```
[root@devops1 chef-repo]# knife cookbook upload apt
Uploading apt [3.0.0]
Uploaded 1 cookbook.
```

8. 호스티드 셰프 인스턴스상의 Cookbooks 섹션에서 apt Cookbook이 업로드됐는지 여부를 확인한다.

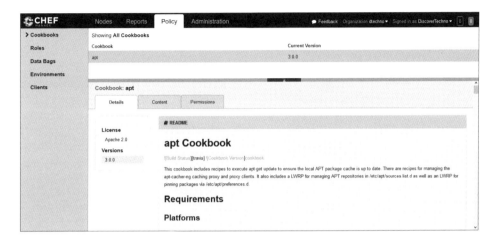

9. 먼저 모든 의존성 패키지가 업로드됐는지 확인한다. 그렇지 않으면 오류가 발생한다. 모든 쿡북을 순서대로 업로드한다.

```
[root@devops1 chef-repo]# knife cookbook upload chef-sugar
Uploading chef-sugar [3.3.0]
Uploaded 1 cookbook.
[root@devops1 chef-repo]# knife cookbook upload java
Uploading java [1.39.0]
Uploaded 1 cookbook.
[root@devops1 chef-repo]# knife cookbook upload openssl
Uploading openssl [4.4.0]
Uploaded 1 cookbook.
[root@devops1 chef-repo]# knife cookbook upload tomcat
Uploading tomcat [0.17.0]
Uploaded 1 cookbook.
```

10. 호스티드 셰프 계정에서 모든 쿡북이 업로드됐는지 확인한다.

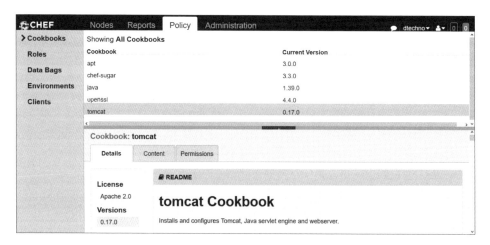

▌ 역할 생성하기

모든 쿡북이 성공적으로 업로드되고 나면 역할Role을 생성해야 한다. 역할은 특정 기능에 대해 정의되며 다양한 패턴과 워크플로우 과정에 대한 경로를 제공한다.

예를 들어 웹 서버 역할은 톰캣 서버 레시피와 사용자 정의 속성으로 구성될 수 있다.

1. 역할을 생성하기 위해 Policy > Roles > Create로 이동한다. Create Role 윈도우에 서 Name과 Description을 입력하고 다음 화면에서 보듯이 Next를 클릭한다.

2. Run List는 적절한 방법과 순서로 역할 및 레시피를 유지한다. 이것은 노드의 명세를 설명한다고 말할 수 있다. Available Recipes 섹션에서 tomcat을 선택하고 Current Run List 섹션으로 끌어넣는다. 그리고 Create Role을 클릭한다.

3. 호스티드 셰프 대시보드에서 새로 추가된 역할의 세부 사항을 확인하라.

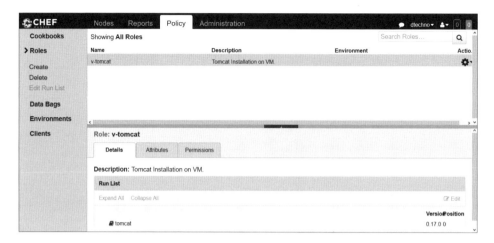

4. 이제 노드를 통합하는 동안 역할을 연관시킬 준비가 됐다. knife node run_list add tomcatserver"role[v-tomcat]"을 통해 역할을 노드에 추가한다.

```
[root@devops1 chef-repo]# knife node run_list add tomcatserver"role
[vtomcat]"
tomcatserver:
run_list: role[v-tomcat]
[root@devops1 chef-repo]#
```

5. 이제 역할이 노드와 연관됐다. 그런 다음 셰프 클라이언트가 노드에서 실행되면 할당된 역할과 동기화가 돼 있는지 확인한다. 그렇지 않은 경우 할당된 역할에 따라 상태를 가져오는 단계를 실행한다.

```
[root@localhost Desktop]# chef-client
Starting Chef Client, version 12.9.41
resolving cookbooks for run list: ["tomcat"]
Synchronizing Cookbooks:
  - tomcat (0.17.0)
  - chef-sugar (3.3.0)
```

```
        - java (1.39.0)
        - apt (3.0.0)
        - openssl (4.4.0)
Installing Cookbook Gems:
Compiling Cookbooks...
  .
  .
  .
  .
Converging 3 resources
Recipe: tomcat::default
 * yum_package[tomcat6] action install
     - install version 6.0.24-94.el6_7 of package tomcat6
 * yum_package[tomcat6-admin-webapps] action install
     - install version 6.0.24-94.el6_7 of package tomcat6-admin-webapps
  .
  .<!-- A "Connector" using the shared thread pool-->
<!--
<Connector executor="tomcatThreadPool"
    -               port="8080" protocol="HTTP/1.1"
    -               connectionTimeout="20000"
    +               port="8080" protocol="HTTP/1.1"
    +               connectionTimeout="20000"
redirectPort="8443" />
    - -->
    + -->
  .
  .
   * service[tomcat6] action start
     - start service service[tomcat6]
   * execute[wait for tomcat6] action run
     - execute sleep 5
   * service[tomcat6] action enable
     - enable service service[tomcat6]
   * execute[wait for tomcat6] action run
     - execute sleep 5
   * execute[wait for tomcat6] action nothing (skipped due to action
:nothing)
   * service[tomcat6] action restart
     - restart service service[tomcat6]
```

```
  * execute[wait for tomcat6] action run
    - execute sleep 5
Running handlers:
Running handlers complete
Chef Client finished, 11/15 resources updated in 09 minutes 59 seconds
You have new mail in /var/spool/mail/root
[root@localhost Desktop]# service tomcat6 status
tomcat6 (pid 39782) is running... [ OK ]
You have new mail in /var/spool/mail/root
```

6. 출력을 살펴보면 통합을 하는 경우 무슨 일이 발생하는지 정확히 알 수 있다.

7. 최신 세부 사항을 얻기 위해서는 호스티드 셰프 계정에서 Reports 섹션을 확인하라.

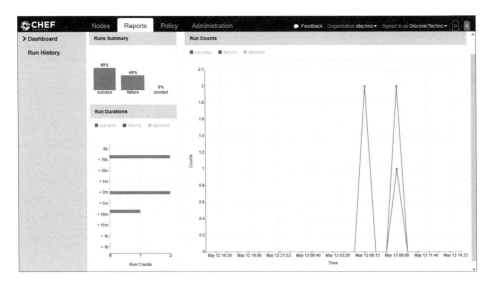

이제 호스티드 셰프 서버에 계정을 생성하고 워크스테이션을 구성하며 노드를 통합하는 방법을 알게 됐다. 이러한 사항은 셰프 구성 관리 도구를 사용하는 전체적인 자동화에서 중요한 부분이다. 그리고 Java EE 애플리케이션을 실행하는 데 필요한 런타임 환경도 설정했다.

▍진단 테스트

1. 다음 중 셰프는 어느 범주에 속하는가?
    - 지속적인 통합
    - 구성 관리
    - 두 가지 모두
    - 아무 데도 속하지 않음

2. 셰프 설치에서 세 가지 주요 구성 요소는?
    - 셰프 서버
    - 셰프 워크스테이션
    - 셰프 노드
    - 쿡북
    - 위의 모든 사항
    - 위의 사항 모두 아님

3. 다음 중 셰프 클라이언트의 버전을 확인하는 데 사용되는 명령어는?
    - `chefclient -version`
    - `chef-client -version`
    - `chefclient --version`
    - `chef-client --version`
    - 위의 사항 모두 아님

4. 다음 중 셰프에서 구성 파일의 이름은?
    - `knife.java`
    - `knife.py`
    - `knife.rb`
    - `knife.sh`

- 위의 사항 모두 아님

5. 다음 중 셰프 서버에서 이용할 수 있는 노드를 나열하는 데 사용되는 명령어는?

- `knife node list`
- `knife client list`
- `knife node listing`
- `knife nodes list`
- 위의 사항 모두 아님

요약

4장에서는 호스티드 셰프 서버에 계정 생성, 워크스테이션의 구성, 호스티드 셰프 계정으로 커뮤니티 쿡북의 업로드, 노드의 통합, 커뮤니티 쿡북을 이용한 톰캣 설치, 호스티드 셰프 계정으로 노드의 통합 확인, 성공과 실패의 확인 보고를 다뤘다. 기본적으로 중앙집중화된 위치에서 런타임 환경의 설정 프로세스를 표준화했다. 대부분의 구성 도구는 거의 비슷한 기능을 수행하며 경험 및 다양한 기능에 기반해 원하는 구성 관리 도구를 선택할 수 있다. 모든 분야에서 반복적인 프로세스의 자동화는 효율성을 증가시키는 핵심이며 구성 관리 도구는 애플리케이션 전달의 전체적인 자동화를 정확히 수행한다. 4장에서는 샘플 자바 EE 애플리케이션에 대해 톰캣 설치와 또 다른 런타임 요구 사항을 자동화했다. 따라서 생성된 WAR 파일을 지속적인 통합 프로세스를 통해 배포할 수 있다.

5장에서는 최근 가장 인기있는 기술 중 하나인 도커를 논의한다. 도커도 가장 파괴적인 혁신 중 하나다. 도커 컨테이너와 가상 머신의 차이, 도커 컨테이너의 설치 방법, 해당 기술에 대한 몇 가지 기본적인 사항을 살펴본다.

05

도커의 설치와 구성

"당신이 위대한 일을 할 수 없다면 작은 일을 훌륭한 방법으로 하라."

– 나폴레옹 힐Napoleon Hill

도커Docker는 최근의 주된 기술적 토론 주제 중 하나다. 도커는 오픈소스로 컨테이너 기반의 기술이며 최근 파괴적인 혁신 중 하나로 간주된다. 도커 컨테이너Docker container는 애플리케이션을 실행하는 데 필요한 컴포넌트를 포함하는 독립적인 패키지다.

5장에서는 컨테이너 기술을 상세히 설명하고 두 가지 기술의 혜택을 비교함으로써 컨테이너와 가상 머신이 어떻게 다른지 설명한다. 5장에서는 도커의 개요와 더불어 도커의 설치 및 구성 세부 사항도 제공한다. 또한 애플리케이션 배포를 위해 CentOS 컨테이너를 생성하는 방법도 설명한다.

더불어 도커 허브Docker Hub와 도커의 기본 아키텍처도 설명한다. 도커 허브에서 이용할 수 있는 톰캣 이미지의 사용 방법과 자바와 톰캣의 설치 파일과 Dockerfile을 통해 샘플 이미지를 생성하는 방법도 살펴본다.

5장에서 다루는 주제는 다음과 같다.

- 도커 컨테이너의 개요
- 가상 머신과 컨테이너의 차이점에 대한 이해
- 도커와 CentOS의 설치와 구성
- 첫 번째 도커 컨테이너의 생성
- 컨테이너 관리

▌ 도커 컨테이너의 개요

도커는 소프트웨어 컨테이너 내부에서 애플리케이션의 배포를 자동화하는 OS 가상화를 위한 오픈소스 이니셔티브Open source initiative다. 도커는 고립된 사용자 공간을 제공하므로 사용자 기반 프로세스, 공간, 파일 시스템을 제공한다. 또한 도커는 리눅스 호스트 커널을 공유한다. 아래 다이어그램은 도커 컨테이너의 작동 메커니즘을 설명하고 있다.

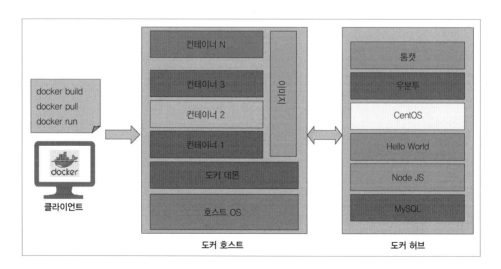

도커는 클라이언트—서버 구조^{client-server architecture}로 두 개의 주요 컴포넌트를 갖는다.

- **도커 호스트**^{Docker host}: 도커 호스트는 도커 데몬, 컨테이너, 이미지를 포함한다. **도커 엔진**^{Docker engine}은 핵심적인 도커 기술을 제공하는 중요한 컴포넌트다. 이 핵심적인 도커 기술은 이미지와 컨테이너를 가능하게 만든다. 도커가 성공적으로 설치된 경우 간단한 명령어를 실행할 수 있다. 예제의 경우 컨테이너로 CentOS를 사용한다. CentOS 이미지에서 대화형 쉘^{shell}을 실행하기 위해서는 `docker run -i -t <image> /bin/bash`를 이용한다.
  - `-i` 플래그는 대화형 컨테이너를 시작한다.
  - `-t` 플래그는 `stdin`과 `stdout`을 갖는 가상 터미널을 생성한다.
  - `<image>`는 CentOS 이미지다.
  - `/bin/bash`는 쉘을 시작한다.
- 이 명령을 실행하면 해당 명령은 CentOS 이미지가 로컬에서 이용할 수 있는지를 검사한다. 이용할 수 없다면 도커 허브에서 이미지를 다운로드한다.
- 이미지는 런타임에 사용할 수 있는 파일 시스템과 매개변수를 갖는 반면 컨테이너는 상태를 갖는 이미지의 인스턴스다. 이미지가 없는 동안 컨테이너가 변경된다는 것을 쉽게 이해할 수 있다.
- **도커 허브**^{Docker Hub}: 도커 허브는 도커 컨테이너의 공유와 관리를 위한 SaaS^{Software as a Service}다. 도커 허브는 도커가 제공하는 중앙집중화된 레지스트리 서비스의 일종이다. 우리는 사용자로서 애플리케이션의 빌드와 배송에 사용할 수 있다. 이것은 코드 저장소, 공동작업, 이미지 검색, 자동화를 위한 통합을 위한 파이프라인의 생성을 가능하게 만든다.

1. https://hub.docker.com으로 이동해 사용자 이름, 이메일, 패스워드를 제공하고 회원으로 가입해보자.

2. 이메일 ID로 전송된 활성화 링크를 클릭해 계정을 활성화한다.

3. 활성화가 완료되면 도커 허브 계정으로 로그인한다.

4. 다음 화면은 도커 대시보드^{Docker Dashboard}다. 연습을 위해 대시보드를 살펴보자.

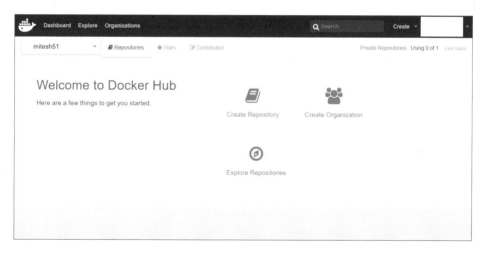

5. 공개 도메인에서 이용할 수 있는 이미지를 찾기 위해 Repositories를 클릭한다.
   centos를 검색하면 도커 허브에서 이용할 수 있는 모든 CentOS 이미지의 리스
   트를 확인할 수 있다.

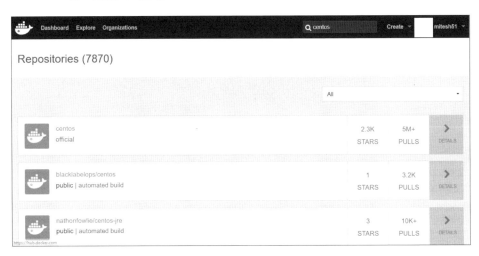

다음 절에서는 가상 머신과의 비교를 통해 컨테이너가 많은 주목을 받는 이유를 살펴본다.

▍ 가상 머신과 컨테이너의 차이점 이해하기

최근 클라우드 컴퓨팅은 거의 모든 기술적인 토론의 일부가 됐다. 가상 머신은 많은 사람
들에게 자원의 효율적인 활용을 제공하고 있다. 그러나 도커 컨테이너는 경쟁을 가져왔으
며 실제로 컨테이너가 더 효과적이다.

가상 머신과 컨테이너의 기본적인 차이점을 살펴보고 컨테이너가 인기있는 이유를 살펴
보자.

가상 머신	컨테이너
가상 머신에서는 적절한 장치 드라이버와 함께 운영 체제를 설치해야 한다. 따라서 가상 머신이 차지하는 공간이나 크기가 매우 크다. 톰캣과 자바가 설치된 일반적인 가상 머신은 최대 10GB의 드라이브 공간을 사용할 수 있다. 애플리케이션 A 애플리케이션 B 라이브러리 라이브러리 Guest OS Guest OS 하이퍼바이저 호스트 운영 체제 서버	컨테이너는 호스트의 운영 체제와 장치 드라이버를 공유한다. 컨테이너는 이미지로부터 생성되며 톰캣이 설치된 컨테이너의 크기는 500MB를 넘지 않는다. 애플리케이션 A 애플리케이션 B 라이브러리 라이브러리 컨테이너 엔진 호스트 운영 체제 서버
메모리 관리와 장치 드라이버의 오버헤드가 존재한다. VM은 운영 측면에서 일반적인 물리적 머신이 갖는 모든 컴포넌트를 갖는다.	컨테이너는 크기가 작다. 따라서 효과적으로 더 빠르며 더 나은 성능을 갖는다.
VM에서 하이퍼바이저는 자원을 추상화한다.	컨테이너는 운영 체제를 추상화한다.
VM에서 패키지는 애플리케이션뿐만 아니라 필요한 바이너리와 라이브러리, 게스트 운영 체제(예: CentOS 6.7과 Windows 2003)도 포함한다.	컨테이너는 호스트 운영 체제상의 사용자 공간에서 프로세스와 파일 시스템을 갖고 격리된 사용자 공간에서 자체적으로 실행되며 다른 컨테이너와 커널을 공유한다. 자원의 공유와 활용은 컨테이너에서 가장 잘되며 오버헤드가 적기 때문에 더 많은 자원을 활용할 수 있다. 컨테이너는 매우 적은 자원만 필요로 한다.
클라우드 서비스 공급자는 VM에 대한 표준 런타임 환경을 제공하기 위해 하이퍼바이저를 사용한다. 하이퍼바이저는 타입 1과 타입 2 카테고리로 제공된다.	도커는 여러 환경에 걸쳐 애플리케이션의 포팅을 효율적이고 쉽게 만든다.

다음 절에서는 CentOS 가상 머신에 도커를 설치하고 구성한다.

CentOS에서의 도커 설치와 구성

VMware 워크스테이션이나 VirtualBox를 사용해 가상 머신을 생성하기 위해 CentOS 6.6이나 6.7을 설치한다.

CentOS 6.7을 사용해 도커를 실행하려면 다음 단계를 따르면 된다. CentOS 6.x에는 시스템 트레이 애플리케이션과 실행 파일 및 패키지 이름이 충돌하는 사소한 문제가 있으며 Docker RPM 패키지는 docker-io로 불린다.

1. docker-io를 설치해보자.

```
[root@localhost Desktop]# yum install docker-io
Loaded plugins: fastestmirror, refresh-packagekit, security
Setting up Install Process
Loading mirror speeds from cached hostfile
  * epel: ftp.riken.jp
Resolving Dependencies
--> Running transaction check
---> Package docker-io.x86_64 0:1.7.1-2.el6 will be installed
--> Processing Dependency: lxc for package: dockerio-
1.7.1-2.el6.x86_64
  --> Running transaction check
  ---> Package lxc.x86_64 0:1.0.8-1.el6 will be installed
  --> Processing Dependency: lua-lxc(x86-64) = 1.0.8-1.el6 for package:
lxc-1.0.8-1.el6.x86_64
  --> Processing Dependency: lua-alt-getopt for package:
lxc-1.0.8-1.el6.x86_64
  --> Processing Dependency: liblxc.so.1()(64bit) for package:
lxc-1.0.8-1.el6.x86_64
  --> Running transaction check
  ---> Package lua-alt-getopt.noarch 0:0.7.0-1.el6 will be installed
  ---> Package lua-lxc.x86_64 0:1.0.8-1.el6 will be installed
  --> Processing Dependency: lua-filesystem for package: lualxc-
1.0.8-1.el6.x86_64
  ---> Package lxc-libs.x86_64 0:1.0.8-1.el6 will be installed
  --> Running transaction check
```

```
---> Package lua-filesystem.x86_64 0:1.4.2-1.el6 will be installed
--> Finished Dependency Resolution
Dependencies Resolved
Package     Arch     Version     Repository     Size
Installing:
docker-io     x86_64     1.7.1-2.el6     epel     4.6 M
Installing for dependencies:
lua-alt-getopt     noarch     0.7.0-1.el6     epel     6.9 k
lua-filesystem     x86_64     1.4.2-1.el6     epel     24 k
lua-lxc     x86_64     1.0.8-1.el6     epel     16 k
lxc     x86_64     1.0.8-1.el6     epel     122 k
lxc-libs     x86_64     1.0.8-1.el6     epel     255 k
Transaction Summary
================================================================
Install    6 Package(s)
Total download size: 5.0 M
Installed size: 20 M
Is this ok [y/N]: y
Downloading Packages:
(1/6): docker-io-1.7.1-2.el6.x86_64.rpm       | 4.6 MB 04:32
(2/6): lua-alt-getopt-0.7.0-1.el6.noarch.rpm | 6.9 kB 00:01
(3/6): lua-filesystem-1.4.2-1.el6.x86_64.rpm | 24 kB 00:01
(4/6): lua-lxc-1.0.8-1.el6.x86_64.rpm         | 16 kB 00:01
(5/6): lxc-1.0.8-1.el6.x86_64.rpm             | 122 kB 00:03
(6/6): lxc-libs-1.0.8-1.el6.x86_64.rpm        | 255 kB 00:11
----------------------------------------------------------Total
17 kB/s | 5.0 MB 05:02
Running rpm_check_debug
Running Transaction Test
Transaction Test Succeeded
Running Transaction
    Installing : lxc-libs-1.0.8-1.el6.x86_64              1/6
    Installing : lua-filesystem-1.4.2-1.el6.x86_64        2/6
    Installing : lua-lxc-1.0.8-1.el6.x86_64               3/6
    Installing : lua-alt-getopt-0.7.0-1.el6.noarch        4/6
    Installing : lxc-1.0.8-1.el6.x86_64                   5/6
    Installing : docker-io-1.7.1-2.el6.x86_64             6/6
    Verifying  : lxc-libs-1.0.8-1.el6.x86_64              1/6
    Verifying  : lua-lxc-1.0.8-1.el6.x86_64               2/6
```

```
      Verifying : lxc-1.0.8-1.el6.x86_64                        3/6
      Verifying : docker-io-1.7.1-2.el6.x86_64                  4/6
      Verifying : lua-alt-getopt-0.7.0-1.el6.noarch             5/6
      Verifying : lua-filesystem-1.4.2-1.el6.x86_64             6/6
   Installed:
      docker-io.x86_64 0:1.7.1-2.el6
   Dependency Installed:
      lua-alt-getopt.noarch 0:0.7.0-1.el6    lua-filesystem.x86_64
0:1.4.2-1.el6    lua-lxc.x86_64 0:1.0.8-1.el6    lxc.x86_64
0:1.0.8-1.el6
      lxc-libs.x86_64 0:1.0.8-1.el6
   Complete!
   You have new mail in /var/spool/mail/root
```

2. 샘플 hello-world 도커 이미지를 실행해보자.

```
[root@localhost Desktop]# docker run hello-world
Post http:///var/run/docker.sock/v1.19/containers/create: dial unix
/var/run/docker.sock: no such file or directory. Are you trying to
connect to a TLS-enabled daemon without TLS?
You have new mail in /var/spool/mail/root
```

3. 도커 서비스가 실행되지 않았기 때문에 샘플 이미지의 실행은 성공하지 않는다.
   도커 설치를 확인해보자.

   a. 도커 서비스를 시작해보자.

```
[root@localhost Desktop]# service docker start
Starting cgconfig service: [ OK ]
Starting docker:[ OK ]
You have new mail in /var/spool/mail/root
```

   b. 도커 서비스의 상태를 확인한다.

```
[root@localhost Desktop]# service docker status
```

```
docker (pid 12340) is running...
```

이제 도커가 성공적으로 설치됐으며 CentOS 6.7 가상 머신에서 도커 서비스의 실행 여부가 확인됐다.

첫 번째 도커 컨테이너의 생성

도커에 대한 감을 잡기 위해 이전 시도에서 성공하지 못한 샘플 hello-world 컨테이너를 실행해보자.

hello-world 이미지는 로컬에서 사용할 수 없으므로 도커 허브에서 가져와야 한다.

```
[root@localhost Desktop]# docker run hello-world
Unable to find image 'hello-world:latest' locally
latest: Pulling from hello-world
d59cd4c39e50: Pull complete
f1d956dc5945: Pull complete
Digest:
sha256:4f32210e234b4ad5cac92efacc0a3d602b02476c754f13d517e1ada048e5a8ba
    Status: Downloaded newer image for hello-world:latest
    Hello from Docker.
```

이 메시지는 설치가 올바로 동작하고 있다는 것을 나타낸다.

이 메시지를 생성하기 위해 도커는 다음 단계를 수행한다.

1. 도커 클라이언트는 도커 데몬과 통신한다.
2. 도커 데몬은 도커 허브에서 hello-world 이미지를 가져온다.
3. 그후 도커 데몬은 해당 이미지로부터 현재 출력을 생성하는 실행 파일을 실행하는 새로운 컨테이너를 생성한다.

4. 실행 파일이 새로 생성된 컨테이너에서 실행되면 도커 데몬은 출력을 도커 클라이언트로 스트리밍하며 클라이언트는 출력을 터미널로 보낸다.

더 많은 사항을 시도해보자.

1. 이 명령을 우분투 컨테이너에서 실행할 수 있다.

```
$ docker run -it ubuntu bash
You have new mail in /var/spool/mail/root
[root@localhost Desktop]#
```

> ℹ️ https://hub.docker.com을 방문해 무료 도커 허브의 계정을 통해 이미지를 공유하고 워크플로우 자동화 등 더 많은 작업을 할 수 있다. 더 많은 예제와 아이디어를 위해 https://docs.docker.com/engine/userguide/를 방문하라.

2. 이제 로컬에서 이미지 하나를 갖게 됐다. 우분투 컨테이너를 생성하고 bash 셸에서 직접 열어보자.

```
[root@localhost Desktop]# docker run -it ubuntu bash
Unable to find image 'ubuntu:latest' locally
latest: Pulling from ubuntu
dd25ab30afb3: Pull complete
a83540abf000: Pull complete
630aff59a5d5: Pull complete
cdc870605343: Pull complete
686477c12982: Pull complete
Digest:
sha256:5718d664299eb1db14d87db7bfa6945b28879a67b74f36da3e34f5914866b71c
Status: Downloaded newer image for ubuntu:latest
```

3. 기존 이미지를 로컬에서 사용할 수 있는지 확인하기 위해 docker images 명령어를 사용해보자.

```
[root@localhost Desktop]# docker images
REPOSITORY      TAG         IMAGE ID       CREATED VIRTUALSIZE
ubuntu          latest      686477c12982   5 weeks ago120.7 MB
hello-world     latest      f1d956dc5945   6 weeks ago 967 B
```

이 두 예제를 확인한 다음 또 다른 톰캣 컨테이너 예제를 이용해 도커의 클라이언트–서버 아키텍처를 이해해보자.

▍도커의 클라이언트–서버 아키텍처 이해하기

우리의 주요 목표를 다시 생각해보자. 우리는 Pet-clinic이라는 샘플 스프링 애플리케이션을 톰캣 서버에 배포하길 원한다. 톰캣을 가상 머신에 설치한 경우와 컨테이너를 사용하는 경우의 차이점은 무엇인가? 컨테이너 환경에서는 호스트 OS가 설치되면 컨테이너 계층을 호스팅하는 데 사용되고 컨테이너 계층은 컨테이너 인스턴스를 프로비저닝하는 데 사용된다. 컨테이너의 경우 가상 머신에서는 필요한 운영 체제가 필요로 하는 추가 라이브러리나 필요 자원이 필요하지 않으므로 컨테이너 인스턴스는 매우 경량이며 효율적이다.

이를 위해 이번 절의 나머지 부분에서 기존 톰캣 이미지를 사용해 톰캣 설치 파일을 갖는 샘플 이미지를 생성한다.

1. https://hub.docker.com으로 이동해 로그인한 다음 검색 영역에서 tomcat을 검색한다. Tomcat을 클릭하면 다음과 같은 내용이 표시된다.

2. docker images를 확인하고 톰캣 이미지를 실행하라. 시간이 걸릴 수 있다.

3. 이미지를 완전히 가져오면 컨테이너가 생성되고 bash 쉘에서 명령어를 실행할 수 있다.

```
[root@localhost Desktop]# docker run -it tomcat bash
```

```
[root@localhost Desktop]# docker images
REPOSITORY          TAG             IMAGE ID        CREATED         VIRTUAL SIZE
centos              latest          2a332da70fd1    2 weeks ago     196.7 MB
ubuntu              latest          686477c12982    6 weeks ago     120.7 MB
hello-world         latest          f1d956dc5945    7 weeks ago     967 B
[root@localhost Desktop]# docker run -it tomcat bash
Unable to find image 'tomcat:latest' locally
latest: Pulling from tomcat

7d7852532044: Downloading [====================>                    ] 20.97 MB/51.35 MB
435cb21051b6: Download complete
4c76b3c13563: Download complete
35e170305690: Download complete
14fa7ed0654b: Download complete
02dec3806bda: Download complete
b50599b96e33: Download complete
ec7e4967fab4: Download complete
499b5c54f1ed: Download complete
cc5b39d4a8b7: Downloading [===========>                             ] 18.37 MB/77.64 MB
290876b830ae: Download complete
30167fbc73d4: Download complete
3a80d45737ff: Download complete
d4c89486429f: Download complete
4513ebd4451d: Download complete
4d3f030833b5: Download complete
9b29824628e2: Download complete
91fa6d6b4e7a: Download complete
aa3cd4ef3986: Download complete
1e96877e40eb: Download complete
fa9f8e22fb74: Download complete
```

4. 톰캣 8.0을 설치해보자. 도커 허브에서 이미지를 가져왔다는 것을 알 수 있다. 그러나 대부분은 로컬에서 이미 이용할 수 있다.

```
[root@localhost Desktop]# docker run -it --rm tomcat:8.0
Unable to find image 'tomcat:8.0' locally
8.0: Pulling from tomcat
7d7852532044: Already exists
435cb21051b6: Already exists
 .
 .
 .
```

```
      5d4577339b14: Already exists
      Digest:
sha256:2af935d02022b22717e41768dc523a62d4c78106997ff467d652a506b70bc860
      Status: Downloaded newer image for tomcat:8.0
      Using CATALINA_BASE:   /usr/local/tomcat
      Using CATALINA_HOME:   /usr/local/tomcat
      Using CATALINA_TMPDIR: /usr/local/tomcat/temp
      Using JRE_HOME:        /usr/lib/jvm/java-7-openjdk-amd64/jre
      Using CLASSPATH:
/usr/local/tomcat/bin/bootstrap.jar:/usr/local/tomcat/bin/tomcat-juli.
jar
      19-Jun-2016 10:54:03.230 INFO [main]
org.apache.catalina.startup.VersionLoggerListener.log Server version:
      Apache Tomcat/8.0.36
      .
      .
      .

      19-Jun-2016 12:05:22.745 INFO [Thread-3]
org.apache.coyote.AbstractProtocol.destroy Destroying ProtocolHandler
["ajp-apr-8009"]
      You have new mail in /var/spool/mail/root
```

5. 컨테이너가 성공적으로 생성됐다. docker ps 명령어를 사용해 기존 컨테이너를
   확인하라.

```
[root@localhost Desktop]# docker ps
CONTAINER ID     IMAGE          COMMAND             CREATED
STATUS           PORTS          NAMES
c3fbd72a1b35     tomcat:8.0     "catalina.sh run"   29 minutes ago
Up 29 minutes    8080/tcp       sad_pasteur
```

톰캣 컨테이너가 준비되면 IP 주소를 찾아 톰캣에 접근할 수 있다.

컨테이너의 IP 주소를 발견하기 위해 컨테이너 ID와 docker inspect를 이용한다.

```
[root@localhost Desktop]# docker inspect c3fbd72a1b35
[
{
    "Id": "c3fbd72a1b35c6725606df726b5651cbd774b02d55bad6352c0e5205894b8b56",
    "Created": "2016-06-19T10:54:01.330825881Z",
    "Path": "catalina.sh",
    "Args": [
        "run"
    ],
    "State": {
        "Running": true,
        "Paused": false,
        "Restarting": false,
        "OOMKilled": false,
        "Dead": false,
        "Pid": 6293,
        "ExitCode": 0,
        "Error": "",
        "StartedAt": "2016-06-19T10:54:02.250775469Z",
        "FinishedAt": "0001-01-01T00:00:00Z"
    },
    "Image": "5d4577339b146f4e71ddb267812213bdc1a612eeb48a5f3c95f105b7894a4a73",
    "NetworkSettings": {
        "Bridge": "",
        "EndpointID": "a88792ad6a30316dbf8ad50c565d2c2c5951a040f4909f97418405142c7224e8",
        "Gateway": "172.17.42.1",
        "GlobalIPv6Address": "",
        "GlobalIPv6PrefixLen": 0,
        "HairpinMode": false,
        "IPAddress": "172.17.0.3",
```

도커의 네트워킹은 또 다른 개념이며 이 책의 범위가 아니다. 따라서 이 책에서는 도커의 네트워킹은 다루지 않는다.

그러나 톰캣 컨테이너가 올바로 실행되고 있는지 확인하라.

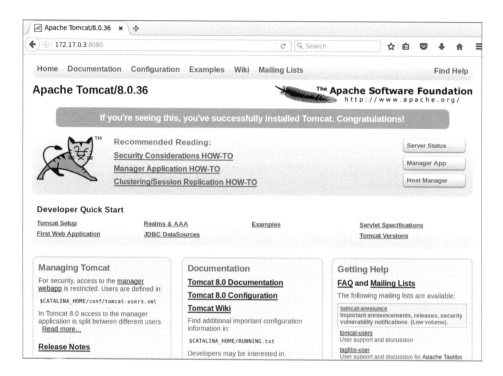

결국 톰캣 컨테이너를 실행할 수 있다. 다음 절에서는 기본적인 사항이지만 유용한 명령어를 설명하고 이미지의 생성을 시도한다.

▌ 컨테이너 관리

백그라운드 프로세스로 톰캣 컨테이너를 실행해보자.

1. 터미널에서 실수로 컨테이너를 중지시키는 것을 방지하기 위해 도커 컨테이너를 백그라운드 프로세스로 실행하는 것이 좋다.

2. -d 매개변수를 사용하라.

```
[root@localhost Desktop]# docker run -d tomcat
68c6d1f7bc631613813ffb761cc833156a70e2063c2a743dd2729fe73b2873f9
```

3. 방금 생성한 컨테이너를 확인한다.

```
[root@localhost Desktop]# docker ps
    CONTAINER ID        IMAGE        COMMAND
CREATED        STATUS        PORTS
NAMES
    68c6d1f7bc63        tomcat        "catalina.sh run" 15
        seconds ago        Up 11 seconds        8080/tcp
        desperate_hypatia
    You have new mail in /var/spool/mail/root
```

4. docker inspect 명령어를 통해 컨테이너의 ID와 함께 컨테이너의 IP 주소를 가져온다.

```
[root@localhost Desktop]# docker inspect 68c6d1f7bc63
[
{
"Id":
"68c6d1f7bc631613813ffb761cc833156a70e2063c2a743dd2729fe73b2873f9",
    "Created": "2016-06-21T18:25:20.73708668Z",
    "Path": "catalina.sh",
    "Args": [
    "run"
        ],
    "State": {
    "Running": true,
    "Paused": false,
    "Restarting": false,
    "OOMKilled": false,
    "Dead": false,
    "Pid": 20448,
```

```
    "ExitCode": 0,
    "Error": "",
    "StartedAt": "2016-06-21T18:25:23.086757711Z",
    "FinishedAt": "0001-01-01T00:00:00Z"
        },
    "Image":
"5d4577339b146f4e71ddb267812213bdc1a612eeb48a5f3c95f105b7894a4a73",
    "NetworkSettings": {
    "Bridge": "",
    "EndpointID":
"7ef4f440a137222ad96c20bd53330875ec8192499419f8d5d9c9a337c6044f9f",
    "Gateway": "172.17.42.1",
    "GlobalIPv6Address": "",
    "GlobalIPv6PrefixLen": 0,
    "HairpinMode": false,
    "IPAddress": "172.17.0.10",
    "IPPrefixLen": 16,
    "IPv6Gateway": "",
    "LinkLocalIPv6Address": "",
    "LinkLocalIPv6PrefixLen": 0,
    "MacAddress": "02:42:ac:11:00:0a",
    "NetworkID":
"c5d8d33430092901b8f643f96f9d0fee2d70b45db782bd405a10a38b8cb12447",
    "PortMapping": null,
    "Ports": {
    "8080/tcp": null
            },
    "SandboxKey": "/var/run/docker/netns/68c6d1f7bc63",
    "SecondaryIPAddresses": null,
    "SecondaryIPv6Addresses": null
        },
    .
    .
    .
    "Image": "tomcat",
    "Volumes": null,
    "VolumeDriver": "",
    "WorkingDir": "/usr/local/tomcat",
    "Entrypoint": null,
```

```
"NetworkDisabled": false,
"MacAddress": "",
"OnBuild": null,
"Labels": {}
     }
  }
 ]
```

5. IP 주소 http://172.17.0.10:8080/을 확인하고 브라우저를 통해 해당 주소에 접
   속한다.

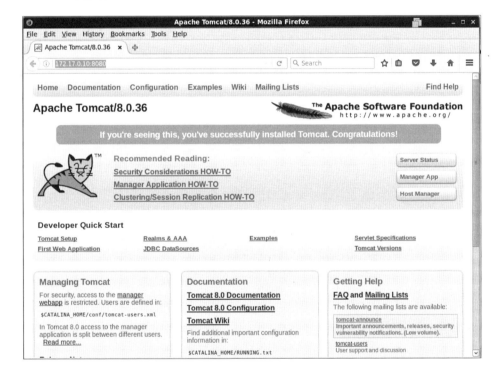

6. 이제 명백한 질문은 컨테이너를 중단시키는 방법이다. 그렇지 않은가? 실행되고
   있는 컨테이너의 상세한 정보를 얻으려면 docker ps를 이용한다.

7. 마지막 열인 Names를 잘 살펴보라. 이름을 명시적으로 지정하지 않으면 컨테이너에 자동으로 할당된 desperate_hypatia라는 이상한 이름을 볼 수 있다.

```
[root@localhost Desktop]# docker ps
CONTAINER ID        IMAGE          COMMAND
CREATED        STATUS        PORTS        NAMES
    68c6d1f7bc63        tomcat        "catalina.sh run" 15
    minutes ago        Up 15 minutes        8080/tcp
    desperate_hypatia
```

8. 이와 같이 자동으로 할당된 컨테이너 이름을 이용해 컨테이너를 중지시킨다.

```
[root@localhost Desktop]# docker stop desperate_hypatia
desperate_hypatia
```

9. 컨테이너에 사용자 정의 이름의 제공을 원하는 경우, 다음 명령어와 같이 --name 연산자를 이용해 이름을 재지정할 수 있다.

```
[root@localhost Desktop]# docker run -d --name devops_tomcat
tomcat
  cf2c1d19070fab73b840f94009391ad211f010044a7763fe201a115b0bc6a4b8
    You have new mail in /var/spool/mail/root
    [root@localhost Desktop]# docker ps
    CONTAINER ID        IMAGE          COMMAND
CREATED        STATUS        PORTS
NAMES
    cf2c1d19070f        tomcat        "catalina.sh
run"        10 seconds ago        Up 9 seconds        8080/tcp
    devops_tomcat
```

10. 중지된 모든 컨테이너 목록을 확인할 수 있는가? 그렇다. 중지된 컨테이너의 리스트를 얻기 위해서는 docker ps -a 명령을 사용하면 된다.

```
[root@localhost Desktop]# docker ps -a
CONTAINER ID        IMAGE        COMMAND          CREATED
STATUS        PORTS          NAMES
   68c6d1f7bc63        tomcat       "catalina.sh run"       16 minutes
ago        Exited (143) 47 seconds ago
desperate_hypatia
   51e055a3414b        ubuntu       "ls -l"        43 minutes
ago        Exited (0) 43 minutes ago s       ick_meitner
   a6f402e7a2a8        ubuntu       "ls"        43 minutes
ago        Exited (0) 43 minutes ago        naughty_hopper
   a4699613f112        ubuntu       "bash"        47 minutes
ago        Exited (127) 46 minutes ago
backstabbing_bardeen
   66a04d9137d8        ubuntu       "/bin/bash"        47 minutes
ago        Exited (0) 47 minutes ago
hungry_mcclintock
   a27b460778e6        ubuntu       "pwd"        48 minutes
ago        Exited (0) 48 minutes ago        dreamy_yonath
```

 컨테이너의 수명주기는 부모 프로세스의 존재에 의해 제한된다.

```
    Let's run the container from the image with Tomcat to deploy
application in it.
    [root@localhost Desktop]# docker run -p 8080:9090 -d --name
devops_tomcat9 tomcat

0f8c251929b2f316bac1d53c5b8d03a155d790dada1ce2fcf94f95844a3acfef
```

11. 컨테이너상의 터미널에 접근하려면 컨테이너를 생성한 후, 다음과 같은 명령어
를 사용하라.

```
[root@localhost Desktop]# docker exec -it devops_tomcat9 bash
```

12. 컨테이너 콘솔에 접근하고 나면 ip addr show eth0를 이용해 IP 주소를 확인한다.

```
root@0f8c251929b2:/usr/local/tomcat# ip addr show eth0
57: eth0: <BROADCAST,MULTICAST,UP,LOWER_UP> mtu 1500 qdisc
noqueue state UP
    link/ether 02:42:ac:11:00:14 brd ff:ff:ff:ff:ff:ff
    inet 172.17.0.20/16 scope global eth0
    inet6 fe80::42:acff:fe11:14/64 scope link
       valid_lft forever preferred_lft forever
root@0f8c251929b2:/usr/local/tomcat# ip route
172.17.0.0/16 dev eth0 proto kernel scope link src
172.17.0.20
    default via 172.17.42.1 dev eth0
root@0f8c251929b2:/usr/local/tomcat#
```

13. 이제 도커 허브에서 톰캣 이미지를 검색해보자. docker search tomcat 명령을
시도해보자.

```
[root@localhost Desktop]# docker search tomcat
NAME          DESCRIPTION
STARS    OFFICIAL      AUTOMATED
tomcat        Apache Tomcat is an open source
      implementa... 750        [OK]
dordoka/tomcat Ubuntu 14.04, Oracle JDK 8 and
Tomcat 8      ba...       19      [OK]
     .
     .
     .
davidcaste/debian-tomcat Yet another Debian Docker image for
   Tomcat... 0 [OK]
```

14. 기존 이미지를 다시 확인해보자.

```
[root@localhost Desktop]# docker images
REPOSITORY    TAG    IMAGE  IDCREATEDVIRTUAL  SIZE
tomcat        8.0    5d4577339b14   7 days ago     3 59.2 MB
```

```
tomcat       latest 5d4577339b14    7 days ago     359.2 MB
centos       latest 2a332da70fd1    2 weeks ago    196.7 MB
ubuntu       latest 686477c12982    7 weeks ago    120.7 MB
hello-world  latest f1d956dc5945    8 weeks ago    967 B
You have new mail in /var/spool/mail/root
```

▌ Dockerfile에서의 도커 이미지 생성

다음 단계는 샘플 이미지 파일을 생성하는 것이다. Dockerfile을 이용해 도커 이미지를 만들 수 있다. 이미지를 만들기 위한 단계별 지침이 제공된다.

간단한 CentOS 이미지로 시작해보자.

1. Dockerfile은 다음과 같은 두 행을 포함하고 있다.

   ```
   FROM centos
   MAINTAINER mitesh <mitesh.soxxxxxx@xxxxxxxx.com>
   ```

2. 터미널에서 같은 디렉터리로 이동해 docker build .를 사용해 이미지를 만든다.

   ```
   [root@localhost Desktop]# docker build .
   Sending build context to Docker daemon 681.6 MB
   Sending build context to Docker daemon
   Step 0 : FROM centos
    ---> 2a332da70fd1
   Step 1 : MAINTAINER mitesh < mitesh.soxxxxxx@xxxxxxxx.com >
    ---> Running in 305e8da05500
    ---> b636e26a333a
   Removing intermediate container 305e8da05500
   Successfully built b636e26a333a
   You have new mail in /var/spool/mail/root
   ```

3. 성공적으로 샘플 도커 이미지를 만들었다. 이제 다음 명령어를 실행해 이미지를 확인해보자.

```
[root@localhost Desktop]# docker images
REPOSITORY      TAG IMAGE ID     CREATED      VIRTUAL SIZE
<none><none>  b636e26a333a 16 seconds ago    196.7 MB
tomcat      8.0     5d4577339b14    7 days ago    359.2 MB
tomcat      latest    5d4577339b14    7 days ago    359.2 MB
centos      latest    2a332da70fd1    2 weeks ago    196.7 MB
ubuntu      latest686477c12982    7 weeks ago    120.7 MB
hello-worldlatest    f1d956dc5945    8 weeks ago    967 B
```

4. 이제 샘플 이미지를 생성하는 방법을 이해하기 위해 Java 8과 Tomcat 9를 갖는 이미지를 생성할 것이다. 운영 체제가 32비트인지 64비트인지 확인하라. 이를 기반으로 각각 설치할 수 있는 파일을 다운로드한다.

```
[root@localhost Desktop]# uname -m
x86_64
```

우리는 64비트 운영 체제를 갖고 있으므로 자바의 경우 64비트 설치 프로그램을 사용한다.

1. 자바의 다운로드 URL은 https://www.oracle.com/java/technologies/downloads/#java8이다.

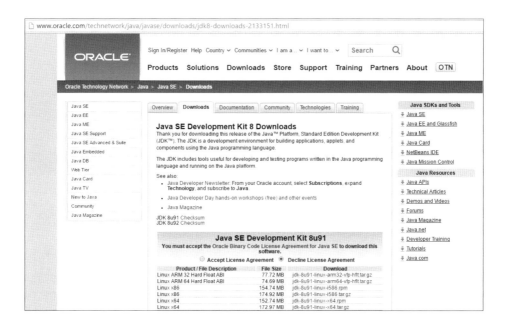

2. 톰캣은 http://apache-mirror.rbc.ru/pub/apache/tomcat/에서 다운로드한다.

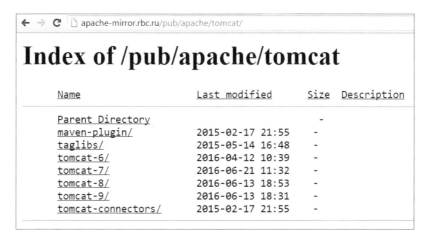

3. 자바와 톰캣을 설치하기 위해 다음과 같은 Dockerfile을 갖는다.

```
FROM centos
MAINTAINER mitesh <mixxxx.xxxx@xxxxx.com>
RUN yum -y update && yum -y install wget && yum -y install tar

# Set Environment Variables
ENV JAVA_HOME /usr/java
ENV CATALINA_HOME /usr/tomcat
ENV PATH $PATH:$JAVA_HOME/bin:$CATALINA_HOME/bin

# Download and Install Java 8 :

http://www.oracle.com/technetwork/java/javase/downloads/jdk8-downloads-
2133151.html
   RUN wget --no-cookies --no-check-certificate --header "Cookie:
gpw_e24=http%3A%2F%2Fwww.oracle.com%2F; oraclelicense=accept-
securebackupcookie"
"http://download.oracle.com/otn-pub/java/jdk/8u92-b14/jdk-8u92-
linux-x64.tar.gz" && tar -xvf jdk-8u92-linux-x64.tar.gz && rm jdk-8u92-
linux-x64.tar.gz
&& mv jdk*     ${JAVA_HOME}

   # Download and Install Tomcat 9 :
http://apache-mirror.rbc.ru/pub/apache/tomcat/
RUN wget
http://apache-mirror.rbc.ru/pub/apache/tomcat/tomcat-9/v9.0.0.M8/bin/
apache
-tomcat-9.0.0.M8.tar.gz && tar -xvf apache-tomcat-9.0.0.M8.tar.gz && rm
apache-tomcat-9.0.0.M8.tar.gz && mv apache-tomcat*
${CATALINA_HOME}

   WORKDIR /usr/tomcat

   EXPOSE 8080
   EXPOSE 8009
```

4. Dockerfile을 실행하고 이미지를 생성해보자.

```
[root@localhost Desktop]# docker build -t devopstomcat .
Sending build context to Docker daemon 681.6 MB
Sending build context to Docker daemon
Step 0 : FROM centos
---> 2a332da70fd1
Step 1 : MAINTAINER mitesh <mitesh.soni@outlook.com>
---> Using cache
---> b636e26a333a
Step 2 : RUN yum -y update && yum -y install wget && yum -y
install    tar
---> Using cache
---> 665ffbc90cba
Step 3 : ENV JAVA_HOME /usr/java
---> Using cache
---> 0be3176a4b86
Step 4 : ENV CATALINA_HOME /usr/tomcat
---> Using cache
---> 9c8ccd332f45
Step 5 : ENV PATH $PATH:$JAVA_HOME/bin:$CATALINA_HOME/bin
---> Using cache
---> 64f697c88093
Step 6 : RUN wget --no-cookies --no-check-certificate --header
"Cookie: gpw_e24=http%3A%2F%2Fwww.oracle.com%2F; oraclelicense=acceptsec
urebackupcookie""
http://download.oracle.com/otn-pub/java/jdk/8u92-b14/jdk-8u92-linux
-x64.tar.gz"&& tar -xvf jdk-8u92-linux-x64.tar.gz && rm jdk-8u92-
linuxx64.
tar.gz && mv jdk* ${JAVA_HOME}
    ---> Running in 116b0e860348
    --2016-06-23 19:48:41--
http://download.oracle.com/otn-pub/java/jdk/8u92-b14/jdk-8u92-linux-x64.
tar.gz
    Resolving download.oracle.com (download.oracle.com)...
203.192.223.200, 203.192.223.202
    Connecting to download.oracle.com
(download.oracle.com)|203.192.223.200|:80... connected.
```

```
        HTTP request sent, awaiting response... 302 Moved Temporarily
        Location:
https://edelivery.oracle.com/otn-pub/java/jdk/8u92-b14/jdk-8u92-
linux-x64.tar.gz [following]
    .

    .

    .


        Connecting to download.oracle.com
(download.oracle.com)|203.192.223.200|:80... connected.
        HTTP request sent, awaiting response... 200 OK
        Length: 181389058 (173M) [application/x-gzip]
        Saving to: 'jdk-8u92-linux-x64.tar.gz'
            OK .......... .......... .......... .......... ..........
0%          1.12M 2m35s
            50K .......... .......... .......... .......... ..........
0%          4.88M 95s

            .

            .

            .


        177100K .......... .......... .......... .......
100%       397K=3m22s
        2016-06-23 19:52:06 (878 KB/s) - 'jdk-8u92-linux-x64.tar.gz'
saved       [181389058/181389058]
        jdk1.8.0_92/
        jdk1.8.0_92/javafx-src.zip
        jdk1.8.0_92/bin/
        jdk1.8.0_92/bin/jmc
        jdk1.8.0_92/bin/serialver
        .

        .

        .

        .

        jdk1.8.0_92/README.html
        ---> b025a8495f67
        Removing intermediate container 116b0e860348
        Step 7 : RUN wget
http://apache-mirror.rbc.ru/pub/apache/tomcat/tomcat-9/v9.0.0.M8/bin/
apache
-tomcat-9.0.0.M8.tar.gz && tar -xvf apache-tomcat-9.0.0.M8.tar.gz && rm
```

```
apache-tomcat-9.0.0.M8.tar.gz && mv apache-tomcat* ${CATALINA_HOME}
    ---> Running in 485e2f6059b0
    --2016-06-23 19:53:18--
http://apache-mirror.rbc.ru/pub/apache/tomcat/tomcat-9/v9.0.0.M8/bin/
apache-tomcat-9.0.0.M8.tar.gz
        Resolving apache-mirror.rbc.ru (apache-mirror.rbc.ru)...
80.68.250.217
        Connecting to apache-mirror.rbc.ru (apachemirror.rbc.
ru)|80.68.250.217|:80... connected.
    HTTP request sent, awaiting response... 200 OK
    Length: 9320099 (8.9M) [application/octet-stream]
    Saving to: 'apache-tomcat-9.0.0.M8.tar.gz'
        OK .......... .......... .......... .......... ..........
0%              87.5K 1m43s
        50K .......... .......... .......... .......... ..........
1%              45.1K 2m31s
    9100K .
100%            3165G=5m55s
    2016-06-23 19:59:19 (25.7 KB/s) - 'apachetomcat-
9.0.0.M8.tar.gz'        saved [9320099/9320099]
    apache-tomcat-9.0.0.M8/conf/
    apache-tomcat-9.0.0.M8/conf/catalina.policy
    .
    .
    .
    .
    .
    apache-tomcat-9.0.0.M8/bin/version.sh
    ---> 2cfaa947f591
Removing intermediate container 485e2f6059b0
Step 8 : WORKDIR /usr/tomcat
    ---> Running in 6d162a187968
    ---> 8edc567dda6a
Removing intermediate container 6d162a187968
Step 9 : EXPOSE 8080
    ---> Running in 6be43c6c3e35
    ---> aa0fe5cee557
Removing intermediate container 6be43c6c3e35
Step 10 : EXPOSE 8009
```

```
---> Running in c497dd2387c7
---> 400f097677e9
Removing intermediate container c497dd2387c7
Successfully built 400f097677e9
You have new mail in /var/spool/mail/root
```

이제 Dockerfile을 이용해 성공적으로 샘플 이미지를 만들었다. 이것은 도커와 관련 개념에 익숙해지기 위한 간단한 예제일 뿐이다.

▌ 진단 테스트

다음 문장이 참인지, 거짓인지 확인하라.

1. 도커는 클라이언트-서버 아키텍처를 갖는가?
2. 도커는 도커 호스트^{Docker host}와 도커 허브^{Docker Hub}라는 두 가지 주요 컴포넌트를 갖는가?
3. 컨테이너를 생성하는 동안 이미지는 로컬에서 사용할 수 있거나 작업에 실패하는가?
4. 도커 허브는 컨테이너의 저장과 관리에 사용되는가?
5. 도커 컨테이너에서 메모리 관리와 장치 드라이버의 오버헤드는 매우 높은가?
6. CentOS 6에서 도커 RPM 패키지는 docker-io로 불리는가?
7. docker ps -a 명령어는 중지된 컨테이너의 리스트를 보는 데 사용되는가?

▌ 요약

5장에서는 도커 컨테이너의 개요, 아키텍처 세부 사항, 도커 허브의 간략한 개요를 포함해 도커의 주요 컴포넌트의 세부 사항을 살펴봤다. 개요를 기반으로 최근 컨테이너가 인기를 끄는 명확한 이유를 파악하기 위해 도커 컨테이너와 가상 머신을 비교했다.

가상 머신과 컨테이너를 어느 정도 이해한 다음 CentOS 6.x 가상 머신에 도커를 설치하는 과정을 설명했다. 도커 허브에서 이용할 수 있는 이미지에 hello-world 컨테이너와 우분투 컨테이너, CentOS 컨테이너를 생성했다.

우리의 주된 목적은 샘플 스프링 애플리케이션을 배포하기 위해 톰캣 컨테이너를 사용하는 것이다. 따라서 톰캣 이미지의 사용과 검증을 위해 컨테이너를 생성했다. 더 많이 이해하기 위해 Dockerfile을 이용해 자바와 톰캣으로 이미지를 만들었다.

컨테이너에 대해서는 테드 인그스트롬Ted Engstrom의 말을 인용하는 것이 어울린다.

> "낭비되는 노력은 낭비되는 시간을 의미한다. 따라서 우리의 시간에 대한 최고의 관리는 우리의 노력에 대한 최상의 활용과 불가분의 관계다."

6장에서는 셰프를 사용해 아마존 웹 서비스와 마이크로소프트 애저에 가상 머신을 생성하고 런타임 환경을 설정하는 방법을 살펴본다.

06

클라우드 프로비저닝과
셰프를 통한 구성 관리

"당신은 지체할 수 있지만 시간은 그렇지 않다."

– 벤자민 프랭클린^{Benjamin Franklin}

지금까지 다룬 내용과 1장에서의 목표를 다시 살펴보자. 우리의 주요 목표는 애플리케이션 배포를 위해 전체적으로 자동화된 파이프라인을 생성하는 것이다. 우리는 소스 코드 저장소, 빌드 도구, 지속적인 통합, 런타임 환경 설정을 위한 구성 관리, 클라우드와 컨테이너에서의 자원 프로비저닝, 지속적인 전달, 지속적인 배포, 지속적인 모니터링, 지속적인 피드백, 지속적인 개선, 지속적인 혁신을 다뤘다. 우리는 샘플 스프링 애플리케이션인 PetClinic에 대해 전체적인 파이프라인을 사용하길 원한다. 4장, '셰프의 설치와 구성'과 5장, '도커의 설치와 구성'에서 구성 관리 도구인 셰프와 도커 컨테이너를 간단히 살펴봤다. 두 도구 모두 독자적인 책의 주제가 될 수 있다. 이제 구성 관리와 컨테이너의 기본 사항을 이해하고 있으므로 셰프를 이용한 클라우드 환경에서의 자원 프로비저닝과 PetClinic을 실행하기 위한 런타임 환경의 설치를 시작할 수 있다. 이 시나리오에서는 자바와 톰캣이 설치된다.

6장에서는 셰프를 사용해 클라우드 자원을 관리하는 데 사용되는 나이프 플러그인의 설치 방법을 자세히 설명하고 knife EC2와 knife Azure 플러ㅗ인을 사용해 AWS와 애저에서 인스턴스를 생성하는 방법도 자세히 설명한다. 또한 도커 컨테이너의 관리에 셰프를 사용하는 방법도 살펴본다.

6장에서는 다음 주제를 살펴본다.

- 셰프와 클라우드 프로비저닝
- 아마존 EC2와 마이크로소프트 애저용 나이프 플러그인 설치
- 아마존 웹 서비스에서 가상 머신의 생성과 구성
- 마이크로소프트 애저에서 가상 머신의 생성과 구성
- 셰프를 이용한 도커 컨테이너 관리

▌ 셰프와 클라우드 프로비저닝

셰프는 런타임 환경이나 구성 관리에 사용될 뿐만 아니라 클라우드 환경에서 자원을 프로비저닝하는 데도 사용된다. 셰프는 마이크로소프트 애저, 아마존 웹 서비스, VMware, Openstack, HP Cloud, Google Compute Engine 같은 클라우드 서비스 공급자를 지원한다. 셰프는 IaaC^{Infrastructure as a Code} 개념에 더 많은 유연성을 제공하고 구성 관리의 큰 그림도 함께 제공된다. 나이프 플러그인은 다양한 클라우드 서비스 공급자의 관리와 이용에 사용된다. 나이프 플러그인을 통해 통제 가능하고 중앙집중화된 구성 관리와 더불어 자원에 대한 프로비저닝과 디프로비저닝이 더 쉬워진다. 6장에서는 아래 그림과 같이 클라우드 환경에서의 인프라스트럭처 프로비저닝과 런타임 환경의 설정에 중점을 둔다.

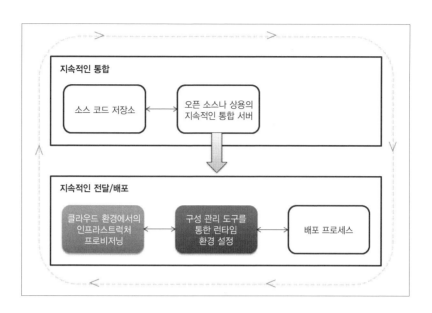

우리는 클라우드 환경에서의 인프라스트럭처 프로비저닝과 구성 관리 도구를 통한 런타임 환경의 설정에 더 많은 중점을 둔다.

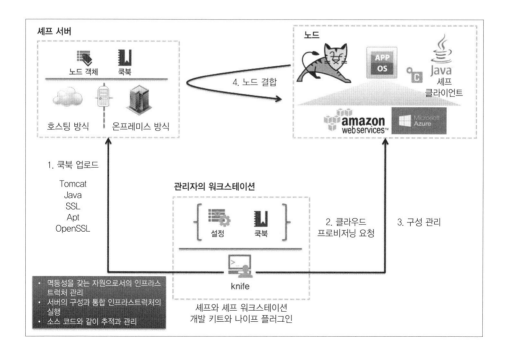

우리는 나이프 플러그인을 이용하는 셰프 워크스테이션을 사용해 공용 클라우드 환경에 자원을 제공한다. 4장, '셰프의 설치와 구성'에서 셰프 워크스테이션을 구성했다. 다양한 클라우드 환경에서 인스턴스(셰프 노드)를 생성하기 위해 셰프 워크스테이션에서 knife 명령을 실행할 수 있다. 예제의 경우 아마존 EC2와 마이크로소프트 애저에서 자원을 제공한다. 다음은 프로세스가 동작하는 방법이다.

1. 셰프 워크스테이션에서 CSP로: 클라우드 환경에 새로운 인스턴스를 생성하라.
2. CSP: OK... 완료됐음! 새로운 인스턴스가 실행 중이다(셰프 노드를 이용할 수 있다).
3. 셰프 노드에서 셰프 서버로: 안녕하세요!
4. 셰프 서버에서 셰프 노드로: 여기 임무가 있습니다. – 셰프 클라이언트를 다운로드하시오.
5. 셰프 서버 ↔ 셰프 노드: 안전한 핸드셰이크^{handshake} 처리가 된다. 즉 셰프 서버가 보안 인증서를 생성한다. 보안인증서는 새로운 노드의 예정된 요청을 인증하는 데 사용된다.
6. 셰프 서버에서 셰프 노드로: 여기 설치해야 할 레시피 목록이 있습니다.
7. 셰프 노드에서 셰프 서버로: 고맙습니다. 업데이트했습니다!

다양한 클라우드 플랫폼에서 셰프를 사용해 얻을 수 있는 주요 혜택 중 일부는 다음과 같다.

- 중앙집중식 제어를 통한 간편한 정책 적용
- 일관된 런타임 환경 설정
- 수동작업과 오류 방지를 위한 반복 가능한 인프라스트럭처 구축
- 새로운 애플리케이션의 빠른 배포
- 환경 복원의 용이성
- 재난복구 및 비즈니스 연속성
- 커뮤니티 기반 쿡북과 레시피
- 경쟁우위 유지를 위한 빠른 적시 출시

- 플러그인을 통한 주요 클라우드 서비스 공급자에 대한 지원

다음 절에서는 몇 가지 인기있는 클라우드 플랫폼에 knife 플러그인을 설치한다.

■ 아마존 웹 서비스와 마이크로소프트 애저에서의 나이프 플러그인 설치

Chef Development Kit^{ChefDK}는 셰프 커뮤니티에서 개발한 개발 도구와 함께 제공된다. ChefDK는 나이프 플러그인 설치작업을 더 쉽게 만든다.

https://www.chef.io/downloads/tools/chefdk로 이동해 플랫폼에 맞는 ChefDK를 다운로드하라. 우리의 목적을 위해서는 Red Hat Enterprise Linux를 선택하고 해당 버전을 선택한다. 64 bit 버전(x86_64)의 Red Hat Enterprise Linux와 CentOS 6가 동작할 것이 므로 Red Hat Enterprise Linux 6의 Download 버튼을 클릭한다.

```
[root@localhost Desktop]# sudo rpm -ivh chefdk-0.13.21-1.el6.x86_64.rpm
Preparing...       ###################################
[100%]
    1:chefdk           ###################################
[100%]
Thank you for installing Chef Development Kit!
```

ChefDK가 설치되면 EC2 인스턴스의 생성과 부트스트랩, 관리를 위해 chef gem install knife-ec2를 사용할 수 있다. knife-ec2는 https://github.com/chef/knife-ec2에서 다 운로드할 수 있다.

```
[root@localhost Desktop]# chef gem install knife-ec2
Fetching: knife-ec2-0.13.0.gem (100%)
WARNING: You don't have /root/.chefdk/gem/ruby/2.1.0/bin in your PATH,
    gem executables will not run.
Successfully installed knife-ec2-0.13.0
```

```
1 gem installed
```

knife-ec2가 성공적으로 설치되면 이용 가능한 EC2 명령을 확인해야 한다.

```
[root@localhost Desktop]# knife ec2 --help
** EC2 COMMANDS **
knife ec2 amis ubuntu DISTRO [TYPE] (options)
knife ec2 flavor list (options)
knife ec2 server create (options)
knife ec2 server delete SERVER [SERVER] (options)
knife ec2 server list (options)
```

knife.rb 파일에서 knife[:aws_access_key_id]와 knife[:aws_secret_access_key]를 이용해 다음과 같이 knife ec2를 위한 아마존 EC2 자격증명을 구성할 수 있다.

```
knife[:aws_access_key_id] = "Your AWS Access Key ID"
knife[:aws_secret_access_key] = "Your AWS Secret Access Key"
```

ChefDK가 설치되면 셰프가 관리하는 마이크로소프트 애저 자원을 생성하고 삭제하고 열거하는 데 사용되는 chef gem install knife-azure 플러그인을 사용할 수 있다. 마이크로소프트 애저를 위한 Chef knife 플러그인은 https://github.com/chef/knife-azure에서 다운로드할 수 있다.

```
[root@localhost Desktop]# chef gem install knife-azure -v 1.5.2
Fetching: knife-azure-1.5.2.gem (100%)
WARNING: You don't have /root/.chefdk/gem/ruby/2.1.0/bin in your PATH,
    gem executables will not run.
Successfully installed knife-azure-1.5.2
1 gem installed
```

knife-azure가 성공적으로 설치되면 사용 가능한 애저 명령어를 확인해야 한다.

```
[root@localhost Desktop]# knife azure --help
** AZURE COMMANDS **
knife azure ag create (options)
knife azure ag list (options)
knife azure image list (options)
knife azure internal lb create (options)
knife azure internal lb list (options)
knife azure server create (options)
knife azure server delete SERVER [SERVER] (options)
knife azure server list (options)
knife azure server show SERVER [SERVER]
knife azure vnet create (options)
knife azure vnet list (options)
```

Chef knife는 VMware 워크스테이션을 지원하며 워크스테이션에 대한 배포를 허용한다. https://github.com/chipx86/knife-wsfusion에서 다운로드할 수 있다.

```
[root@localhost Desktop]# chef gem install knife-wsfusion
Fetching: knife-wsfusion-0.1.1.gem (100%)
WARNING: You don't have /root/.chefdk/gem/ruby/2.1.0/bin in your PATH,
    gem executables will not run.
Successfully installed knife-wsfusion-0.1.1
1 gem installed
You have new mail in /var/spool/mail/root
```

knife-wsfusion이 성공적으로 설치되면 이용 가능한 명령어를 확인해야 한다.

```
[root@localhost Desktop]# knife wsfusion --help
** WSFUSION COMMANDS **
knife wsfusion create (options)
```

이제 AWS와 마이크로소프트 애저에 필요한 나이프 플러그인을 설치했다. 다음 절에서는 아마존 EC2를 이용해 가상 머신을 생성한다.

아마존 EC2에서의 가상 머신의 생성 및 구성

아마존 EC2에서 가상 머신을 생성하고 구성하기 전에 셰프가 기존 노드를 통합할 수 있는 지를 확인해보자. 로컬 가상 머신은 셰프만 사용해 구성한다.

```
[root@devops1 Desktop]# knife node list
tomcatserver
```

1. knife EC2 플러그인을 설치한 후 다음과 같은 매개변수와 함께 use knife ec2 server create 명령을 사용해 새로운 가상 머신을 생성한다.

매개변수	값	설명
-I	ami-1ecae776	아마존 머신 이미지의 ID
-f	t2.micro	가상 머신의 유형
-N	DevOpsVMonAWS	Chef 노드의 이름
--aws-access-key-id	접근 키 ID	AWS 계정 접근 키 ID
--aws-secret-access-key	비밀 접근 키	AWS 계정 비밀 접근 키
-S	Book	SSH 키
--identity-file	book.pem	PEM 파일
--ssh-user	ec2-user	User for AWS instance
-r	role[v-tomcat]	Chef 역할

```
[root@devops1 Desktop]# knife ec2 server create -I ami-1ecae776 -f
t2.micro -N DevOpsVMonAWS --aws-access-key-id '< Your Access Key ID >' --
aws-secret-access-key '< Your Secret Access Key >' -S book --identity-file
book.pem --ssh-user ec2-user -r role[v-tomcat]
    Instance ID: i-640d2de3
    Flavor: t2.micro
    Image: ami-1ecae776
    Region: us-east-1
    Availability Zone: us-east-1a
    Security Groups: default
```

```
Tags: Name: DevOpsVMonAWS
SSH Key: book
Waiting for EC2 to create the instance......
Public DNS Name: ec2-52-90-219-205.compute-1.amazonaws.com
Public IP Address: 52.90.219.205
Private DNS Name: ip-172-31-1-27.ec2.internal
Private IP Address: 172.31.1.27
```

2. 이 단계에서는 AWS EC2 인스턴스가 생성되고 sshd 접근이 가능해질 때까지 기
    다린다.

```
Waiting for sshd access to become available...................done
Creating new client for DevOpsVMonAWS
Creating new node for DevOpsVMonAWS
Connecting to ec2-52-90-219-205.compute-1.amazonaws.com
ec2-52-90-219-205.compute-1.amazonaws.com -----> Installing Chef
Omnibus (-v 12)
      .

      .

ec2-52-90-219-205.compute-1.amazonaws.com version12.9.41
ec2-52-90-219-205.compute-1.amazonaws.com downloaded metadata file
looks valid...
ec2-52-90-219-205.compute-1.amazonaws.com downloading
https://packages.chef.io/stable/el/6/chef-12.9.41-1.el6.x86_64.rpm
ec2-52-90-219-205.compute-1.amazonaws.com 1:chef-12.9.41-1.el6
############################## [100%]
ec2-52-90-219-205.compute-1.amazonaws.com Thank you for installing
Chef!
```

3. 이 단계에서는 AWS 인스턴스에 셰프 클라이언트가 설치된다. 12.9.41 버전을
    갖는 초기 셰프 클라이언트의 실행 준비가 됐다.

```
ec2-52-90-219-205.compute-1.amazonaws.com Starting the first Chef
Client run...
ec2-52-90-219-205.compute-1.amazonaws.com Starting Chef Client, version
```

4. 이제 역할을 기반으로 쿡북을 처리하고 런타임 환경에 대한 설치 준비가 됐다.

```
ec2-52-90-219-205.compute-1.amazonaws.com resolving cookbooks for run
list: ["tomcat"]
ec2-52-90-219-205.compute-1.amazonaws.com Synchronizing Cookbooks:
ec2-52-90-219-205.compute-1.amazonaws.com - tomcat (0.17.0)
ec2-52-90-219-205.compute-1.amazonaws.com - java (1.39.0)
ec2-52-90-219-205.compute-1.amazonaws.com - apt (3.0.0)
ec2-52-90-219-205.compute-1.amazonaws.com - openssl (4.4.0)
ec2-52-90-219-205.compute-1.amazonaws.com - chef-sugar (3.3.0)
ec2-52-90-219-205.compute-1.amazonaws.com Installing Cookbook Gems:
ec2-52-90-219-205.compute-1.amazonaws.com Compiling Cookbooks...
ec2-52-90-219-205.compute-1.amazonaws.com Converging 3 resources
ec2-52-90-219-205.compute-1.amazonaws.com Recipe: tomcat::default
ec2-52-90-219-205.compute-1.amazonaws.com * yum_package[tomcat6]
action install
ec2-52-90-219-205.compute-1.amazonaws.com - install version
6.0.45-1.4.amzn1 of package tomcat6
ec2-52-90-219-205.compute-1.amazonaws.com * yum_package[tomcat6-
admin-webapps] action install
ec2-52-90-219-205.compute-1.amazonaws.com - install version
6.0.45-1.4.amzn1 of package tomcat6-admin-webapps
ec2-52-90-219-205.compute-1.amazonaws.com * tomcat_instance[base]
action configure (up to date)
```

5. 런타임 환경이 설정되면 AWS 인스턴스에서 톰캣 서비스를 시작해야 한다.

```
ec2-52-90-219-205.compute-1.amazonaws.com
ec2-52-90-219-205.compute-1.amazonaws.com * service[tomcat6] action
start
        .
        .
        .
ec2-52-90-219-205.compute-1.amazonaws.com Chef Client finished, 13/15
resources updated in 01 minutes 13 seconds
```

6. 새로 생성된 AWS 인스턴스의 세부 항목은 다음과 같다.

```
Instance ID: i-640d2de3
Flavor: t2.micro
Image: ami-1ecae776
Region: us-east-1
Availability Zone: us-east-1a
Security Groups: default
Security Group Ids: default
Tags: Name: DevOpsVMonAWS
SSH Key: book
Root Device Type: ebs
Root Volume ID: vol-1e0e83b5
Root Device Name: /dev/xvda
Root Device Delete on Terminate: true
Block devices
==========================
Device Name: /dev/xvda
Volume ID: vol-1e0e83b5
Delete on Terminate: true
==========================
Public DNS Name: ec2-52-90-219-205.compute-1.amazonaws.com
Public IP Address: 52.90.219.205
Private DNS Name: ip-172-31-1-27.ec2.internal
Private IP Address: 172.31.1.27
Environment: _default
Run List: role[v-tomcat]
You have new mail in /var/spool/mail/root
[root@devops1 Desktop]#
```

7. https://aws.amazon.com으로 이동해 관리자나 IAM[Identity and Access Management] 자격증명으로 로그인한다.

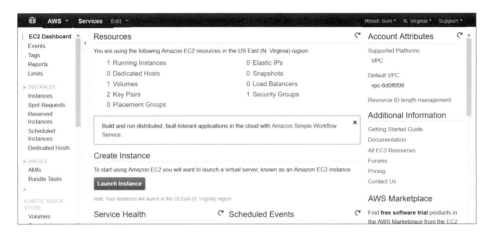

8. AWS 인스턴스의 세부 정보를 얻으려면 왼쪽 사이드 바에서 Instances를 클릭하거나 Resources 페이지에서 Running Instances를 클릭한다. Name, Tags, Public DNS, 셰프 클라이언트에서 실행되는 다른 세부 사항을 확인한다.

9. 이제 호스티드 셰프 대시보드로 가 로그인한다. Nodes를 클릭하고 새로 생성된/
통합된 노드를 확인한다.

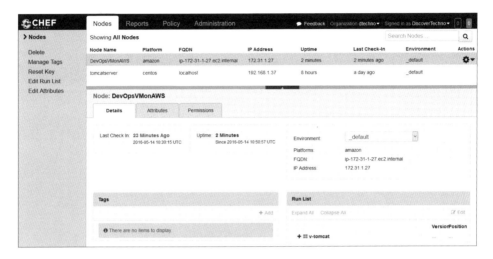

10. Instance 세부 사항과 Run List를 확인한다.

11. 호스티드 셰프 대시보드에서 Attributes 섹션을 확인한다.

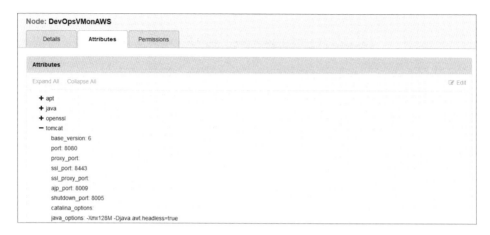

AWS 인스턴스의 생성과 구성과 호스티드 셰프의 등록과 관련된 모든 사항이 잘 적용되어 있는 것이 보인다.

새로 생성된 AWS 인스턴스에서 설치된 톰캣 서버로의 접근을 시도해보자.

1. The connection has timed out 메시지가 보일 것이다.

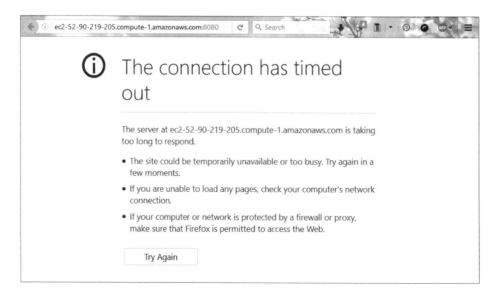

2. 이러한 메시지의 원인은 AWS에서 보안 그룹에 대한 제한이다. AWS 인스턴스가 속한 **보안 그룹**^{Security groups}을 확인해보자.

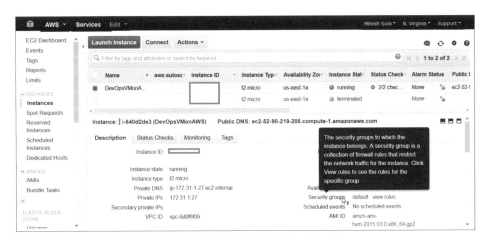

3. AWS 대시보드의 Security groups 섹션으로 이동한다. 기본 보안 그룹을 선택하고 Inbound 규칙을 확인한다. 이용 가능한 SSH 규칙만 확인할 수 있다.

4. 포트 8080에 새로운 사용자 정의 규칙을 생성한다.

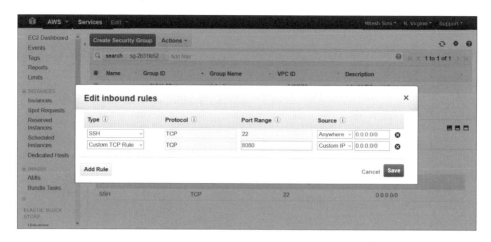

5. 이제 URL을 확인하고 AWS 인스턴스에서 톰캣 페이지를 가져오는지 확인해보자.

다음 절에서는 마이크로소프트 애저에서 가상 머신을 생성하고 구성하는 방법을 살펴본다.

마이크로소프트 애저에서의 가상 머신의 생성과 구성

knife azure 플러그인이 애저의 REST API와 통신하기 위해서는 애저 계정과 자격증명과 관련된 정보를 나이프에 제공해야 한다.

1. 애저 포탈에 로그인하고 Azure Portal > Your web app > Overview Tab으로 이동한 후 get publish profile을 클릭한다.
2. 로컬 파일 시스템상의 셰프 워크스테이션에 다운로드한 파일을 저장하고 knife. rb 항목을 생성해 이 로컬 파일을 참조한다.

```
knife[:azure_publish_settings_file] = "~/<name>.publishsettings"
```

Microsoft Azure

Your subscription file is being generated, and the download will begin shortly.

This file contains secure credentials and additional information about subscriptions that you can use in your development environment. Click here if the download does not start automatically.

1 Sign up for Windows Azure preview features
Sign up for Windows Azure preview features that you are interested in.

2 Save a local copy of the publishSettings file
Warning This file contains an encoded management certificate. It serves as your credentials to administer your subscriptions and related services. Store this file in a secure location or delete it after you use it.

3 Import the publishSettings file
Run the following command

```
azure account import
```

4 Create a new Web app
Run the following Azure PowerShell command to create a new web app that is initialized with a Git repository

```
azure site create --git
```

3. 마이크로소프트 애저에 가상 머신을 생성하는 데 사용되는 매개변수는 다음과 같다.

매개변수	값	설명
---azure-dns-name	distechnodemo	DNS 이름
---azure-vm-name	dtserver02	가상 머신 이름
---azure-vm-size	Small	가상 머신 크기
-N	DevOpsVMonAzure2	Chef 노드의 이름
---azure-storage-account	classicstorage9883	애저 스토리지 계정
---bootstrap-protocol	cloud-api	부트스트랩 프로토콜
---azure-source-image	5112500ae3b842c8b9c604889f8753c3__OpenLogic-CentOS-67-20160310	애저 소스 이미지 이름
---azure-service-location	Central US	호스트 가상 머신에 대한 애저 위치
---ssh-user	dtechno	SSH 사용자
---ssh-password	⟨YOUR PASSWORD⟩	SSH 패스워드
-r	role[v-tomcat]	역할
---ssh-port	22	SSH 포트

knife azure 플러그인을 설치한 후 마이크로소프트 애저에서 가상 머신을 생성해보자.

```
[root@devops1 Desktop]# knife azure server create --azure-dns-name
'distechnodemo' --azure-vm-name 'dtserver02' --azure-vm-size 'Small' -N
DevOpsVMonAzure2 --azure-storage-account 'classicstorage9883' --bootstrapprotocol
'cloud-api' --azure-source-image
'5112500ae3b842c8b9c604889f8753c3__OpenLogic-CentOS-67-20160310' --azureservice-
location 'Central US' --ssh-user 'dtechno' --ssh-password
'cloud@321' -r role[v-tomcat] --ssh-port 22
   .....Creating new client for DevOpsVMonAzure2
   Creating new node for DevOpsVMonAzure2
   .........
   Waiting for virtual machine to reach status
'provisioning'..............vm state 'provisioning' reached after 2.47
minutes.
   ..
   DNS Name: distechnodemo.cloudapp.net
   VM Name: dtserver02
   Size: Small
   Azure Source Image: 5112500ae3b842c8b9c604889f8753c3__OpenLogic-
CentOS-67-20160310
   Azure Service Location: Central US
   Private Ip Address: 100.73.210.70
   Environment: _default
   Runlist: ["role[v-tomcat]"]
   Resource provisioning is going to start.
   Waiting for Resource Extension to reach status 'wagent
provisioning'.....Resource extension state 'wagent provisioning' reached
after 0.17 minutes.
   Waiting for Resource Extension to reach status
'installing'...................Resource extension state 'installing'
reached after 2.21 minutes.
   Waiting for Resource Extension to reach status
'provisioning'.....Resource extension state 'provisioning' reached after
0.19 minutes.
   ..
   DNS Name: distechnodemo.cloudapp.net
   VM Name: dtserver02
```

```
Size: Small
Azure Source Image: 5112500ae3b842c8b9c604889f8753c3__OpenLogic-
CentOS-67-20160310
Azure Service Location: Central US
Private Ip Address: 100.73.210.70
Environment: _default
Runlist: ["role[v-tomcat]"]
[root@devops1 Desktop]#
```

1. 호스티드 셰프 포탈로 이동해 새로운 노드가 호스티드 셰프 서버에 등록됐는지
   여부를 확인하기 위해 Nodes를 클릭한다.

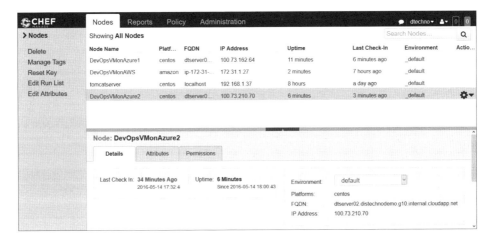

2. 호스티드 셰프 서버의 Reports 세션을 클릭하고 Runs Summary, Run Durations,
   Run Counts에 대한 그래프를 확인한다.

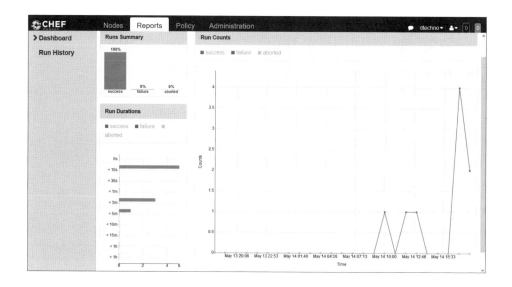

3. 이제 classic Azure portal로 가 새로 생성된 가상 머신을 확인해보자.

4. 마이크로소프트 애저에서 VIRTUAL MACHINES를 클릭하면 가상 머신의 세부 사항을 확인할 수 있다.

5. 페이지 하단에서 확장 섹션을 확인하고 chef-server enabled가 보이는지 확인한다.

연습으로 AWS 인스턴스에 대해 수행한 방법으로 VMware 워크스테이션에서 톰캣의 설치와 가상 머신의 생성을 확인한다.

 VMware 워크스테이션에 대해서는 https://github.com/chipx86/knife-wsfusion을 참조하라.

이제 전체적인 애플리케이션 배포 파이프라인의 자동화라는 주요 목적에 가까워졌다. 우리는 지속적인 통합, 클라우드 프로비저닝, 컨테이너, 구성 관리의 내용을 다뤘다. 전체적인 자동화에 포함된 실제 배치, 모니터링, 모든 활동에 대한 오케스트레이션이 남았다.

▌ 도커 컨테이너

도커 컨테이너는 극단적으로 경량이다. PetClinic 애플리케이션을 배포하기 위한 웹 애플리케이션 서버로 톰캣을 사용한다. 도커 허브는 이미 톰캣 이미지를 갖고 있으므로 톰캣 관리자 앱에 접근하기 위한 사용자를 제외한 너무 많은 항목은 구성하지 않는다.

1. 다음과 같이 역할과 사용자를 Tomcat-users.xml에 추가한다.

```xml
<?xml version='1.0' encoding='utf-8'?>
<tomcat-users xmlns="http://tomcat.apache.org/xml"
              xmlns:xsi="http://www.w3.org/2001/XMLSchema-instance"
              xsi:schemaLocation="http://tomcat.apache.org/xml
tomcatusers.xsd"
              version="1.0">

<role rolename="manager-gui"/>
<user username="admin" password="admin@123" roles="manager-gui"/>

</tomcat-users>
```

2. 도커 허브에서 이용 가능한 이미지를 사용하고 tomcat-users.xml을 /usr/local
   /tomcat/conf/tomcat-users.xml에 추가한다. 다음과 같이 Dockerfile을 생성
   한다.

```
FROM tomcat:8.0
MAINTAINER Mitesh <mitesh.xxxx @xxxxx.com>
COPY tomcat-users.xml /usr/local/tomcat/conf/tomcat-users.xml
```

3. 모든 사항이 준비되면 docker build를 이용해 새로운 이미지를 만든다.

```
[root@localhost mitesh]# docker build -t devopstomcatnew .
Sending build context to Docker daemon 8.192 kB
Sending build context to Docker daemon
Step 0 : FROM tomcat:8.0
---> 5d4577339b14
Step 1 : MAINTAINER Mitesh <YourEmailID@xyz.com>
---> Running in 9430cac12c4c
---> c63f90db4c14
Removing intermediate container 9430cac12c4c
Step 2 : COPY tomcat-users.xml /usr/local/tomcat/conf/tomcat-users.xml
---> eb50c4ceefb5
Removing intermediate container 7f31aed05097
Successfully built eb50c4ceefb5
You have new mail in /var/spool/mail/root
```

4. 이미지가 성공적으로 만들어졌다. docker images를 사용해 확인해보자.

```
[root@localhost mitesh]# docker images
REPOSITORY          TAG          IMAGE ID          CREATED
VIRTUAL SIZE
    devopstomcatnew     latest       eb50c4ceefb5      10 seconds
ago     359.2 MB
    devopstomcat8       latest       f3537165ebe7      10 minutes
ago     344.6 MB
    devopstomcat        latest       400f097677e9      9 days ago
```

```
658.4 MB
    tomcat6            latest         400f097677e9      9 days ago
658.4 MB
    tomcat             9.0            ce07000625c6      2 weeks ago
344.6 MB
    centos             latest         2a332da70fd1      4 weeks ago
196.7 MB
    ubuntu             latest         686477c12982      8 weeks ago
120.7 MB
    hello-world        latest         f1d956dc5945      9 weeks ago
967 B
```

5. 새로 생성된 톰캣 이미지에서 컨테이너를 생성한다. docker ps와 docker ps -a를
   이용해 기존 컨테이너를 확인한다.

```
[root@localhost mitesh]# docker ps
CONTAINER ID           IMAGE          COMMAND           CREATED
STATUS          PORTS          NAMES
  You have new mail in /var/spool/mail/root
[root@localhost mitesh]# docker ps -a
CONTAINER ID           IMAGE          COMMAND           CREATED
STATUS          PORTS          NAMES
[root@localhost mitesh]# docker run -p 8180:8080 -d --name
devopstomcat1 devopstomcatnew
  b5f054ee4ac36d67279db10497fe7a780aecf2a72a7f52fa31ee80c618d98e4a
```

6. docker ps와 docker ps -a를 이용해 기존 컨테이너에 대해 확인한다.

```
[root@localhost mitesh]# docker ps
CONTAINER ID        IMAGE             COMMAND           CREATED
STATUS         PORTS           NAMES
  b5f054ee4ac3    devopstomcatnew   "catalina.sh run"    21 seconds
ago       Up 20 seconds      0.0.0.0:8180->8080/tcp      devopstomcat1
```

7. `docker inspect b5f054ee4ac3`을 사용해 IP 주소를 얻고 IP 주소와 포트를 이용해 톰캣 웹 서버를 확인한다.

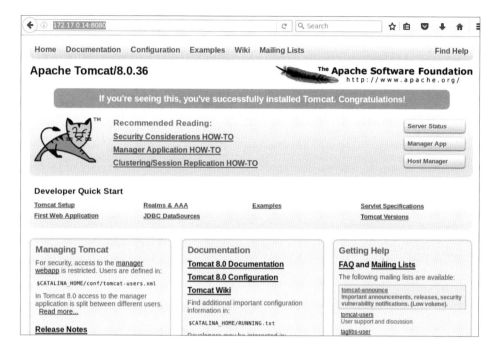

8. Manager App 버튼을 클릭하면 User Name과 Password를 묻는다. 이들을 입력하고 OK를 클릭한다.

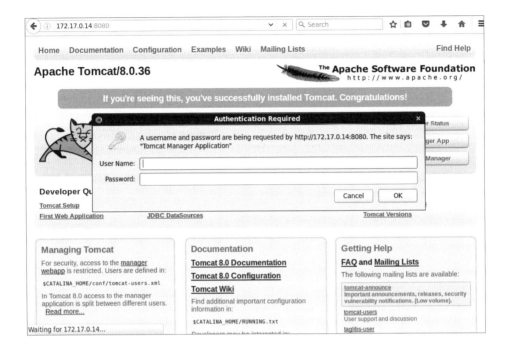

9. 이제 톰캣 관리자 애플리케이션에 접근할 수 있다.

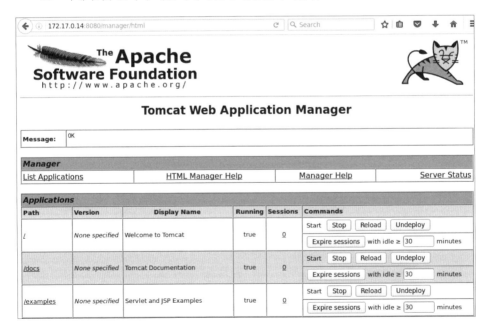

이제 톰캣 관리자 애플리케이션을 사용해 애플리케이션을 배포할 수 있다. 지금까지 지속적인 통합, 구성 관리, 컨테이너, 클라우드 프로비저닝을 살펴봤다. 이후에는 다양한 방법을 이용한 애플리케이션의 배포, 모니터링, **오케스트레이션**을 이용한 전체적인 자동화 파이프라인을 살펴본다.

▌ 진단 테스트

1. 다음 중 셰프의 혜택은?
   - 중앙집중식 제어를 통한 쉬운 정책 적용
   - 일관된 런타임 환경 설정 가능
   - 환경의 쉬운 복원 가능
   - 재난복구와 비즈니스 연속성 가능
   - 커뮤니티에 기반한 쿡북과 레시피
   - 위의 모든 사항

2. knife.rb 파일에서 knife-ec2에 대해 아마존 EC2 자격증명에 구성돼야 하는 두 가지 매개변수는?
   - knife[:aws_access_key_id] ="your AWS access key ID"
   - knife[:aws_secret_access_key] ="your AWS secret access key"
   - 위의 두 가지 모두

3. 다음 중 knife ec2 명령어는?
   - knife ec2 flavor list (options)
   - knife ec2 server create (options)
   - knife ec2 server delete SERVER [SERVER] (options)
   - knife ec2 server list (options)
   - 위의 모든 사항

4. 참 또는 거짓: rvm use 명령어는 Ruby 버전을 설정하는 데 사용된다.

    - 참
    - 거짓

5. 다음 중 knife azure 명령어는?

    - knife azure server create (options)
    - knife azure server delete SERVER [SERVER] (options)
    - knife azure server list (options)
    - knife azure image list (options)
    - 위의 모든 사항

6. 참 또는 거짓: knife ec2 server create 명령어에서 -I 매개변수는 가상 머신의 유형에 대해 사용된다.

    - 참
    - 거짓

7. 참 또는 거짓: knife ec2 server create 명령어에서 -N 매개변수는 셰프 노드의 이름에 대해 사용된다.

    - 참
    - 거짓

▌ 요약

6장에서는 클라우드에서의 자원 프로비저닝과 구성 방법을 살펴봤다. AWS와 마이크로소프트 애저에서 가상 머신을 생성하기 위해 각각 knife E2와 knife Azure 플러그인을 사용했다. 톰캣 관리자 웹 애플리케이션에 대한 역할과 사용자의 구성에는 tomcat-users.xml 파일을 사용하고 새로운 이미지를 만들기 위해 도커 허브의 톰캣 이미지를 사용했다.

7장에서는 톰캣 웹 컨테이너에 애플리케이션을 배포하는 다양한 방법을 살펴본다. 이 책의 목표인 애플리케이션 배포 파이프라인을 이용한 전체적인 자동화를 다시 살펴보자.

07

AWS, 애저, 도커에서의
애플리케이션 배포

"궁극적인 자동화는… 오늘날 우리가 석기시대 사람을 보는 것과 같이 현대 산업을 원시적이고 낡은 것으로 만들 것이다."

— 알버트 아인슈타인Albert Einstein

마침내 우리는 이 책의 마지막 부분에 와 있으며 배포, 자동화, 모니터링, 오케스트레이션에 초점을 맞추고 있다.

왜? 전체적인 애플리케이션 수명주기의 자동화나 전체적인 배포 자동화를 달성하길 원하기 때문이다.

먼저 원격 톰캣 서버에 PetClinic 애플리케이션의 배포를 단계적으로 진행한다. 이에 대한 배포가 완료되면 이러한 방법은 모든 인스턴스에 대한 일반적인 실천 방법으로 사용할 수 있다. 7장에서는 마지막 배포를 위한 구성 관리 도구가 준비되면 다양한 환경으로 샘플 애플리케이션을 배포하는 데 필요한 모든 단계를 상세히 다룬다. 그리고 클라우드나 컨테이너 기반 환경과 같이 다양한 환경에서 애플리케이션을 배포하는 방법도 배운다.

7장에서는 PaaS 모델에서 애플리케이션을 배포하는 방법도 설명한다. 우리는 AWS 일래스틱 빈스토크AWS Elastic Beanstalk에 애플리케이션을 배포할 것이다.

7장에서 다루는 주제는 다음과 같다.

- 선행 조건 – 원격 서버에 대한 애플리케이션 배포하기
- AWS에 애플리케이션 배포하기
- 마이크로소프트 애저에 애플리케이션 배포하기
- 도커 컨테이너에 애플리케이션 배포하기

▌ 선행 조건 – 원격 서버에 대한 애플리케이션 배포

우리의 주요 목표는 웹 서버에 애플리케이션을 배포하는 것이다. 웹 서버와 애플리케이션 서버는 로컬 환경이나 원격 환경이 될 수 있다. 먼저 원격 서버에 대한 배포를 할 것이다. 에이전트 기반 아키텍처가 활용되는 방법을 보기 위해 컴파일과 배포에 윈도우 에이전트를 사용한다. 원격 서버에 애플리케이션을 배포하기 위해서는 다음 단계를 따르면 된다.

1. 먼저 윈도우 머신에서 에이전트를 시작한다. 명령 프롬프트를 열고 젠킨스 대시보드의 **Manage Nodes** 섹션에서 다음 명령어를 실행한다. 상황에 맞춰 URL을 변경해야 한다.

    ```
    java -jar slave.jar -jnlpUrl
    http://192.168.0.100:8080/computer/TestServer/slave-agent.jnlp -secret
    65464e02c58c85b192883f7848ad2758408220bed2f3af715c01c9b01cb72f9b
    ```

    .

```
INFO: Trying protocol: JNLP2-connect
Jul 06, 2016 8:57:16 PM hudson.remoting.jnlp.Main$CuiListener status
INFO: Connected
```

2. 에이전트가 master 노드에 연결된다. master 노드에서 에이전트의 상태를 확인
   해보자.

S	Name ↓	Architecture	Clock Difference	Free Disk Space	Free Swap Space	Free Temp Space	Response Time	
💻	master ▾	Linux (amd64)	In sync	8.29 GB	1.32 GB	8.29 GB	0ms	⚙
💻	TestServer	Windows 8.1 (amd64)	In sync	36.31 GB	5.16 GB	153.73 GB	2551ms	⚙
	Data obtained	6 sec	5.9 sec	5.9 sec	5.2 sec	5.9 sec	5.9 sec	

3. TestServer 에이전트를 클릭한다. 그러면 화면에서 보듯이 에이전트에 연결된 프
   로젝트의 세부 사항을 모두 확인할 수 있다.

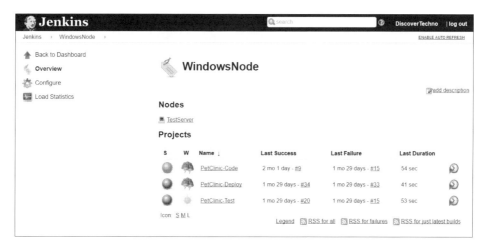

이제 **에이전트**[agent] 노드가 준비됐다. 톰캣을 다운로드해 설정해 원격 서버를 준비해보자.

톰캣 서버 설정

이번에는 셰프를 사용해 클라우드 인스턴스를 구성할 필요가 없다. 이후의 내용은 앞에서 우리가 사용한 방법과 셰프를 이용해 자동화할 수 있는 모든 설치 및 다른 활동이 더 많이 포함된 내용이다. 단계별로 실행해보자.

1. https://archive.apache.org/dist/tomcat/tomcat-7/v7.0.70/bin/에서 톰캣 7 버전을 다운로드한다. 젠킨스에서 **Deploy** 플러그인을 사용할 예정이며 이 플러그인은 배포를 위해 특정 버전의 톰캣이 필요하다.

7.0.70

Please see the README file for packaging information. It explains what every distribution contains.

Binary Distributions

- Core:
  - zip (pgp, md5, sha1)
  - tar.gz (pgp, md5, sha1)
  - 32-bit Windows zip (pgp, md5, sha1)
  - 64-bit Windows zip (pgp, md5, sha1)
  - 32-bit/64-bit Windows Service Installer (pgp, md5, sha1)
- Full documentation:
  - tar.gz (pgp, md5, sha1)
- Deployer:
  - zip (pgp, md5, sha1)
  - tar.gz (pgp, md5, sha1)
- Extras:
  - JMX Remote jar (pgp, md5, sha1)
  - Web services jar (pgp, md5, sha1)
  - JULI adapters jar (pgp, md5, sha1)
  - JULI log4j jar (pgp, md5, sha1)
- Embedded:
  - tar.gz (pgp, md5, sha1)
  - zip (pgp, md5, sha1)

---

2. 톰캣 설치 파일의 압축을 푼다.

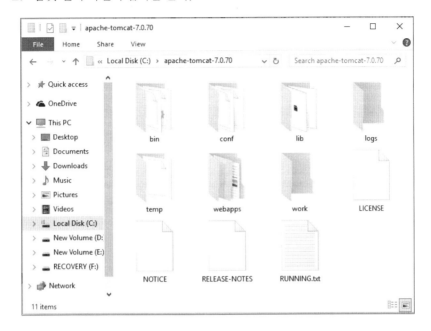

3. 명령 프롬프트를 열고 톰캣을 시작하기 위해 bin 디렉터리로 간다.

```
C:\>cd apache-tomcat-7.0.70\bin
```

4. 명령 프롬프트에서 startup.bat를 실행한다.

```
C:\apache-tomcat-7.0.70\bin>startup.bat
```

JAVA_HOME이나 JRE_HOME 환경 변수가 정의돼 있지 않다. 이 프로그램을 실행하기 위해서는 이러한 환경 변수 중 하나 이상이 필요하다.

5. 이런! 환경 변수의 설정이 필요하다. **제어판**^{Control Panel} > **모든 제어판 항목**^{All Control Panel Items} > **시스템**^{System}으로 이동한다.

6. **고급 시스템 설정**Advanced system settings을 클릭한다.

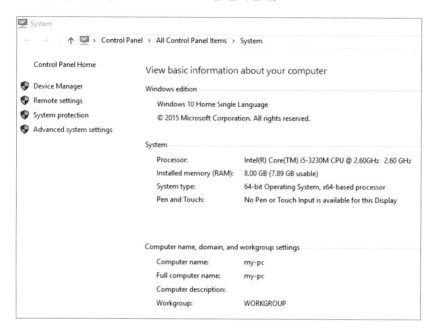

7. **JAVA_HOME**을 설정하기 위해 **환경 변수**Environment Variables를 클릭한다.

8. New를 클릭해 새로운 JAVA_HOME 변수를 생성하고 C:\Program Files\Java\jdk1.8.0 값을 설정한다. 그리고 OK를 클릭한다.

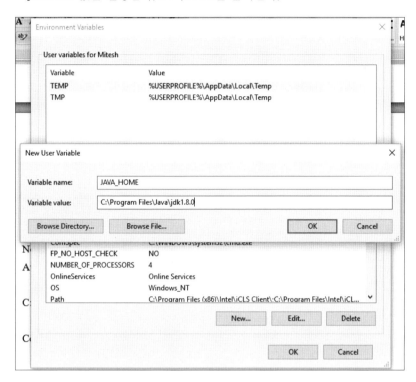

9. 설정 과정을 완료하기 위해 다시 한 번 **OK**를 클릭한다.

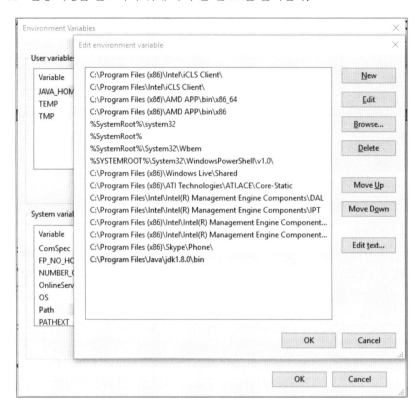

10. 새로운 명령 프롬프트 창을 열고 다음 명령어를 실행해 자바 버전을 확인한다.

```
C:\>java -version
java version "1.8.0-ea"
Java(TM) SE Runtime Environment (build 1.8.0-ea-b115)
Java HotSpot(TM) 64-Bit Server VM (build 25.0-b57, mixed mode)
```

11. 이제 tomcat₩bin으로 이동해 startup.bat를 실행한다.

```
C:\apache-tomcat-7.0.70\bin>startup.bat
Using CATALINA_BASE:    "C:\apache-tomcat-7.0.70"
Using CATALINA_HOME:    "C:\apache-tomcat-7.0.70"
Using CATALINA_TMPDIR:  "C:\apache-tomcat-7.0.70\temp"
Using JRE_HOME:         "C:\Program Files\Java\jdk1.8.0"
Using CLASSPATH:        "C:\apachetomcat-
7.0.70\bin\bootstrap.jar;C:\apache-tomcat-7.0.70\bin\tomcatjuli.
jar"
C:\apache-tomcat-7.0.70\bin>
```

12. 톰캣 서버가 실행된다. 톰캣 서버는 다음과 유사한 결과를 갖는다. 서비스 시작

메시지를 확인하라.

```
INFO: Starting Servlet Engine: Apache Tomcat/7.0.70
Jul 06, 2016 9:29:07 PM
org.apache.catalina.startup.HostConfigdeployDirectory
INFO: Deploying web application directory C:\apachetomcat-
7.0.70\webapps\docs
   .
   .
Jul 06, 2016 9:29:11 PM org.apache.coyote.AbstractProtocol start
INFO: Starting ProtocolHandler ["ajp-apr-8009"]
Jul 06, 2016 9:29:11 PM org.apache.catalina.startup.Catalina start
INFO: Server startup in 5172 ms
```

13. 적절한 IP 주소와 포트 번호를 조합해 다음과 같이 보이는 톰캣 홈페이지로 이
    동한다.

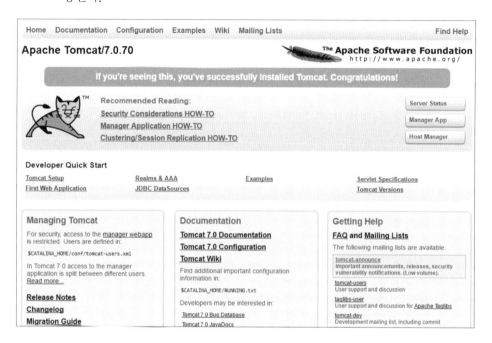

14. 설치 디렉터리의 conf 디렉터리로 이동해 `tomcat-users.xml`을 열고 `role`과
    `user` 라인의 주석을 제거하거나 다시 작성한다. 테스팅 목적으로 rolename을
    `manager-gui`를 설정한다. Deploy 플러그인을 통한 배포를 위해서는 `manager-`
    `script`가 필요하다.

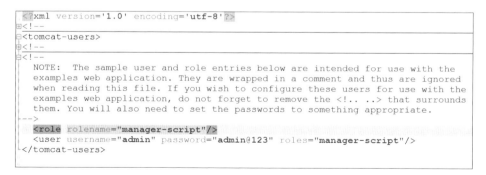

15. 톰캣 홈페이지의 manager application 링크를 클릭하고 `tomcat-users.xml`에 설정한 사용자 이름과 패스워드를 입력한다. 이제 관리자 애플리케이션에 접근할 수 있다.

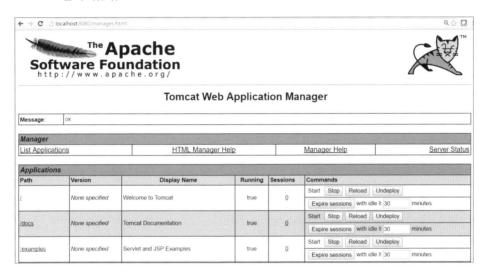

16. 젠킨스 Deploy 플러그인의 경우 rolename을 `manager-script`로 변경한다.

17. 다시 톰캣을 시작하고 http://〈IP Address〉:8080/manager/text/list를 방문한다. 다음과 같은 출력을 볼 수 있어야 한다.

```
OK - Listed applications for virtual host localhost
/:running:0:ROOT
/petclinic:running:1:petclinic
/examples:running:0:examples
/host-manager:running:0:host-manager
/manager:running:0:manager
/docs:running:0:docs
```

18. 젠킨스 job build 페이지로 이동해 **Configure**를 클릭한다. 젠킨스 에이전트에 적합한 JDK 구성을 선택한다.

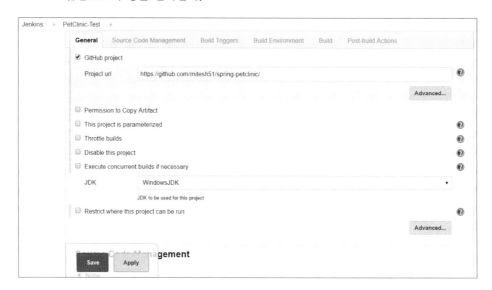

19. Post-build Actions 아래의 Deploy war/ear to a container를 선택힌다. 젠킨스 작업 공간 내의 WAR 파일의 위치, 톰캣 관리자 자격증명, **톰캣** URL과 포트 번호를 제공한다.

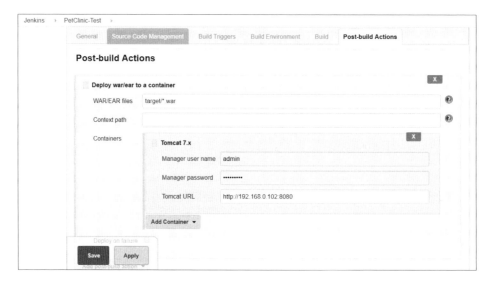

20. Apply와 Save를 클릭한다. 젠킨스 빌드 페이지에서 Build now를 클릭한다. 콘솔 출력에 새로운 배포가 표시되는지 확인한다.

```
Results :

Tests run: 59, Failures: 0, Errors: 0, Skipped: 0

[INFO]
[INFO] --- maven-war-plugin:2.3:war (default-war) @ spring-petclinic ---
[INFO] Packaging webapp
[INFO] Assembling webapp [spring-petclinic] in [d:\jenkins\workspace\PetClinic-Test\target\spring-
petclinic-4.2.5-SNAPSHOT]
[INFO] Processing war project
[INFO] Copying webapp resources [d:\jenkins\workspace\PetClinic-Test\src\main\webapp]
[INFO] Webapp assembled in [1669 msecs]
[INFO] Building war: d:\jenkins\workspace\PetClinic-Test\target\spring-petclinic-4.2.5-SNAPSHOT.war
[INFO] ------------------------------------------------------------------------
[INFO] BUILD SUCCESS
[INFO] ------------------------------------------------------------------------
[INFO] Total time: 28.772 s
[INFO] Finished at: 2016-07-06T22:59:37+05:30
[INFO] Final Memory: 29M/261M
[INFO] ------------------------------------------------------------------------
Deploying d:\jenkins\workspace\PetClinic-Test\target\spring-petclinic-4.2.5-SNAPSHOT.war to container
Tomcat 7.x Remote
  [d:\jenkins\workspace\PetClinic-Test\target\spring-petclinic-4.2.5-SNAPSHOT.war] is not deployed.
Doing a fresh deployment.
  Deploying [d:\jenkins\workspace\PetClinic-Test\target\spring-petclinic-4.2.5-SNAPSHOT.war]
Finished: SUCCESS
```

21. 빌드가 성공하면 브라우저를 통해 해당 URL을 방문하고 컨텍스트를 확인한다. 이것은 애플리케이션의 이름과 유사하다.

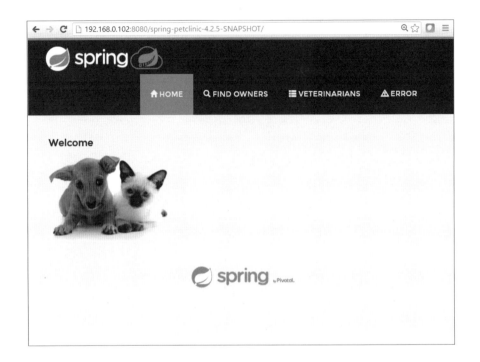

22. Post-build Actions에서 Context path를 제공하고 Save를 클릭한다. Build now를
    다시 클릭한다.

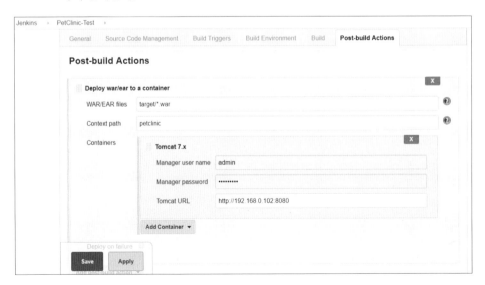

23. 새로운 Context path를 제공하고 애플리케이션 URL을 확인한다.

 톰캣을 애플리케이션 컨테이너를 사용하는 tomcat-users.xml 파일에 접근할 수 있는 배포의 경우 동일한 배포 방법을 사용한다. 톰캣 디렉터리에 직접 접근할 수 없거나 tomcat-users.xml을 변경할 수 없는 경우 또 다른 방법은 원격 호스트에 SSH로 접근하고 톰캣 디렉터리 내의 파일을 원격 호스트의 webapps 파일에 복사하는 것이다. 모든 SSH 명령어는 빌드 작업에서 직접 사용할 수 있다.

▌ 도커 컨테이너에서의 애플리케이션 배포

5장, '도커의 설치와 구성'에서 톰캣을 도커 컨테이너와 함께 사용하는 방법을 살펴봤다. 젠킨스의 Deploy 플러그인을 설치해 애플리케이션을 배포하기 위해서는 tomcat-users.xml을 수정해야 한다. 단계별로 살펴보자.

1. tomcat-users.xml에서 rolename을 manager-script로 변경한다.

```
<?xml version='1.0' encoding='utf-8'?>
<tomcat-users xmlns="http://tomcat.apache.org/xml"
xmlns:xsi="http://www.w3.org/2001/XMLSchema-instance"
xsi:schemaLocation="http://tomcat.apache.org/xml tomcat-users.xsd"
            version="1.0">
<!--
  NOTE: The sample user and role entries below are intended for use with
the
  examples web application. They are wrapped in a comment and thus are
ignored
  when reading this file. If you wish to configure these users for use
with the
  examples web application, do not forget to remove the <!....> that
surrounds
  them. You will also need to set the passwords to something appropriate.
```

```
-->

<role rolename="manager-script"/>
<user username="admin" password="admin@123" roles="manager-script"/>
</tomcat-users>
```

2. Dockerfile에서 tomcat-users.xml을 /usr/local/tomcat/conf/로 디렉터리로
   복사한다.

```
FROM tomcat:8.0
MAINTAINER Mitesh<mitesh.soni@outlook.com>
COPY tomcat-users.xml /usr/local/tomcat/conf/tomcat-users.xml
```

3. 이미지를 생성하기 위해 docker build 명령어를 실행한다.

```
[root@localhostmitesh]#docker build -t devops_tomcat_sc .
Sending build context to Docker daemon 8.192 kB
Sending build context to Docker daemon
Step 0 : FROM tomcat:8.0
---> 5d4577339b14
Step 1 : MAINTAINER Mitesh<mitesh.soni@outlook.com>
---> Using cache
---> c63f90db4c14
Step 2 : COPY tomcat-users.xml /usr/local/tomcat/conf/tomcat-users.xml
---> aebbcf634f64
Removing intermediate container 7a528d1c8e3b
Successfully built aebbcf634f64
You have new mail in /var/spool/mail/root
```

4. docker images 명령어를 이용해 새로 생성된 이미지를 확인한다.

```
[root@localhostmitesh]#docker images
REPOSITORY          TAG        IMAGE ID       CREATED        VIRTUAL SIZE
devops_tomcat_sc    latest     aebbcf634f64   2 minutes ago
359.2 MB
```

devopstomcatnew	latest	eb50c4ceefb5	5 days ago	
359.2 MB				
devopstomcat8	latest	f3537165ebe7	5 days ago	
344.6 MB				
tomcat6	latest	400f097677e9	2 weeks ago	
658.4 MB				
devopstomcat	latest	400f097677e9	2 weeks ago	
658.4 MB				
centos	latest	2a332da70fd1	5 weeks ago	
196.7 MB				
ubuntu	latest	686477c12982	9 weeks ago	
120.7 MB				
hello-world	latest	f1d956dc5945	10 weeks ago	
967 B				

5. 컨테이너를 생성하기 위해 docker run을 실행한다.

```
[root@localhostmitesh]#docker run -p 8180:8080 -d --name
devopstomcatscdevops_tomcat_sc
  771bb7cb809dabe9323d65579e98077eaec146db4fc38d2ace1d75577144002d
  You have new mail in /var/spool/mail/root
```

6. dockerps 명령어를 통해 새로운 컨테이너를 확인한다.

```
[root@localhostmitesh]#dockerps
  CONTAINER ID        IMAGE        COMMAND        CREATED
STATUS        PORTS        NAMES
  771bb7cb809ddevops_tomcat_sc        "catalina.sh run"    7 seconds ago
Up 6 seconds        0.0.0.0:8180->8080/tcpdevopstomcatsc
```

7. docker inspect 771bb7cb809d<container ID>를 사용해 IP 주소를 얻는다.

8. IP 테이블에서 iptables 서비스에 대한 확인이나 포트를 열기 위해 중단한다.

```
[root@localhostmitesh]# service iptables stop
iptables: Setting chains to policy ACCEPT: nat filter    [ OK ]
```

```
iptables: Flushing firewall rules:                    [ OK ]
iptables: Unloading modules:                          [ OK ]
You have new mail in /var/spool/mail/root
```

9. IP 주소를 사용해 Manager App URL에 접속하고 성공 여부를 확인한다.

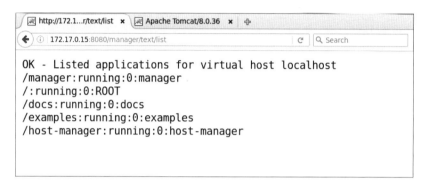

10. 포트를 맵핑했으므로 호스트의 IP 주소를 사용해 톰캣 설치를 확인한다.

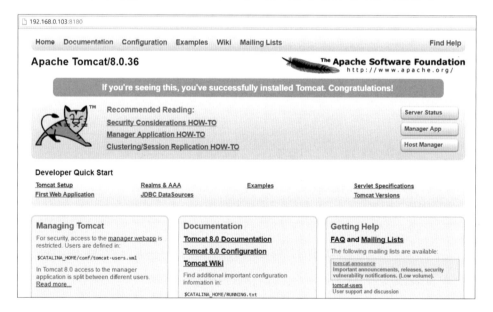

11. 호스트의 IP 주소를 사용해 Manager App URL에 접속한다. User Name과 Password를 입력한다.

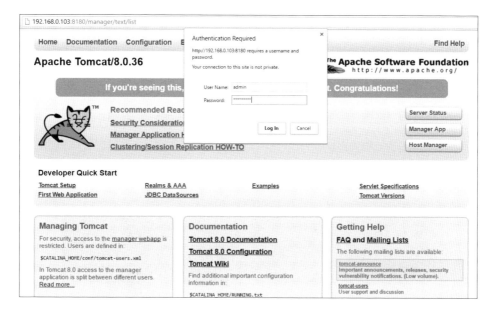

12. 접속 성공 여부를 확인하라.

13. 모든 것이 잘 동작하면 Deploy 플러그인을 사용해 도커 컨테이너에 애플리케이션을 배포한다.

▌ AWS에 애플리케이션 배포하기

AWS 일래스틱 빈스토크는 아마존에서 제공하는 PaaS^{Platform as a Service}다. 우리는 AWS 플 랫폼에 PetClinic 애플리케이션을 배포하기 위해 일래스틱 빈스토크를 사용한다. 일래스 틱 빈스토크의 장점은 PaaS 제품이기 때문에 인프라나 플랫폼을 관리할 필요가 없다는 점 이다. 확장 및 다른 세부 사항도 설정할 수 있다.

다음은 AWS 일래스틱 빈스토크로 애플리케이션을 배포하는 단계다.

일래스틱 빈스토크는 다음과 같은 프로그래밍 언어와 플랫폼을 지원한다.

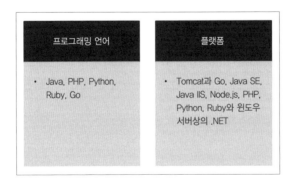

일래스틱 빈스토크가 작동하는 방법을 이해하고 애플리케이션을 배포하고 젠킨스 플러그
인을 사용하는 방법을 이해하기 위해 샘플 애플리케이션을 생성해보자.

1. AWS 관리 콘솔로 이동해 기본 **가상 전용 클라우드**VPC, Virtual Private Cloud가 있는지 확
   인한다. 사고로 인해 기본 VPC와 서브넷을 삭제했다면 AWS 고객 지원팀에 요
   청해 VPC를 다시 생성한다.

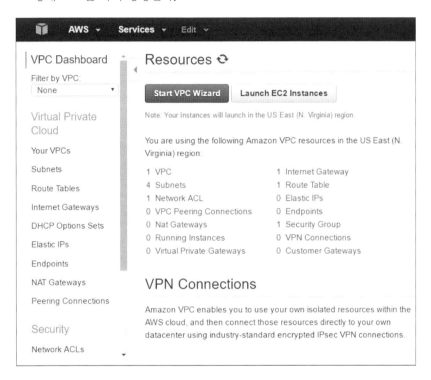

2. AWS 관리 콘솔에서 Services를 클릭하고 AWS Elastic Beanstalk를 선택한다. petclinic이라는 이름으로 새로운 애플리케이션을 생성한다. 플랫폼으로 Tomcat을 선택하고 Sample application 라디오 버튼을 선택한다.

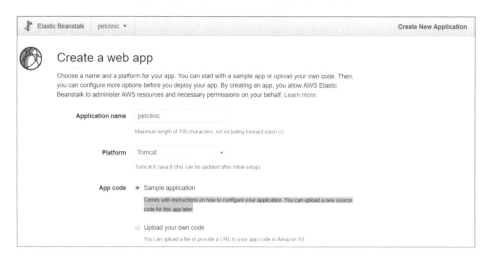

3. 샘플 애플리케이션 생성을 위한 이벤트 순서를 확인한다.

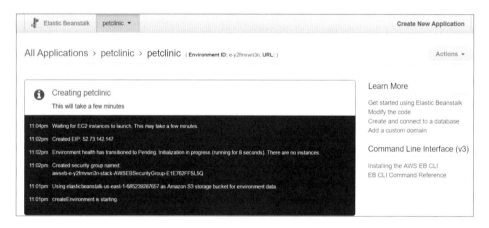

4. 시간이 좀 걸릴 수 있다. 환경이 생성되면 아래 그림과 같이 녹색으로 강조 표시가 된다.

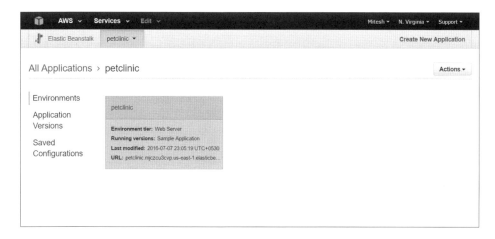

5. petclinic 환경을 클릭하고 대시보드에서 Health와 Running Version을 확인한다.

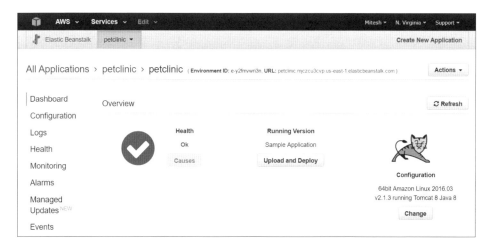

6. 환경 ID와 URL을 확인하라. URL을 클릭하고 기본 페이지를 확인한다.

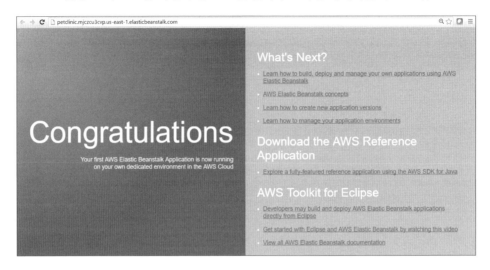

7. AWS Elastic Beanstalk Publisher 플러그인을 설치한다.

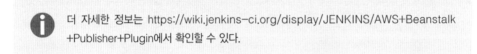

더 자세한 정보는 https://wiki.jenkins-ci.org/display/JENKINS/AWS+Beanstalk +Publisher+Plugin에서 확인할 수 있다.

8. 젠킨스 대시보드를 열고 Build job으로 이동한다. Post-build Actions를 클릭하고 Deploy into AWS Elastic Beanstalk를 선택한다.

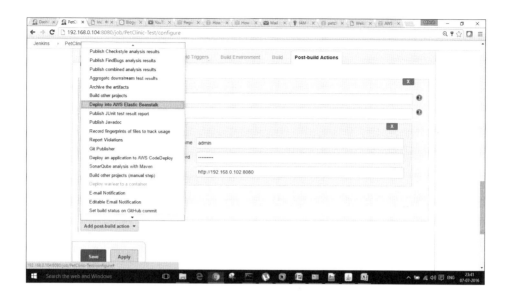

9. Post-build Actions에 일래스틱 빈스토크를 위한 새로운 섹션이 나타난다.

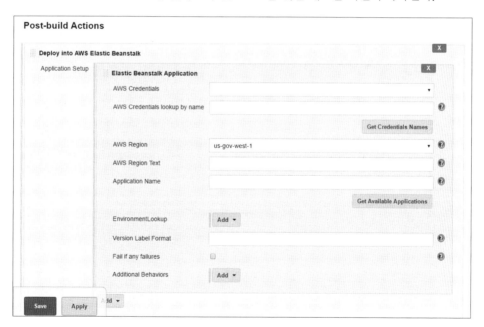

10. 젠킨스 대시보드를 클릭하고 Credentials를 선택한다. AWS 자격증명을 추가한다.

11. 젠킨스 빌드로 이동해 전역 구성으로 설정된 AWS Credential을 선택한다.

12. 리스트에서 AWS Region을 선택하고 Get Available Applications를 클릭한다. 우리
는 생성된 샘플 애플리케이션을 갖고 있기 때문에 다음과 같이 표시된다.

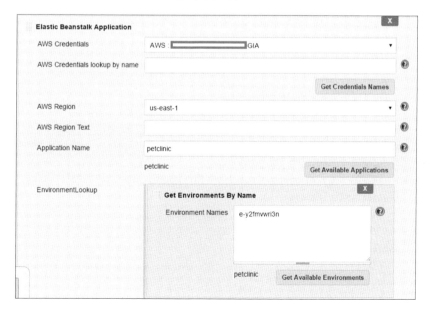

13. EnvironmentLookup에서 Get Environments By Name 박스에 환경 ID를 입력하고
Get Available Environments를 클릭한다.

14. 구성을 저장하고 Build now를 클릭한다.

AWS 관리 콘솔에서 WAR 파일을 아마존 S3에 복사할 것인지 여부를 확인해보자.

1. S3 Services로 이동해 사용할 수 있는 버킷buckets을 확인한다.

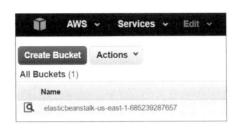

2. 젠킨스에서 빌드 작업의 실행 상태를 확인한다. 예상되는 출력의 일부는 다음
   과 같다.

3. WAR 파일이 크기 때문에 Amazon S3를 업로드하는 데 시간이 걸린다. 업로드되
   면 아마존 S3 버킷에서 사용할 수 있다.

4. 데스트 케이스 실행과 WAR 파일의 생성이 성공적이다.

```
Tests run: 59, Failures: 0, Errors: 0, Skipped: 0
[INFO]
[INFO] --- maven-war-plugin:2.3:war (default-war) @ spring-petclinic --
-
[INFO] Packaging webapp
[INFO] Assembling webapp [spring-petclinic] in
[d:\jenkins\workspace\PetClinic-Test\target\spring-petclinic-4.2.5-
SNAPSHOT]
[INFO] Processing war project
[INFO] Copying webapp resources [d:\jenkins\workspace\PetClinic-
Test\src\main\webapp]
[INFO] Webapp assembled in [1539 msecs]
[INFO] Building war: d:\jenkins\workspace\PetClinic-Test\target\spring
petclinic-4.2.5-SNAPSHOT.war
[INFO] ----------------------------------------------------------------
--------
```

```
[INFO] BUILD SUCCESS
[INFO] ----------------------------------------------------------------
--------
[INFO] Total time: 30.469 s
[INFO] Finished at: 2016-07-08T00:51:52+05:30
[INFO] Final Memory: 29M/258M
[INFO] ----------------------------------------------------------------
--------
```

5. AWSEB Deployment 플러그인 실행 즉 빌드 후처리 액션이 시작됐다.

```
AWSEB Deployment Plugin Version 0.3.10
Root File Object is a file. We assume its a zip file, which is okay.
bucketName not set. Calling createStorageLocation
Using s3 Bucket 'elasticbeanstalk-us-east-1-685239287657'
Uploading file awseb-5081374840514488317.zip as s3://elasticbeanstalkus-
east-1-685239287657/petclinic-jenkins-PetClinic-Test-39.zip
```

6. 새로운 버전 레이블을 갖는 배포 활동이 시작된다.

```
Creating application version jenkins-PetClinic-Test-39 for application
petclinic for path s3://elasticbeanstalk-us-east-1-685239287657/
petclinicjenkins-PetClinic-Test-39.zip
Created version: jenkins-PetClinic-Test-39
Using environmentId 'e-y2fmvwri3n'
No pending Environment Updates. Proceeding.
Checking health/status of environmentId e-y2fmvwri3n attempt 1/30
Environment Status is 'Ready'. Moving on.
Updating environmentId 'e-y2fmvwri3n' with Version Label set to
'jenkins-PetClinic-Test-39'
```

7. 배포 상태에 따라 환경과 상태가 업데이트된다.

```
Fri Jul 08 01:03:10 IST 2016 [INFO] Environment update is starting.
Checking health/status of environmentId e-y2fmvwri3n attempt 1/30
```

```
Versions reported: (current=jenkins-PetClinic-Test-39, underDeployment:
jenkins-PetClinic-Test-39). Should I move on? false
    Environment Status is 'Ready' and Health is 'Green'. Moving on.
    Deployment marked as 'successful'. Starting post-deployment cleanup.
    Cleaning up temporary file
C:\Users\Mitesh\AppData\Local\Temp\awseb-5081374840514488317.zip
    Finished: SUCCESS
```

8. 빌드가 성공적이다. 이제 AWS 관리 콘솔을 확인한다.

9. Services로 이동해 AWS Elastic Beanstalk를 클릭하고 환경을 확인한다. 이전 버전
   은 Sample Application이었다. 이제 젠킨스 빌드 작업 구성에 있는 Version Label
   Format에 따라 버전이 업데이트된다.

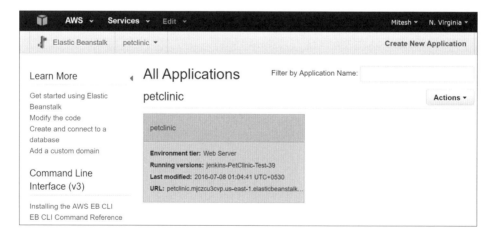

10. 대시보드로 이동해 Health와 Running Version을 다시 확인한다.

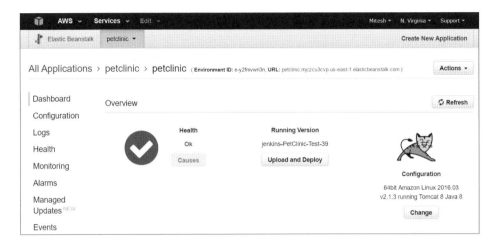

11. Elastic Beanstalk 대시보드에 Configuration 링크를 클릭하고 Scaling, Instances, Notifications, Software Configuration, Updates, Deployments, Health 등을 확인한다.

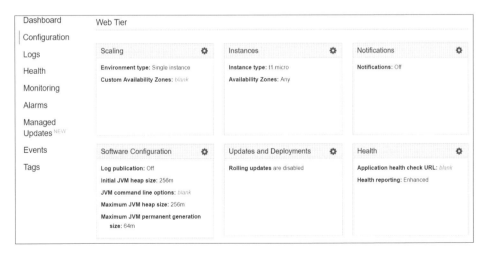

12. Logs를 클릭해 일래스틱 빈스토크를 위한 로그 파일을 다운로드한다.

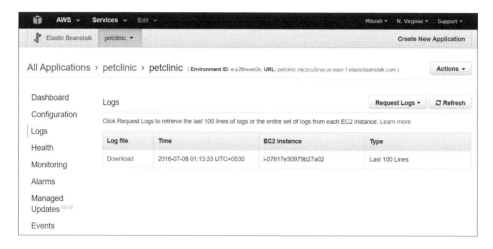

13. Enhanced Health Overview로 이동해 Status를 확인한다.

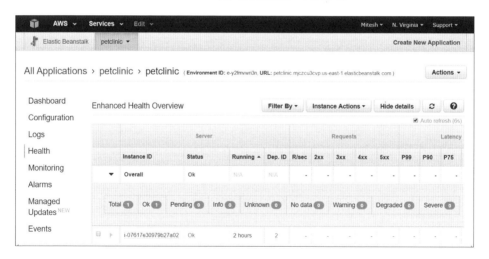

14. CPU 활용과 애플리케이션 상태에 대한 전반적인 모니터링 세부 사항을 위해 Monitoring을 클릭한다.

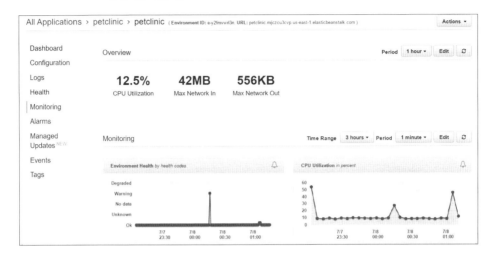

15. 일래스틱 빈스토크 애플리케이션 수명주기에 대한 모든 이벤트 리스트를 얻기 위해 Events를 클릭한다.

16. 모든 사항이 확인되면 환경에 대한 URL을 클릭한다. 그러면 PetClinic 애플리케이션이 실행되고 있는 것을 확인할 수 있다.

17. 애플리케이션 배포가 성공하면 환경을 종료한다.

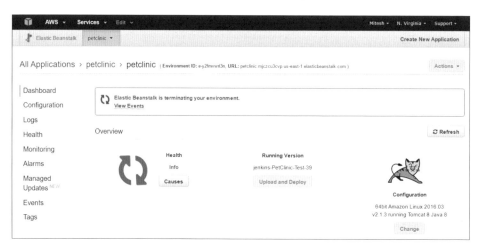

이로써 애플리케이션을 일래스틱 빈스토크에 성공적으로 배포했다.

▌ 마이크로소프트 애저에 애플리케이션 배포하기

마이크로소프트 애저 서비스는 PaaS다. 이번 절에서는 애저 웹 앱^{Azure web app}과 PetClinic 애플리케이션을 배포하는 방법을 살펴본다.

1. 젠킨스에 **Publish Over FTP** 플러그인을 설치한다. 우리는 PetClinic WAR 파일을 게시하기 위해 애저 웹 앱의 FTP 세부 사항을 이용한다.

2. 플러그인이 성공적으로 설치되면 젠킨스를 다시 시작한다.

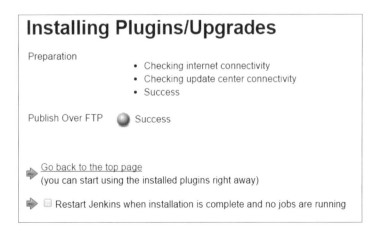

3. https://portal.azure.com의 마이크로소프트 애저 포탈로 이동한다. App Ser
vices를 클릭하고 Add를 클릭한다. App Name, Subscription, Resource Group,
App Service plan/Location에 대한 값을 입력하고 Create를 클릭한다.

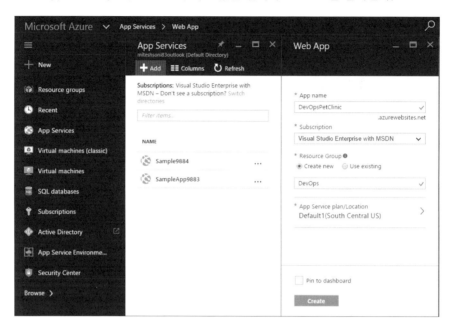

4. 애저 웹 앱이 생성되면 애저 포탈에 표시되는지 확인한다.

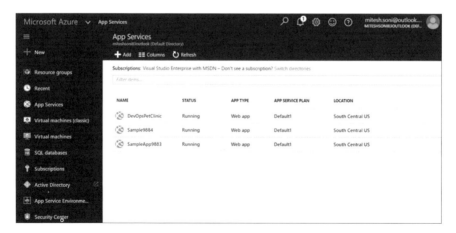

5. URL, Status, Location 등과 관련된 세부 사항을 얻기 위해 DevOpsPetClinic을 클릭한다.

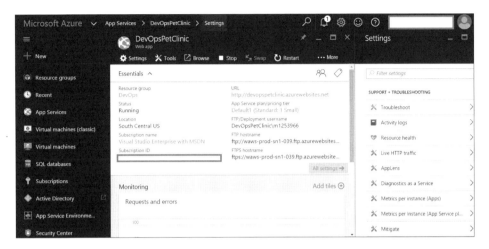

6. All Settings를 클릭하고 GENERAL 섹션으로 이동한다. 그리고 자바 웹 애플리케이션 호스팅과 애저 웹 앱을 구성하기 위해 Application settings를 클릭한다. Java version, Java Minor version, Web container, Platform을 선택하고 Always On을 클릭한다.

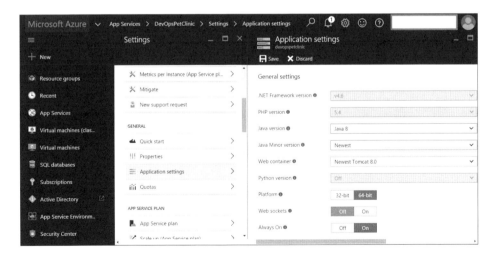

7. 브라우저로 애저 웹 앱 URL을 방문해 샘플 스프링 애플리케이션인 PetClinic을 호
   스팅할 준비가 돼 있는지 확인한다.

8. 젠킨스 대시보드로 이동한다. New Item을 클릭하고 Freestyle project를 선택한다.

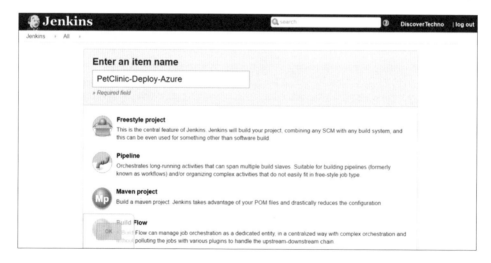

9. 새로 생성된 작업에 구성 작업을 반복할 필요가 없도록 또 다른 빌드에서 일반적
    인 구성 사항을 복사한다.

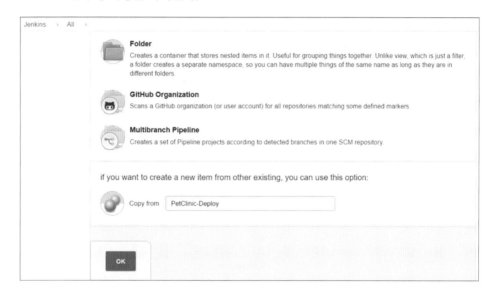

10. All Settings를 클릭하고 PUBLISHING 섹션의 Deployment credentials로 이동한다.
    사용자 이름과 패스워드를 입력하고 변경 사항을 저장한다.

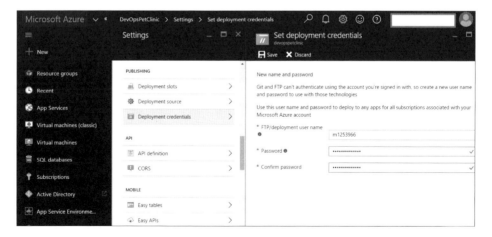

11. 젠킨스에서 Manage Jenkins로 이동해 Configure > Configure FTP settings를 클릭한다. 애저 포탈에서 사용할 수 있는 Hostname, Username, Password를 입력한다.

12. devopspetclinic.scm.azurewebsites.net로 이동해 Kudu console을 다운로드한다. 다른 선택 사항 항목으로 이동해 site directory와 webapps 디렉터리를 찾는다. Test Configuration을 클릭한다. Success 메시지가 나타나면 PetClinic 애플리케이션에 배포할 준비가 된 것이다.

Publish over FTP			
FTP Servers	FTP Server		
	Name	AzureWebApps	?
	Hostname	waws-prod-sn1-039.ftp.azurewebsites.\	?
	Username	DevOpsPetClinic\m12539666	?
	Password	••••••••••••••••••••••••••	?
	Remote Directory	\site\wwwroot\webapps	?
		Advanced...	
	Success	Test Configuration	
		Delete	
	Add		

13. 생성한 빌드 작업에서 Build 섹션으로 이동해 Copy artifacts from another project를 구성한다. 우리는 WAR 파일을 가상 머신의 특정 위치로 복사할 것이다.

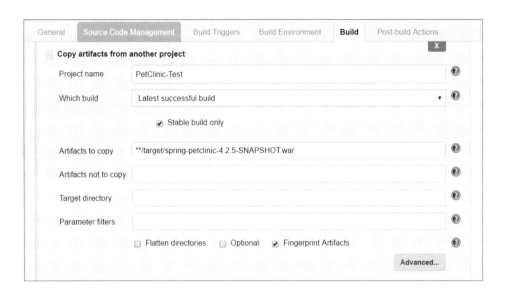

14. Post-build Actions에서 Send build artifacts over FTP를 클릭한다. 젠킨스에서 설정된 FTP 서버 이름을 선택한다. 애저 웹 애플리케이션의 배포를 위해 Source files와 Remove prifix를 구성한다.

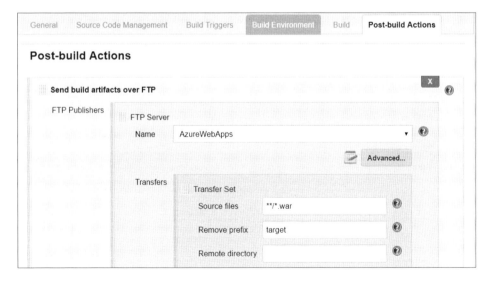

15. Verbose output in console을 체크한다.

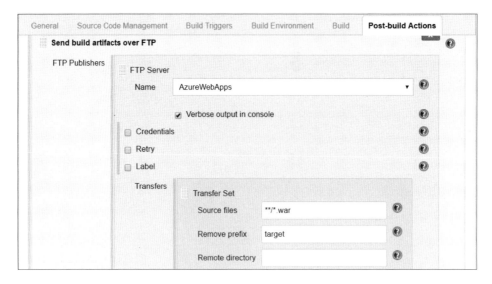

16. Build now를 클릭하고 무슨 일이 벌어지는지 살펴본다.

```
Started by user DiscoverTechno
Building on master in workspace /home/mitesh/.jenkins/workspace/PetClinic-Deploy-Azure
Copied 1 artifact from "PetClinic-Test" build number 55
FTP: Connecting from host [devops1]
FTP: Connecting with configuration [AzureWebApps] ...
220 Microsoft FTP Service
FTP: Logging in, command printing disabled
FTP: Logged in, command printing enabled
CWD \site\wwwroot\webapps
250 CWD command successful.
TYPE I
200 Type set to I.
CWD \site\wwwroot\webapps
250 CWD command successful.
PASV
227 Entering Passive Mode (104,210,159,39,39,189).
STOR spring-petclinic-4.2.5-SNAPSHOT.war
125 Data connection already open; Transfer starting.
FTP: Disconnecting configuration [AzureWebApps] ...
```

17. Kudu 콘솔로 이동해 Debug console을 클릭하고 Powershell로 이동한다. site >
wwwroot > webapps로 이동한다. WAR 파일이 복사됐는지 확인한다.

18. 브라우저로 애플리케이션의 컨텍스트를 갖는 애저 웹 앱스 URL을 방문한다.

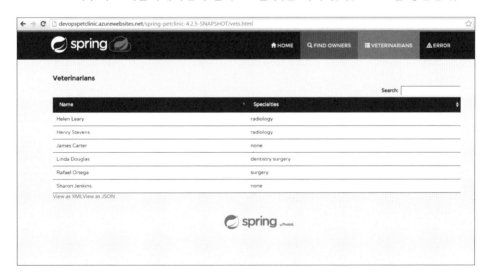

이제 애저 웹 앱스Azure web apps에 애플리케이션을 배포했다.

FTP 사용자 이름이 도메인에 존재해야 한다는 것을 알고 있어야 한다. 예제의 경우 사용자 이름은 Sample9888\m12539966이 될 수 있다. 사용자 이름없이 웹 앱 이름web app name은 동작하지 않는다.

AWS IaaS, AWS PaaS, 마이크로소프트 애저 PaaS, 도커 컨테이너로 배포하는 다양한 방법은 전체적인 자동화에 사용할 수 있다.

지금까지 네 단계를 살펴봤으며 지속적인 모니터링을 계속 논의할 것이다. 9장에서는 파이프라인이나 오케스트레이션을 통해 전체 자동화를 관리한다.

▌ 진단 테스트

다음 문장이 참인지 거짓인지 말하라.

1. 관리자 웹 애플리케이션에 접근하기 위한 톰캣에서의 역할과 사용자는 `tomcat-users.xml`에서 생성될 수 있다.

- 참
- 거짓

2. **톰캣 관리자**^{Tomcat Manager} 애플리케이션에 접근하기 위해서는 `manager-script` 역할이 필요하다.
   - 참
   - 거짓

3. 젠킨스에서 톰캣 컨테이너에 Deploy 플러그인을 사용해 애플리케이션을 배포하기 위해서는 `manager-script` 역할이 필요하다.
   - 참
   - 거짓

4. AWS 일래스틱 빈스토크와 애저 앱 서비스는 각각 아마존과 마이크로소프트에서 제공하는 PaaS 제품이다.
   - 참
   - 거짓

5. 다음 중 애플리케이션을 AWS 일래스틱 빈스토크에 배포하는 단계는?
   - 애플리케이션 생성(PetClinic)
   - 애플리케이션 버전으로 WAR 파일 업로드
   - 환경 시작
   - AWS 일래스틱 빈스토크에 새로운 애플리케이션의 버전 배포
   - 위의 모든 사항

▌ 요약

7장에서는 tomcat-users.xml에서 role과 users를 설정하고 **톰캣 관리자 애플리케이션**을 이용해 톰캣에서 애플리케이션을 배포하는 방법을 살펴봤다. 우리는 tomcat-users.xml을 구성하거나 편집해 같은 배포 방법을 사용할 수 있다. 도커 컨테이너에서 PetClinic 애플리케이션의 배포에도 동일한 방법이 사용됐다.

이것은 PaaS에서 적합한 접근 방법이다. 우리는 AWS 일래스틱 빈스토크와 마이크로소프트 애저 웹 애플리케이션과 같은 PaaS에서 PetClinic 애플리케이션을 배포했다.

또한 PetClinic 애플리케이션의 전체적인 배포를 위해 지금까지 다룬 주제도 살펴봤다.

8장에서는 인프라스트럭처와 애플리케이션의 지속적인 모니터링을 논의한다.

08

인프라스트럭처와 애플리케이션의 모니터링

"대부분의 경우 사람들은 원하는 것을 보여주기 전까지 무엇을 원하는지조차 모른다."

– 스티브 잡스Steve Jobs

클라우드는 기민성agility, 확장성scalability, 자원 페이고pay as you go resources[1]등을 제공한다. 클라우드 서비스 기반 모델에서 클라우드 서비스의 제공자와 소비자는 역할과 책임이 다르다. 그렇지만 사설 클라우드나 공용 클라우드를 포함한 클라우드 배포 모델과 상관없이 클라우드 자원의 상태를 파악하는 것은 중요하다. 고가용성과 평판의 유지·관리를 위해 클라우드 자원에 대해 세부적인 관점을 갖는 것이 바람직하다.

여기서 알아야 할 중요한 사항은 모든 자원은 상호의존적이며 하나의 자원이 전체적인 그

---

1 차입, 후불, 대납 등 신용거래에 의하지 않고 쓸 수 있는 예산 안에서 비용을 지불해야만 지출이 가능한 제도를 말한다. 먼저 비용을 지불하고 일정한 자원을 비용만큼 할당받아 사용하는 것이다. – 옮긴이

림에서 동기화되지 않으면 우수한 서비스와 고가용성을 제공하는 주된 목적을 성취하기 어렵다. 이것은 물리적 환경, 가상화된 환경, 클라우드를 포함하는 환경 유형과 관계없는 시나리오다.

8장에서는 데브옵스 문화의 개발 맥락에서 전체적인 자동화 프로세스에서의 지속적인 모니터링의 필요성과 중요성을 설명한다. 8장에서는 서비스와 애플리케이션의 가용성을 증가시키기 위해 클라우드 자원, 애플리케이션 서버, 애플리케이션 모니터링과 같은 모니터링의 다양한 측면을 살펴본다.

8장에서 다루는 주제는 다음과 같다.

- 모니터링 시작하기
- 오픈소스 모니터링 도구 설치와 구성
- AWS, 애저에서의 자원 모니터링
- 뉴 렐릭New Relic을 통한 웹 애플리케이션과 톰캣 서버 모니터링

▌ 모니터링 시작하기

우선 모니터링의 간단한 정의로 시작해 클라우드 모니터링으로 점차적으로 이동해보자. 모니터링은 임의의 동작과 수행된 활동의 진행 사항을 관찰하는 것으로 최종목표나 목표 성과가 원하는 대로 달성됐는지를 확인하는 것이다. 모니터링은 시정조치를 위해 관측에서 분석까지, 분석에서 감지까지, 그리고 감지에서 개별적인 이해당사자에 대한 알림에 이르기까지 영역이 확장된다.

일반적으로 전통적인 환경에서 수행할 수 있는 모니터링으로는 어떠한 것이 있을까? 더 나은 이해를 위해 클라우드 서비스 모델의 구성 요소를 고려하는 것부터 시작해보자. 클라우드 컴퓨터에는 다음과 같은 세 가지 서비스 모델이 있다.

1. IaaS^{Infrastructure as a Service}
2. PaaS^{Platform as a Service}
3. SaaS^{Software as a Service}

(문제에 대한) 단서를 얻기 위해서는 웹 애플리케이션이 실행되는 플랫폼뿐만 아니라 인프라스트럭처의 모니터링도 매우 중요하다. 샘플 스프링 애플리케이션인 PetClinic의 배포에 사용 가능한 AWS EC2 인스턴스의 경우를 살펴보자. 우리는 인스턴스가 적절히 수행되는지, 톰캣 서버가 잘 동작하는지, 메모리 사용량, CPU 사용률 등을 확인해야 한다. 다음 단계는 애플리케이션 자체를 모니터링하는 것이다. 애플리케이션 보안 모니터링과 성능 모니터링은 애플리케이션의 가용성을 높이고 오류를 방지하는 데 매우 중요하다.

모니터링 전략은 전체적인 효과가 있어야 한다. 모니터링 전략은 설계 시점에 있어야 하는 것이지 나중에 생각하는 것이 아니다. 예방은 항상 치료보다 낫고 비용적인 결과 마지막 성공적인 빌드로의 롤백, 마무리할 때의 두통을 방지한다.

▌ 모니터링 도구와 기법의 개요

이번 절에서는 나기오스^{Nagios} 모니터링 도구, 애저 웹 애플리케이션 모니터링, AWS 일래스틱 빈스토크를 살펴본다.

나기오스

나기오스 코어^{Nagios Core}는 서버, 네트워크, 인프라스트럭처의 모니터링을 위해 C와 PHP로 작성된 애플리케이션이다.

다음은 나기오스의 중요한 일부 기능이다.

나기오스 XI는 백엔드로 나기오스 코어를 사용하며 자원의 모니터링을 위한 확장 인터페이스를 제공한다. 나기오스 XI는 CentOS와 레드햇 리눅스를 지원한다. 나기오스 XI를 빨리 살펴보자.

나기오스로 빠르게 시작하기

1. VMware 워크스테이션에서 이미지를 사용할 수 있도록 https://www.nagios.com/downloads/nagios-xi/로 이동해 VMware 64비트용 가상 머신을 다운로드한다. VMware 워크스테이션에서 OVF를 연다.

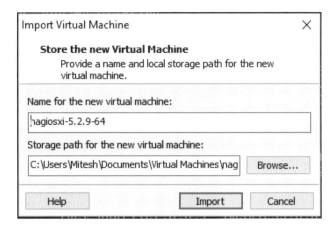

2. 나기오스 OVF 가져오기^{Importing}는 시간이 좀 걸린다.

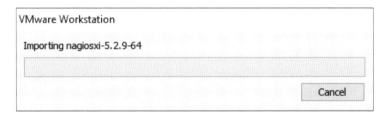

3. 프로세스가 완료될 때까지 기다린다.

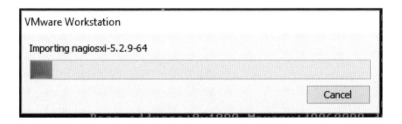

4. 가져오기가 완료되면 Power on this virtual Machine을 클릭한다.

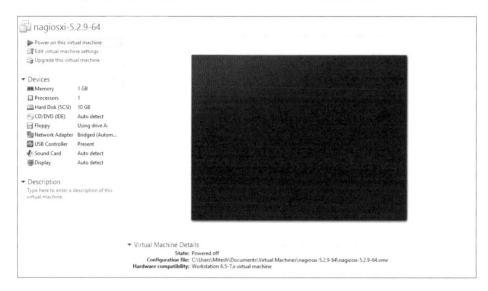

5. 가상 머신이 준비되면 nagiosxi 패스워드를 통해 root 사용자로 로그인한다. 나기오스 대시보드에 접근하기 위한 URL을 메모해 놓는다.

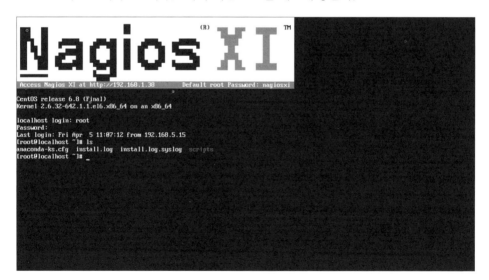

6. 브라우저에서 나기오스 URL로 이동한 다음 Access Nagios XI를 클릭한다.

7. 다른 세부 사항과 함께 사용자 이름과 패스워드를 메모해 둔다. timezone을 선택하고 Install을 클릭한다.

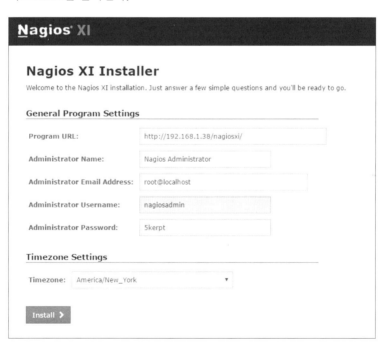

8. 설치가 완료되면 Login to Nagios XI을 클릭한다.

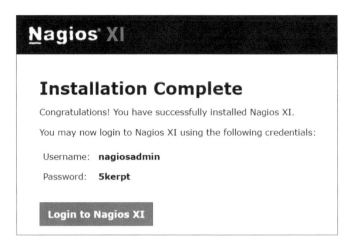

이제 나기오스가 설치됐다. 다음 단계는 클라우드 플랫폼에서 자원을 모니터링하기 위해 나기오스를 구성하는 것이다.

클라우드 자원을 모니터링하기 위해 나기오스를 이용해 AWS 인스턴스를 모니터링하는 간단한 시나리오를 만들어보자.

1. 관리자 자격증명을 사용해 나기오스 대시보드에 로그인한다.

2. License Agreement에 동의한다.

3. 나기오스 대시보드가 나오면 AWS 인스턴스를 모니터링할 수 있도록 구성할 수 있다.

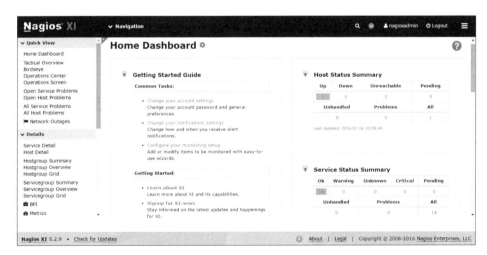

4. Navigation 메뉴에서 Auto Discovery 작업을 위해 Configure 섹션으로 이동한다.

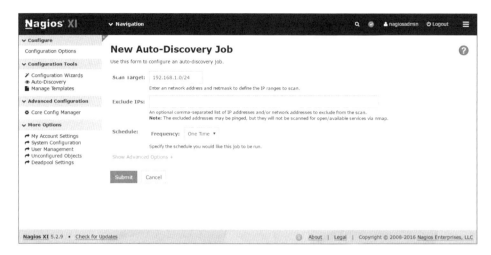

5. Configure 섹션에는 모니터링할 수 있는 다양한 옵션이 있다.

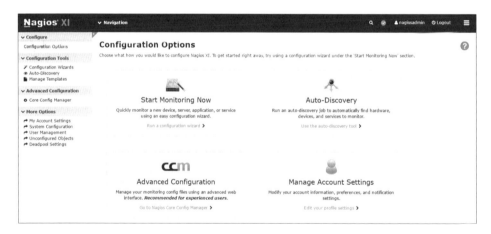

6. Configuration wizards를 이용해 모니터링을 구성할 수 있다.

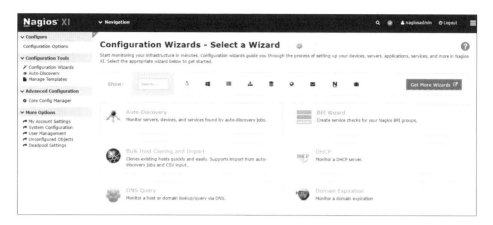

7. 우리는 AWS 리눅스 인스턴스를 생성했으며 나기오스를 사용해 모니터링하길 원한다. Linux Server를 선택한다.

8. AWS 인스턴스의 **IP 주소**를 가져와 여기에 입력한다. Linux Distribution 항목을 Other로 선택하고 Next를 클릭한다.

9. 다음 단계에서 IP 주소를 확인한다.

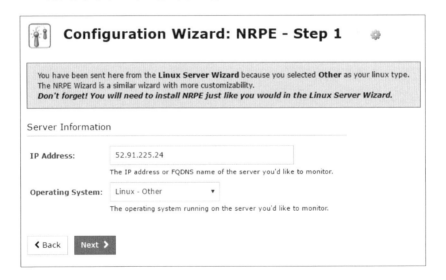

10. EC2 인스턴스의 호스트 이름을 입력한다.

11. 모니터링을 위한 기본 매개변수를 구성하고 Next를 클릭한다.

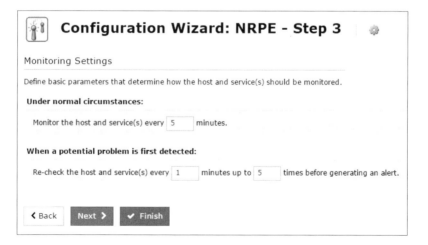

12. Notification Settings를 구성한다.

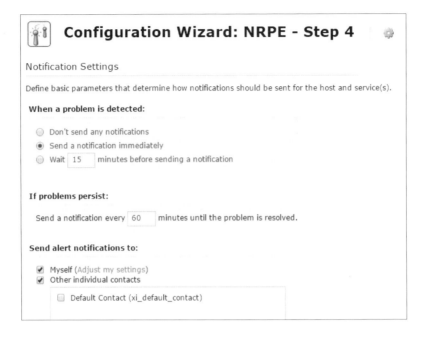

13. Host Groups를 구성한다.

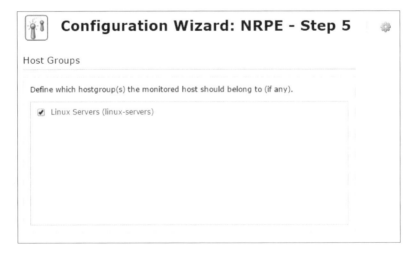

14. Apply를 클릭해 구성을 완료한다.

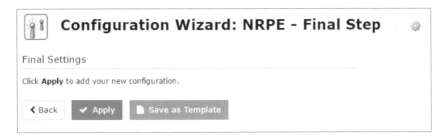

15. 몇 분 안에 EC2 인스턴스에 대한 모니터링이 시작된다.

16. 나기오스 대시보드에서 EC2 인스턴스를 클릭한다. 상태가 Down으로 표시된다.

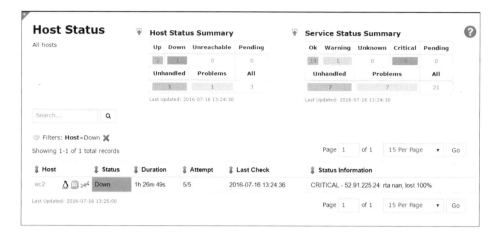

17. 호스트의 상태를 자세히 확인한다. Ping this host를 클릭한다.

Host Status Detail

ec2
Alias: ec2
Hostgroups: linux-servers

🏠 Overview | ▨ | ➕ | ⚙ | ∿ | ▤ | ᴧ

ⓘ **CRITICAL - 52.91.225.24: rta nan, lost 100%**

Address: 52.91.225.24

Status Details

Host State:	⬤ Down
Duration:	1h 27m 30s
Host Stability:	Unchanging (stable)
Last Check:	2016-07-16 13:25:04
Next Check:	2016-07-16 13:25:32

Quick Actions

- Acknowledge this problem
- Disable notifications
- Force an immediate check
- Ping this host
- Connect to ec2
- Traceroute to this host

18. 아래 그림과 같이 메시지 패킷을 잃을 것이다.

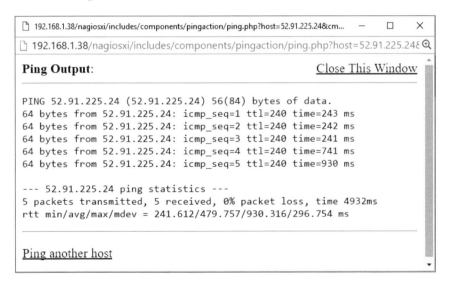

19. AWS 관리 콘솔로 이동해 EC2 인스턴스에 할당된 보안 그룹의 인바운드 규칙
Inbound rules을 모두 ICMP 트래픽으로 변경한다. 이 호스트에서 다시 Ping을 확인
하면 Ping 요청이 성공적인 것을 확인할 수 있다.

20. Host Availability를 확인한다.

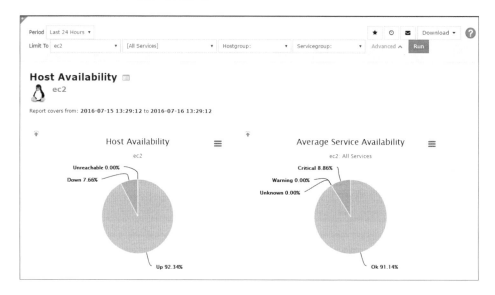

21. 그래프를 클릭하고 Host Data와 Service Data의 세부 정보를 얻는다.

Host Data

Host	UP	Down	Unreachable
ec2	92.344%	7.656%	0%

Service Data

Host	Service	Ok	Warning	Unknown	Critical
ec2	Current Load	90.662%	0%	0%	9.338%
	Current Users	90.676%	0%	0%	9.324%
	Ping	92.419%	0%	0%	7.581%
	Total Processes	90.792%	0%	0%	9.208%
	Average	91.137%	0.000%	0.000%	8.863%

22. 나기오스 대시보드를 확인하고 구성된 세 개의 인스턴스가 모두 Up 상태인지 확인한다.

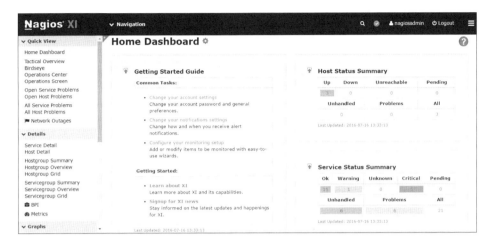

23. Host Status Detail을 다시 확인한다.

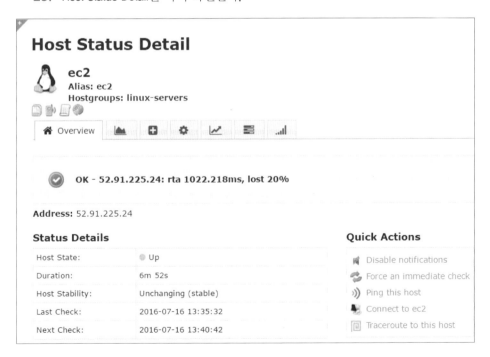

24. Incident Management 섹션에서 가장 최근의 알림이나 경고의 세부 사항을 얻기
위해 Latest Alerts를 클릭한다.

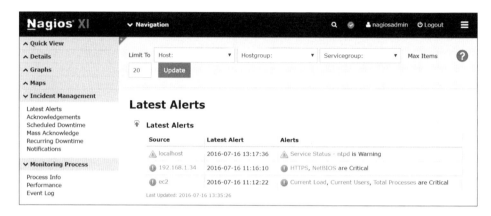

25. ec2를 클릭하고 EC2 인스턴스에 대한 모든 알림을 가져온다.

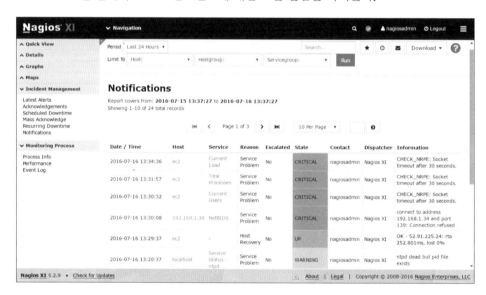

26. 나기오스 대시보드에서 Service Status를 확인할 수 있다.

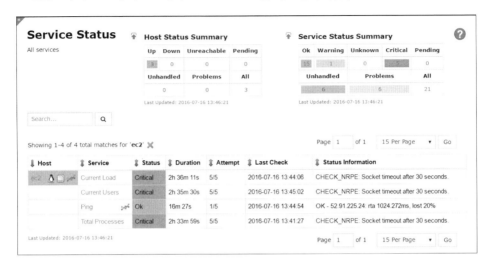

27. 나기오스 대시보드에서 모든 호스트의 상태를 확인한다.

28. 나기오스 대시보드에서 Host Group Status도 확인할 수 있다.

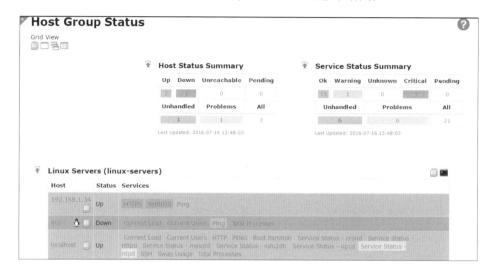

29. Graphs 섹션에서 그래픽으로 표현된 지난 24시간 동안 발생한 상위 수준의 경고의 세부 정보를 얻기 위해 Graph Explorer를 클릭한다.

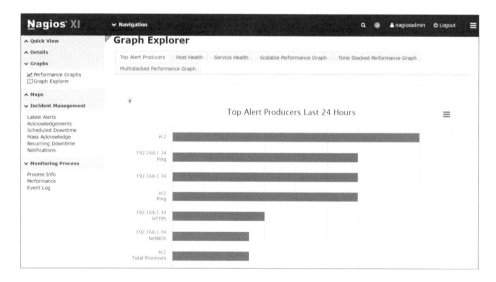

다음 절에서는 나기오스를 사용해 톰캣 인스턴스를 모니터링한다.

AWS 일래스틱 빈스토크 모니터링

우리는 젠킨스 플러그인을 사용해 AWS 일래스틱 빈스토크에 PetClinic 애플리케이션을 배포했다. AWS 일래스틱 빈스토크에서 환경에 대한 상태 점검은 회색[Grey], 녹색[Green], 노란색[Yellow], 빨간색[Red]으로 결정된다. 회색은 환경이 업데이트 중임을 의미한다. 녹색은 최근의 상태 점검이 성공적임을 나타낸다. 노란색은 환경이 하나 이상의 상태 점검에서 실패했음을 의미하며 빨간색은 환경이 세 개 이상의 상태 점검에 실패했음을 의미한다.

상태 점검[Health status]은 **환경**에서 실행 중인 애플리케이션의 응답을 기반으로 한다.

AWS 일래스틱 빈스토크의 환경 대시보드에서 인스턴스의 구성과 함께 **Health**와 같은 기본적인 세부 정보를 얻을 수 있다.

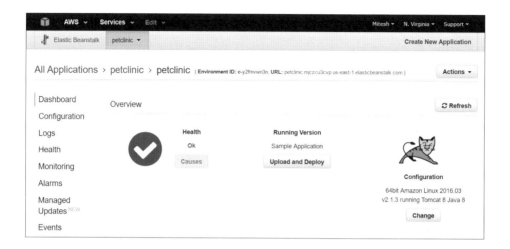

애플리케이션의 상태와 CPU Utilization의 형태로 광범위한 세부 사항을 모니터링하기 위해 Monitoring을 클릭한다. **모니터링**의 더 자세한 정보를 얻으려면 Time Range를 변경할수 있다.

AWS 일래스틱 빈스토크의 모니터링의 더 많은 정보는 http://docs.aws.amazon.com/ elasticbeanstalk/latest/dg/environments−health.html에서 참고할 수 있다.

▌ 마이크로소프트 애저 웹 애플리케이션 서비스 모니터링

6장, '클라우드 프로비저닝과 구성 관리'에서 PetClinic 애저 웹 애플리케이션을 배포했다. 배포에 성공하면 웹 애플리케이션의 모니터링은 필수적인 활동이며 애저 웹 포탈 자체적으로 모니터링할 수 있는 많은 방법을 제공한다.

1. 애저 웹 앱에서 Application details 아래의 **Monitoring** 섹션을 찾는다. 시간 범위와 차트 타입을 변경하기 위해 **edit**를 클릭한다.

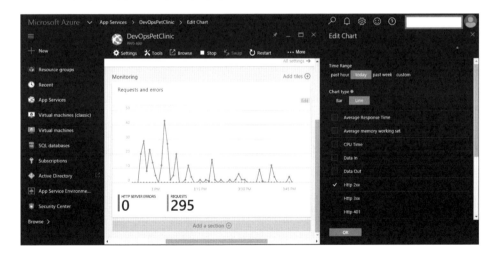

2. 선택을 기반으로 더 많은 세부 사항을 갖는 업데이트된 그래프를 확인한다.

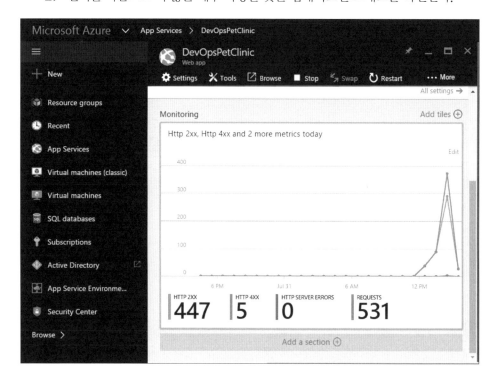

3. 애플리케이션에서 Settings로 이동해 Features 섹션으로 이동한다. Diagnostics logs 를 클릭한다. 여기서 Application Logging(Filesystem), Level, Application Logging (Blob), Web server logging, Detailed error messages, failed request tracing을 선 택할 수 있다.

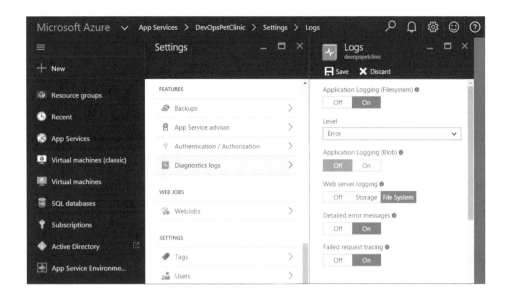

4. 애플리케이션에서 Settings로 가 SUPPORT + TROUBLESHOOTING 섹션으로 이동
한다. Troubleshoot을 클릭하고 RESOURCE HEALTH를 확인한다. 여기에는 5xx
errors 같은 일반적인 문제에 이용할 수 있는 일반적인 솔루션이 있다.

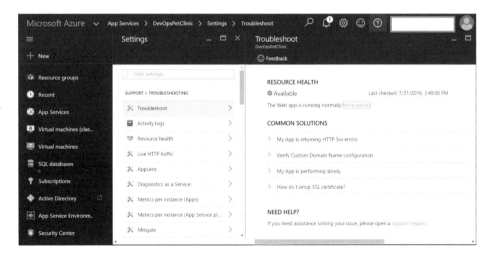

5. 애플리케이션에 접근할 수 없는 경우 애플리케이션을 다시 시작하거나 Advanced Application restart를 수행할 수 있다.

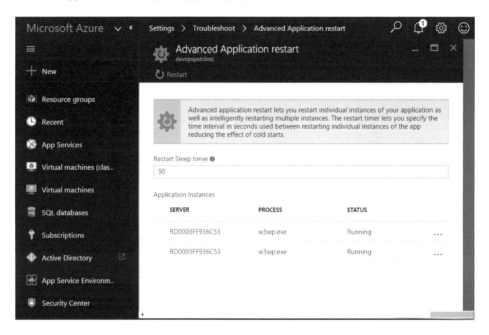

6. Settings에서 Audit logs를 필터링해 애플리케이션에서 수행된 활동도 확인할 수 있다.

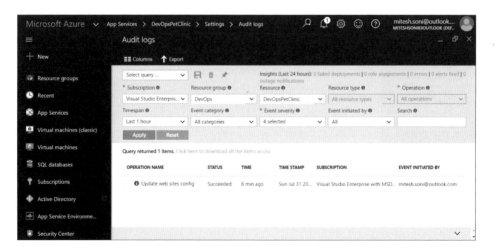

7. 애저 웹 애플리케이션에서 문제를 자동으로 수정하기 위해서는 Settings로 이동
   해 SUPPORT + TROUBLESHOOTING 섹션으로 간다. Mitigate를 클릭한다.

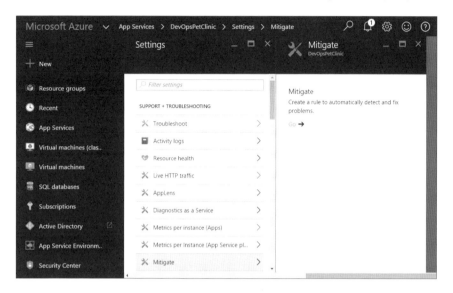

8. 웹 애플리케이션을 선택하고 Autoheal을 활성화한다. 여기서 애플리케이션 문제
   를 복구하도록 설정을 구성할 수 있다.

9. 특정 간격마다 최대 요청 개수를 구성할 수 있다.

10. 예를 들어 5xx 오류가 여러 번 발생하는 경우 상태 코드 관련 모니터링을 한다.

11. 새로 추가된 규칙의 세부 사항을 확인한다.

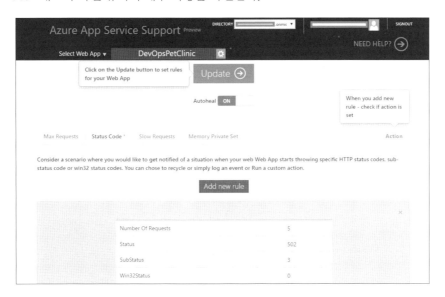

모든 것이 구성되면 **Action**을 클릭한다. 여기서 이전에 구성한 특정 상황에 대한 액션을 설정할 수 있다. 문제를 자동 복구하도록 Recycle을 설정할 수 있다.

1. 웹 애플리케이션 규칙을 설정하기 위해 **Update** 버튼을 클릭한다.

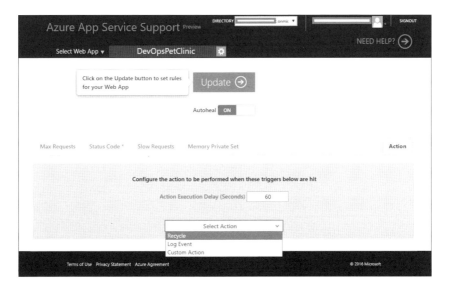

2. 다음과 같은 메시지를 확인할 수 있다.

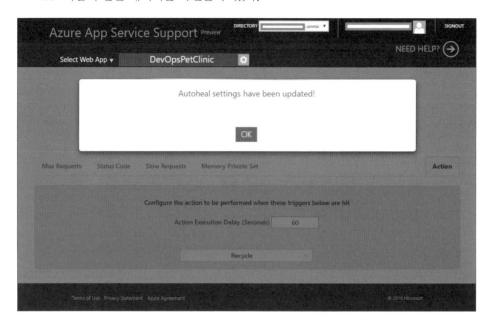

https://⟨application_name⟩.scm.azurewebsites.net/을 방문해 KUDU 콘솔로 이동하라. 예제의 경우 https://devopspetclinic.scm.azurewebsites.net가 된다.

3. Debug console을 클릭하고 드롭다운 메뉴에서 CMD를 선택한다. LogFiles를 클릭한다.

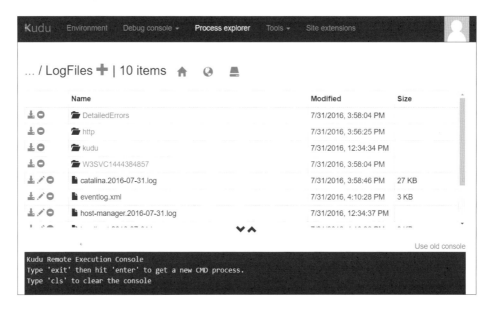

4. DetailedErrors로 이동해 어떠한 유형의 오류가 발생했는지 확인한다.

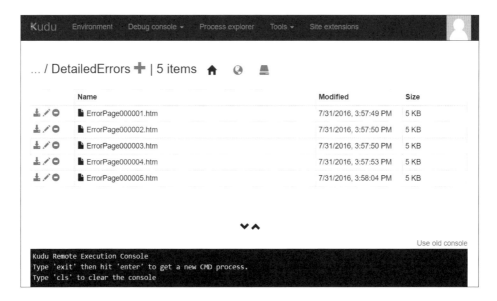

5. 포탈 자체의 **FREB logs**에서도 자세한 오류 로그를 확인할 수 있다.

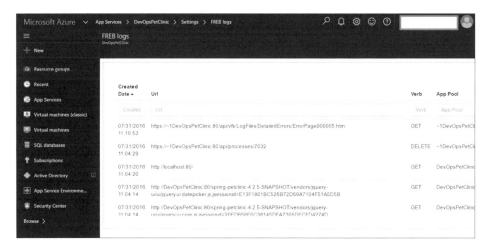

6. 브라우저에서 오류 페이지를 열면 오류의 상세한 사항을 확인할 수 있다.

7. HTTP와 관련된 모든 로그를 모니터링하기 위해 http > RawLogs > Open log files
로 이동한다.

8. Catalina logs도 이용할 수 있으며 톰캣 서버와 톰캣 실행의 모든 세부 사항을 확
인할 수 있다.

9. 애저 웹 애플리케이션에서 애플리케이션 블레이드로 이동해 **Tools**를 클릭한다. DEVELOP 섹션에는 애플리케이션의 성능을 테스트하는 기능이 있다. 이 기능을 사용하려면 VSTS 계정이 필요하다. **New**를 클릭한다.

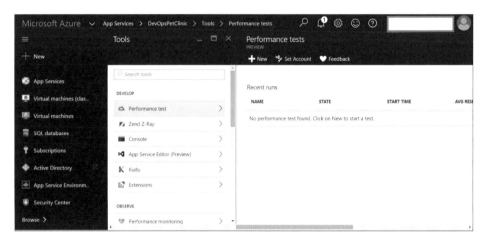

10. TEST TYPE, URL, USER LOAD, DURATION을 이용해 테스트를 구성한다.

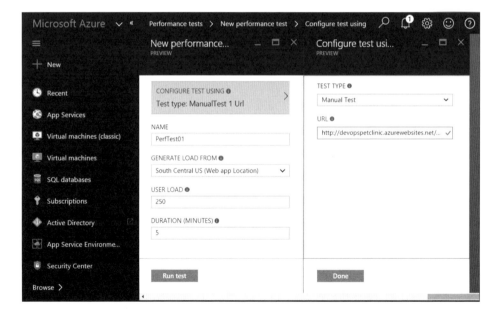

11. 자원 획득에는 약 15분이 걸린다.

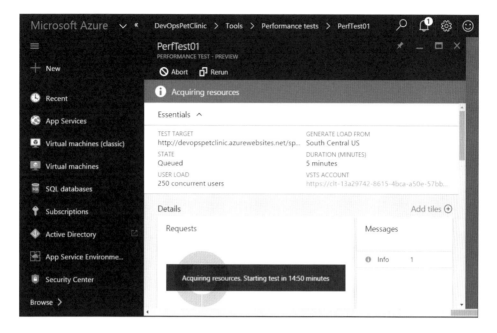

12. 성능 테스트가 끝나면 애저 포탈에서 세부 사항을 확인한다.

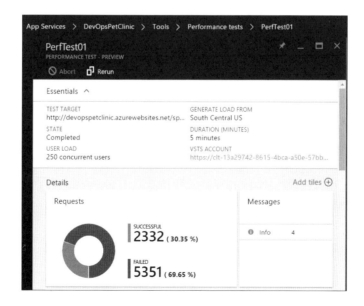

13. Request Failures를 확인한다.

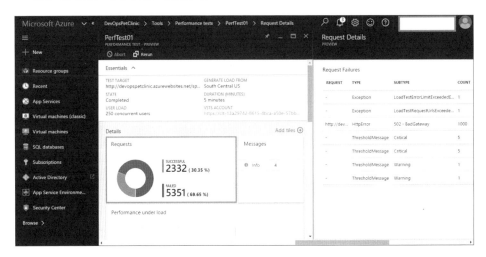

14. 웹 애플리케이션의 모니터링 섹션으로 이동해 사용자 정의된 매개변수에 기반한 최근의 결과를 확인한다.

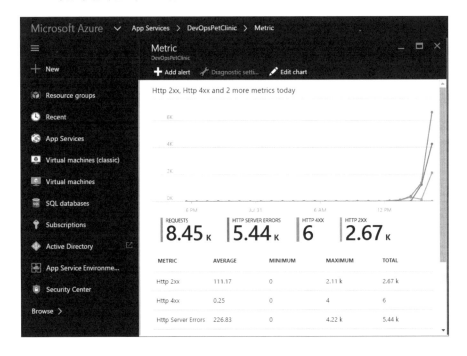

15. Visual Studio Application Insights는 미리 보기^{PREVIEW} 버전이며 웹 애플리케이션과 서비스의 문제를 감지하고 진단할 수 있는 기능이 있다. 애저 포탈에서 Browse를 클릭하고 Application Insights를 선택한다.

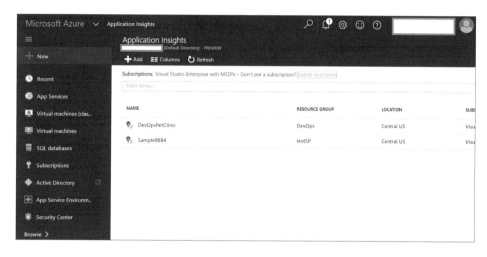

16. 우리가 만든 애플리케이션을 선택하면 Enable Application Insights to start collecting telemetry 경고가 표시된다.

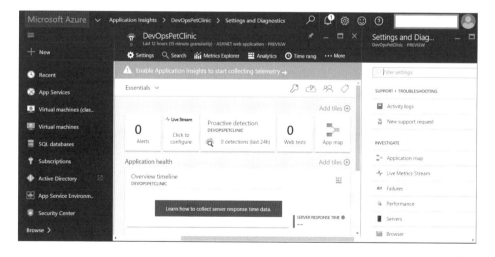

17. Start monitoring을 클릭한다.

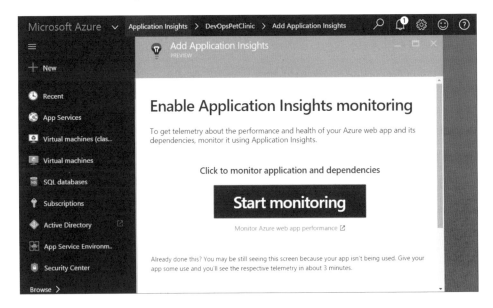

18. 설치가 완료될 때끼지 기다린다.

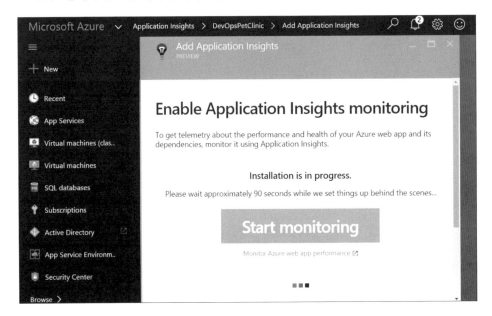

19. 포탈에서 설치가 성공적으로 완료되는지 확인한다.

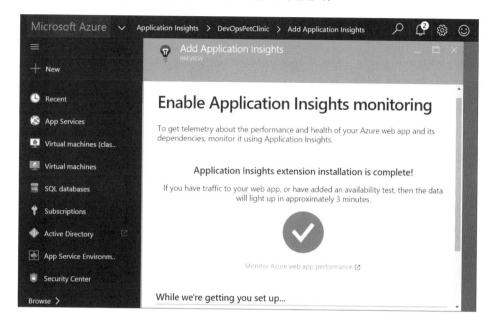

20. Application Insights에서 아래 그림과 같이 Application map을 모니터링할 수 있다.

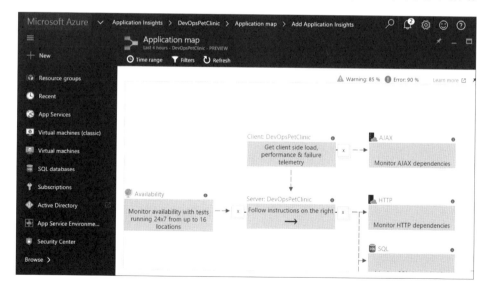

21. Application Insights에서 애플리케이션의 가용성을 확인하도록 다양한 위치에서 웹 테스트를 구성할 수 있다.

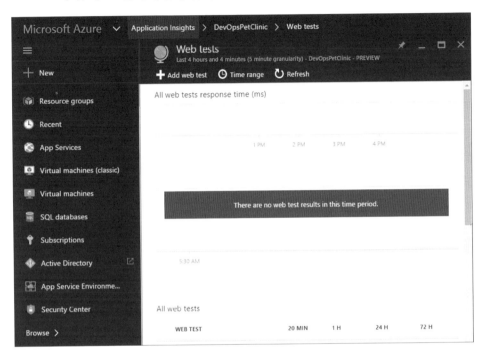

22. 애플리케이션의 이용 가능 여부를 확인하기 위해 다양한 리젼region에 가용성 테스트를 구성할 수 있다. 우선순위에 따라 리젼을 설정한다.

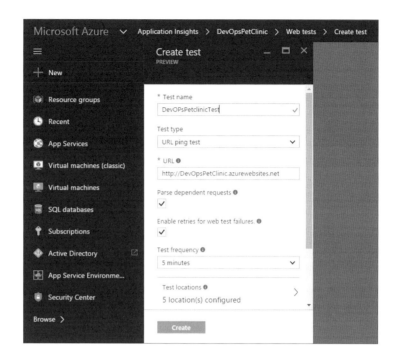

23. 웹 테스트를 만들면 일정 시간 내에 애저 포탈에서 결과를 얻게 된다.

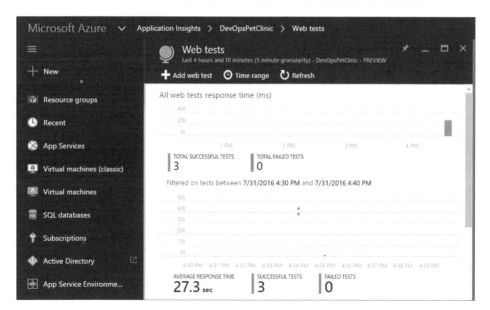

애저 웹 애플리케이션에서 이용할 수 있는 대부분의 모니터링 기능을 다뤘다. 다음 절에서는 PetClinic 스프링 애플리케이션을 모니터링하는 도구인 뉴 렐릭의 사용법을 다룬다.

뉴 렐릭을 통한 웹 애플리케이션과 톰캣 서버 모니터링

뉴 렐릭은 클라우드 서비스 모델의 맥락에서 SaaS다. 뉴 렐릭은 애플리케이션을 온프레미스^{on premise}나 클라우드 환경에서도 실시간으로 모니터링한다. 우리는 애플리케이션 서버의 루트 디렉터리에 뉴 렐릭을 설치하고 수 분 안에 모니터링을 시작해 뉴 렐릭 포탈에 반영되도록 할 수 있다. 뉴 렐릭은 무료평가판을 사용할 수 있다.

뉴 렐릭은 Java, .Net, PHP, Python, Node.js, Ruby 등으로 개발된 웹 애플리케이션의 모니터링을 지원한다.

1. 뉴 렐릭에 계정을 생성한다. 뉴 렐릭은 JBoss, Tomcat, Jetty, Glassfish를 위한 설치 프로그램을 갖고 있다.

2. 뉴 렐릭에 로그인한다.

3. Account Settings로 이동해 특정 플랫폼에 대한 에이전트를 다운로드한다. 예제의 경우 Java용 에이전트를 설치한다.

4. 다운로드한 zip 파일에는 모니터링하는 데 필요한 두 개의 중요한 파일이 있다.

   - `newrelic.jar`: 에이전트 클래스 파일을 포함하고 있다.
     - `newrelic.yml`: 평가판에 대해서도 뉴 렐릭 대시보드에서 이용할 수 있는 라이선스 세부 사항을 구성한다.

5. zip 폴더에 파일을 압축 해제하고 톰캣 설치 디렉터리로 해당 디렉터리를 이동시킨다.

6. 메모장으로 `newrelic.yml`을 열고 라이선스 키의 표시자^{placeholder}를 찾아 실제 라이선스 키로 변경한다.

7. 일반적으로 아래의 `common: &default_settings`로 보인다.

```
common: &default_settings
# ================LICENSE KEY ==================
# You must specify the license key associated with your New Relic
# account. For example, if your license key is 12345 use this:
# license_key: '12345'
# The key binds your Agent's data to your account in the New Relic
service.
license_key: '12345'
```

8. 톰캣을 실행한다. 톰캣이 실행되면 명령 프롬프트를 열고 톰캣 루트 디렉터리의 뉴 렐릭의 디렉터리로 이동한다.

9. 명령 프롬프트에서 java –jar newrelic.jar install을 실행한다.

- 우리는 로컬 환경의 톰캣 7에 배포된 애플리케이션을 모니터링하려고 한다. 클라우드나 가상화된 환경의 가상 머신에 대해 유사한 설치나 모니터링을 수행할 수 있다.

```
Microsoft Windows [Version 10.0.10586]
(c) 2015 Microsoft Corporation. All rights reserved.

C:\Users\Mitesh>cd \

C:\>cd apache-tomcat-7.0.70\newrelic

C:\apache-tomcat-7.0.70\newrelic>java -jar newrelic.jar install
***** ( ( o))  New Relic Java Agent Installer

***** Installing version 3.30.1 ...

* Backed up start script to C:\apache-tomcat-7.0.70\bin\catalina.bat.20160724_180719

* Added agent switch to start script C:\apache-tomcat-7.0.70\bin\catalina.bat

* No need to create New Relic configuration file because:
 A config file already exists: C:\apache-tomcat-7.0.70\newrelic\newrelic.yml

***** Install successful

***** Next steps:
You're almost done! To see performance data for your app:

1) Restart your app server
2) Exercise your app
3) Log into http://rpm.newrelic.com

Within two minutes, your app should show up, ready to monitor and troubleshoot.
If app data doesn't appear, check newrelic/logs/newrelic_agent.log for errors.

C:\apache-tomcat-7.0.70\newrelic>
```

10. 설치가 완료되면 톰캣 서버를 다시 시작한다.

11. 톰캣 설치 디렉터리 아래의 newrelic 디렉터리를 확인한다. 다음 그림과 같이 새로운 로그 폴더가 생성된다.

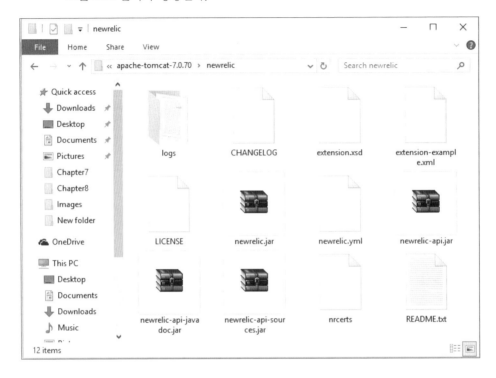

12. newrelic_agent.log을 메모장에서 연다.

13. 다음 라인과 같이 보고된 내용을 확인한다.

```
Jul 24, 2016 18:14:50 +0530 [6920 27] com.newrelic INFO: Reporting to:
https://rpm.newrelic.com/accounts/64925/applications/20830005
```

```
Jul 24, 2016 18:14:17 +0530 [6920 7] com.newrelic INFO: Instrumentation
com.newrelic.instrumentation.hibernate-3.5 is enabled. Loading.
Jul 24, 2016 18:14:19 +0530 [6920 1] com.newrelic.agent.RPMServiceManagerImpl INFO: Configured
to connect to New Relic at collector.newrelic.com:443
Jul 24, 2016 18:14:20 +0530 [6920 1] com.newrelic INFO: Setting audit_mode to false
Jul 24, 2016 18:14:20 +0530 [6920 1] com.newrelic INFO: Setting protocol to "https"
Jul 24, 2016 18:14:21 +0530 [6920 1] com.newrelic.agent.config.ConfigServiceImpl INFO:
Configuration file is C:\apache-tomcat-7.0.70\newrelic\.\newrelic.yml
Jul 24, 2016 18:14:21 +0530 [6920 1] com.newrelic INFO: New Relic Agent v3.30.1 has started
Jul 24, 2016 18:14:21 +0530 [6920 1] com.newrelic INFO: Agent class loader:
sun.misc.Launcher$AppClassLoader@58644d46
Jul 24, 2016 18:14:21 +0530 [6920 1] com.newrelic INFO: Premain startup complete in 6,381ms
Jul 24, 2016 18:14:25 +0530 [6920 1] com.newrelic INFO: Server Info: Apache Tomcat/7.0.70
Jul 24, 2016 18:14:46 +0530 [6920 27] com.newrelic INFO: Display host name is my-pc for
application My Application
Jul 24, 2016 18:14:49 +0530 [6920 27] com.newrelic INFO: Collector redirection to
collector-216.newrelic.com:443
Jul 24, 2016 18:14:50 +0530 [6920 27] com.newrelic INFO: Agent run id: 89464200178842674
Jul 24, 2016 18:14:50 +0530 [6920 27] com.newrelic INFO: Agent 6920@my-pc/My Application
connected to collector.newrelic.com:443
Jul 24, 2016 18:14:50 +0530 [6920 27] com.newrelic INFO: Reporting to:
https://rpm.newrelic.com/accounts/64925/applications/20830005
Jul 24, 2016 18:14:50 +0530 [6920 27] com.newrelic INFO: Using RUM version 963 for application
"My Application"
Jul 24, 2016 18:14:50 +0530 [6920 27] com.newrelic INFO: Real user monitoring is enabled with
auto instrumentation for application "My Application"
```

14. URL을 복사해 브라우저에서 해당 URL을 열고 그래프와 함께 Overview 섹션을 관찰한다.

15. 애플리케이션 리스트를 얻기 위해 Applications 링크를 클릭한다.

16. Service maps는 다양한 컴포넌트 사이의 관계에 대한 뷰를 제공한다.

17. 왼쪽 사이드 바의 **MONITORING** 섹션에서 시간 기준으로 상위 데이터베이스 작업의 세부 사항을 얻기 위해 **Databases**를 클릭한다.

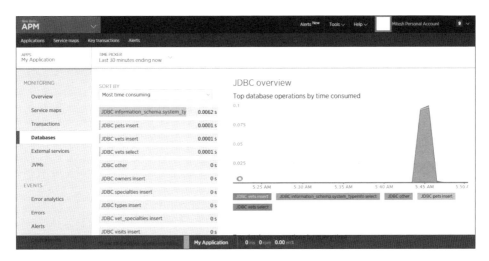

18. JVM과 톰캣의 세부 사항을 얻기 위해 **JVMs**를 클릭한다.

19. Memory, Threads, Http Sessions와 관련된 세부 사항은 Apache Tomcat 섹션을 확인한다.

20. 같은 페이지에서 Garbage Collection과 Class Count 관련 세부 사항도 이용할 수 있다.

21. Errors 섹션은 요청당 오류에 대한 그래프를 표시한다.

이러한 내용은 온프레미스로 배포된 PetClinc 애플리케이션에 대한 뉴 렐릭의 간단한 개요일 뿐이다.

지금까지 나기오스의 설치와 구성에 대한 개요를 살펴봤다. 즉 AWS 일래스틱 빈스토크 환경의 모니터링, 애저 웹 애플리케이션의 모니터링, 뉴 렐릭을 통한 애플리케이션 모니터링을 살펴봤다.

모니터링은 자체로 큰 주제이며 모니터링의 세부 사항에 대한 설명은 이 책의 범위를 벗어난다. 따라서 자원 모니터링만 간단히 살펴봤다.

지금까지 5단계를 살펴봤으며 지금부터는 파이프라인과 오케스트레이션을 통한 전체적인 자동화를 논의할 것이다.

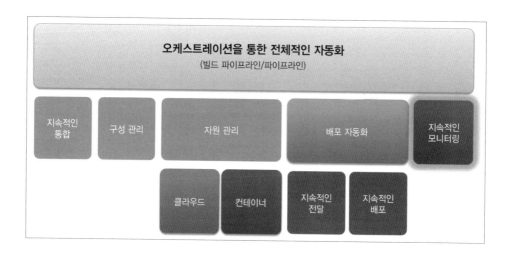

▌ 진단 테스트

다음이 참인지 거짓인지 말하라.

1. 나기오스 코어는 서버, 네트워크, 인프라스트럭처를 모니터링하기 위해 C와 PHP로 작성된 오픈소스 애플리케이션이다.
   - 참
   - 거짓

2. 나기오스 XI는 CentOS와 레드햇을 지원한다.
   - 참
   - 거짓

3. AWS 일래스틱 빈스토크에서 환경의 상태는 회색, 녹색, 노란색, 빨간색으로 결정된다.

- 참
- 거짓

4. AWS 일래스틱 빈스토크에서 점검 상태가 노란색이면 환경에 하나 이상의 실패가 있다는 의미다.
   - 참
   - 거짓

5. 뉴 렐릭은 Java, .Net, PHP, Python, Node.js, Ruby로 개발된 웹 애플리케이션의 모니터링을 지원한다.
   - 참
   - 거짓

▌ 요약

8장에서는 나기오스를 통한 인스턴스 모니터링의 개요와 AWS 일래스틱 빈스토크를 통한 기본적인 모니터링, 애저 웹 앱 모니터링, 뉴 렐릭을 통한 자바 웹 애플리케이션의 모니터링을 간략히 살펴봤다.

각 이벤트와 상호작용에 대한 지속적인 모니터링은 매우 복잡하고 불필요해 보일 수 있지만 사용자가 더 많은 것을 요구하는 경쟁적인 환경에서는 (정상적으로 동작하는) 시간이 더 많이 필요하다. 따라서 애플리케이션의 가용성은 매우 중요하다.

9장에서는 지속적인 통합, 클라우드 프로비저닝, 구성 관리, 지속적인 전달이나 지속적인 배포 같은 오케스트레이션 활동을 통한 전체적인 자동화를 살펴본다.

09

애플리케이션 배포에 대한 오케스트레이션

"성공은 형편없는 스승이다. 성공은 똑똑한 사람에게 그들은 실패하지 않을 것이라고 유혹한다. 성공은 축하해도 좋지만 실패의 교훈에 주의를 기울이는 것이 더 중요하다."

9장에서는 지속적인 통합, 지속적인 관리, 지속적인 전달에 대한 다양한 빌드 작업의 오케스트레이션 방법을 자세하게 설명한다. 9장에서는 젠킨스 2.0의 빌드 파이프라인 플러그인과 파이프라인 기능을 사용해 애플리케이션 배포를 위한 전체적인 자동화 프로세스의 오케스트레이션 방법을 설명한다.

지금까지 지속적인 통합, 셰프를 이용한 클라우드 프로비저닝, 구성 관리, 지속적인 전달을 살펴봤다. 각각의 사항은 고유한 빌드 작업으로 구성됐다. 이제 체크아웃, 빌드 파이프라인의 실행으로 인한 체크아웃, 컴파일, 단위 테스트 실행, 아마존 EC2에 리눅스 인스턴스 설치, 런타임 환경 설치, 새로 생성된 인스턴스에 대한 권한 구성, WAR 파일 배포와 같은 모든 빌드 작업을 한꺼번에 관리해야 한다.

9장에서 다루는 주제는 다음과 같다.

- 전체적인 자동화에 대한 매개변수화된 빌드 작업 생성
- 빌드 작업의 오케스트레이션을 위한 빌드 파이프라인의 구성
- 애플리케이션 배포 자동화를 위한 빌드 파이프라인의 실행

▌ 전체적인 자동화를 위한 빌드 작업 생성

빌드 작업 실행에 대한 전체적인 자동화를 구성하기 전에 그래픽으로 전반적인 사항을 이해해보자.

빌드 파이프라인 플러그인의 경우 업스트림 upstream과 다운스트림 downstream 작업 구성을 이용해 구성하는 반면 젠킨스 2.0 파이프라인의 경우는 스크립트를 사용한다.

구성 관리는 배포를 위해 사용하는 환경에 의존한다. 이 책에서는 다음과 같은 배포 환경

을 살펴봤다.

- 톰캣 서버에 PetClinic 스프링 애플리케이션의 배포(온프레미스 환경/개인 노트북이나 데스크톱)
- 아마존 EC2에서 톰캣 서버에 PetClinic 스프링 애플리케이션의 배포(IaaS)
- 마이크로소프트 애저 가상 머신에서 톰캣 서버에 PetClinic 스프링 애플리케이션의 배포(IaaS)
- 도커 이미지에서 톰캣 서버에 PetClinic 스프링 애플리케이션의 배포(컨테이너)
- 아마존 일래스틱 빈스토크에서 톰캣 서버에 PetClinic 스프링 애플리케이션의 배포(PaaS)
- 마이크로소프트 애저 웹 애플리케이션에서 톰캣 서버에 PetClinic 스프링 애플리케이션의 배포(PaaS)

개발 환경을 기반으로 구성 관리를 해야 한다. IaaS에서는 런타임 환경을 설치해야 하지만 PaaS와 도커 컨테이너의 경우에는 파일 추가나 유사한 유형의 작은 변경에 대한 수정만 필요하다.

개발 환경을 고려할 때 전체적인 자동화에 대한 빌드 작업의 도입이 필요하다.

아마존 EC2(IaaS)상의 톰캣에 대한 PetClinic 스프링 애플리케이션 배포의 경우 다음과 같은 작업 흐름이 필요하다.

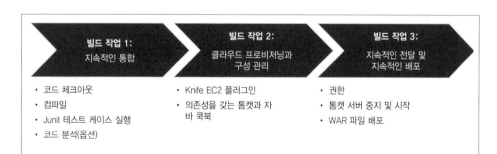

앞에서 언급한 단계를 포함한 전체적인 자동화를 달성하기 위해 젠킨스에서 앞의 단계를
구현해보자.

1. 젠킨스 대시보드로 이동해 Manage Jenkins를 클릭한다. 다음 화면과 같이 새로운
   버전의 젠킨스를 이용할 수 있다. 애플리케이션을 업데이트하기 위해 Or Upgrade
   Automatically를 클릭한다.

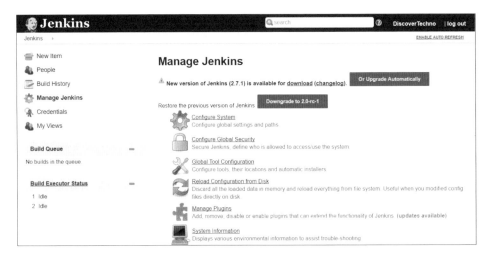

2. jenkins.war의 설치가 시작된다.

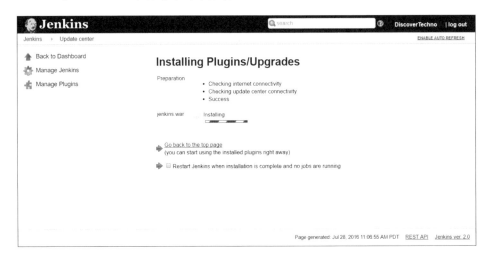

3. 설치가 완료되면 터미널에서 젠킨스를 다시 시작한다.

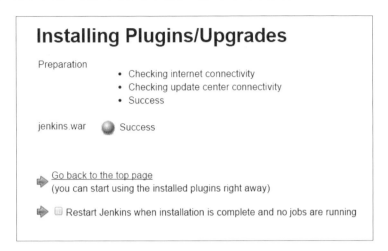

4. 젠킨스 대시보드에 대해 새로 고침을 실행하고 새로운 버전이 올바로 설치됐는지를 확인한다.

5. 상태 바에서 버전 번호를 확인한다.

▌키를 사용해 SSH 인증 구성하기

전체적인 자동화와 오케스트레이션을 시작하기 전에 키Key를 사용해 SSH 인증을 구성해야 한다. 목표는 젠킨스 VM이 셰프 워크스테이션에 연결이 가능하도록 하는 것이다. 그런 다음 AWS나 애저 클라우드에서 인스턴스를 생성하기 위해 셰프 워크스테이션 VM상의 젠킨스 대시보드에서 SSH 명령어를 실행한다. 그런 다음 PetClinic 애플리케이션을 배포하기 위해 런타임 환경을 설치한다.

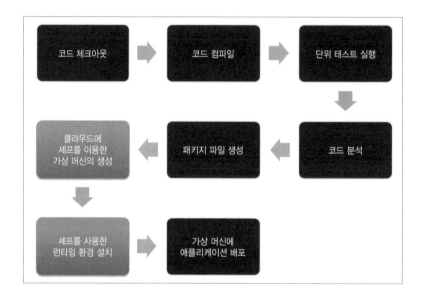

젠킨스에서 SSH로 셰프 워크스테이션에 대한 액세스를 시도하면 더 적은 설정을 갖도록 보안을 위해 암호 설정을 해야 하므로 동작하지 않는다.

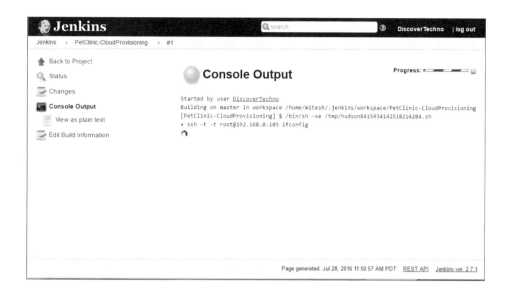

셰프 워크스테이션이 설치된 가상 머신에 접근하기 위해 젠킨스가 설치된 가상 머신을 구성해보자.

1. 젠킨스에서 터미널을 열고 새로운 키를 생성하기 위해 ssh-keygen을 실행한다.

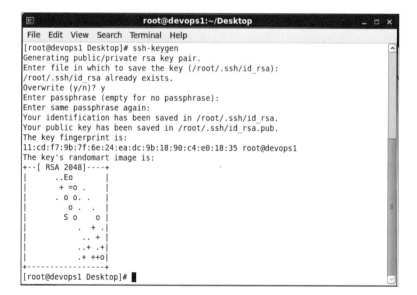

2. 로컬 파일 시스템에서 새로 생성된 키를 확인한다.

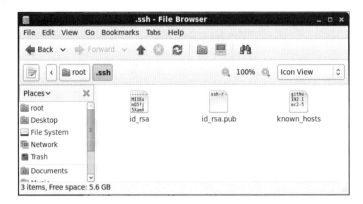

3. ssh-copy-id를 이용해 원격 호스트에 키를 복사한다.

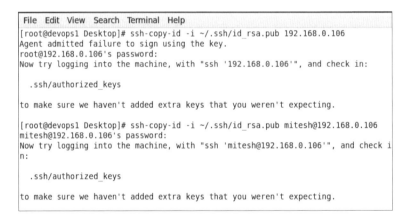

4. 이제 젠킨스 빌드 작업을 이용해 셰프 워크스테이션 엑세스를 시도한다.

5. 액세스하는 경우 터미널을 이용해 젠킨스 VM에서 접속을 시도한다. Agent admitted failure to sign in using key 메시지를 받는다면 ssh-add를 이용해 문제를 해결한다.

```
[mitesh@devops1 Desktop]$ ssh-copy-id -i ~/.ssh/id_rsa.pub root@192.168.0.103
root@192.168.0.103's password:
Now try logging into the machine, with "ssh 'root@192.168.0.103'", and check in:

 .ssh/authorized_keys

to make sure we haven't added extra keys that you weren't expecting.

[mitesh@devops1 Desktop]$ ssh -t root@192.168.0.103
Agent admitted failure to sign using the key.
root@192.168.0.103's password:

[mitesh@devops1 Desktop]$ ssh-add
Identity added: /home/mitesh/.ssh/id_rsa (/home/mitesh/.ssh/id_rsa)
[mitesh@devops1 Desktop]$ ssh -t root@192.168.0.103
Last login: Thu Jul 28 12:21:56 2016 from 192.168.0.106
[root@devops1 ~]# ifconfig
eth5      Link encap:Ethernet  HWaddr 00:0C:29:91:3F:2F
          inet addr:192.168.0.103  Bcast:192.168.0.255  Mask:255.255.255.0
          inet6 addr: fe80::20c:29ff:fe91:3f2f/64 Scope:Link
          UP BROADCAST RUNNING MULTICAST  MTU:1500  Metric:1
          RX packets:2664 errors:0 dropped:0 overruns:0 frame:0
          TX packets:1727 errors:0 dropped:0 overruns:0 carrier:0
          collisions:0 txqueuelen:1000
          RX bytes:716002 (699.2 KiB)  TX bytes:197090 (192.4 KiB)

lo        Link encap:Local Loopback
          inet addr:127.0.0.1  Mask:255.0.0.0
          inet6 addr: ::1/128 Scope:Host
          UP LOOPBACK RUNNING  MTU:65536  Metric:1
          RX packets:50663 errors:0 dropped:0 overruns:0 frame:0
          TX packets:50663 errors:0 dropped:0 overruns:0 carrier:0
          collisions:0 txqueuelen:0
```

6. 이제 암호가 아니라 키를 사용해 SSH 연결이 성공한다.

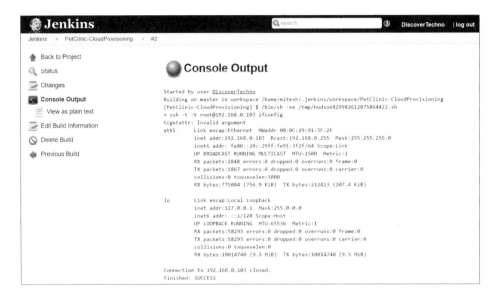

7. 젠킨스 빌드 작업과 셰프 워크스테이션을 이용해 AWS에서 인스턴스를 생성해 보자.

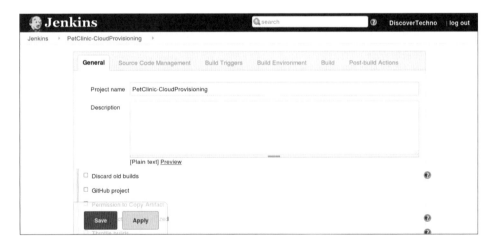

8. Build 단계를 추가하고 Execute shell을 선택한다. 그 다음 언급된 명령어를 여기에 붙여 넣는다. 우리는 6장, '클라우드 프로비저닝과 셰프를 통한 구성 관리'에서 knife ec2 명령어를 이미 논의했다.

```
ssh -t -t root@192.168.1.36 "ifconfig; rvm use 2.1.0; knife ec2 server
create -I ami-1ecae776 -f t2.micro -N DevOpsVMonAWS1 --aws-access-key-id
'<YOUR ACCESS KEY ID>' --aws-secret-access-key '<YOUR SECRET ACCESS KEY>' -
S book --identity-file book.pem --ssh-user ec2-user -r role[v-tomcat]"
```

9. Save를 클릭한다. 빌드 작업을 실행하기 위해 Build Now 링크를 클릭한다.

10. 진행 상태를 확인하기 위해 Console Output으로 이동한다.

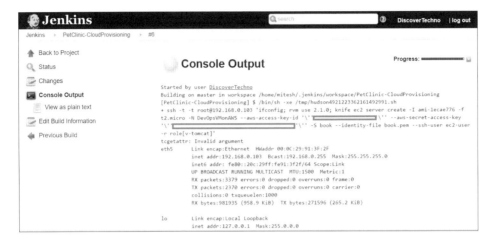

11. AWS 인스턴스 생성이 시작된다.

12. AWS 관리 콘솔에서 인스턴스 생성을 확인한다.

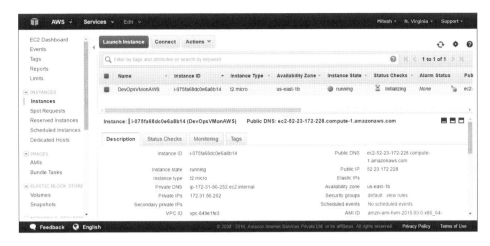

13. 계속 진행하기 전에 SSH 접근에 대한 AWS 보안 그룹이 있는지 확인한다.

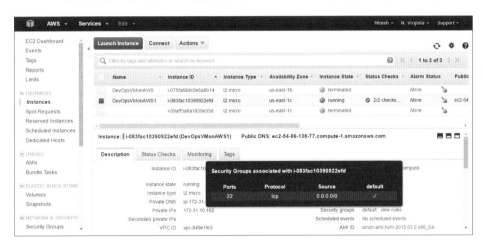

14. SSH 접근이 가능해지면 셰프 클라이언트의 설치가 시작된다.

```
[32mUsing /usr/local/rvm/gems/ruby-2.1.0[0m
[36mInstance ID[0m: i-024d3bf83022b89e4
[36mFlavor[0m: t2.micro
[36mImage[0m: ami-1ecae776
[36mRegion[0m: us-east-1
[36mAvailability Zone[0m: us-east-1d
[36mSecurity Groups[0m: default
[36mTags[0m: Name: DevOpsVMonAWS
[36mSSH Key[0m: book

[35mWaiting for EC2 to create the instance[0m.....
[36mPublic DNS Name[0m: ec2-52-23-215-193.compute-1.amazonaws.com
[36mPublic IP Address[0m: 52.23.215.193
[36mPrivate DNS Name[0m: ip-172-31-31-133.ec2.internal
[36mPrivate IP Address[0m: 172.31.31.133

[35mWaiting for sshd access to become available[0m................................done
Creating new client for DevOpsVMonAWS
Creating new node for DevOpsVMonAWS
Connecting to [1mec2-52-23-215-193.compute-1.amazonaws.com[0m
[36mec2-52-23-215-193.compute-1.amazonaws.com[0m -----> Installing Chef Omnibus (-v 12)

[36mec2-52-23-215-193.compute-1.amazonaws.com[0m downloading https://omnitruck-direct.chef.io/chef/install.sh

[36mec2-52-23-215-193.compute-1.amazonaws.com[0m   to file /tmp/install.sh.2313/install.sh

[36mec2-52-23-215-193.compute-1.amazonaws.com[0m trying wget...

[36mec2-52-23-215-193.compute-1.amazonaws.com[0m el 6 x86_64
```

15. 예제의 경우 셰프 클라이언트의 다운로드를 시작하고 AWS 인스턴스에 셰프 클라이언트를 설치한다.

```
[36mec2-52-23-215-193.compute-1.amazonaws.com[0m Getting information for chef stable 12 for el...

[36mec2-52-23-215-193.compute-1.amazonaws.com[0m downloading https://omnitruck-direct.chef.io/stable/chef/metadata?
v=12&p=el&pv=6&m=x86_64

[36mec2-52-23-215-193.compute-1.amazonaws.com[0m   to file /tmp/install.sh.2318/metadata.txt

[36mec2-52-23-215-193.compute-1.amazonaws.com[0m trying wget...

[36mec2-52-23-215-193.compute-1.amazonaws.com[0m sha1   67b7e152fc8440ceb2a9f027e3b2edc93d3759db

[36mec2-52-23-215-193.compute-1.amazonaws.com[0m sha256
9c6455bd30568c639e19485837bacbd07972c8e9f5cc3831fba4bc415bed24ad

[36mec2-52-23-215-193.compute-1.amazonaws.com[0m url   https://packages.chef.io/stable/el/6/chef-12.12.15-
1.el6.x86_64.rpm

[36mec2-52-23-215-193.compute-1.amazonaws.com[0m version       12.12.15

[36mec2-52-23-215-193.compute-1.amazonaws.com[0m downloaded metadata file looks valid...

[36mec2-52-23-215-193.compute-1.amazonaws.com[0m downloading https://packages.chef.io/stable/el/6/chef-12.12.15-
1.el6.x86_64.rpm

[36mec2-52-23-215-193.compute-1.amazonaws.com[0m   to file /tmp/install.sh.2318/chef-12.12.15-1.el6.x86_64.rpm

[36mec2-52-23-215-193.compute-1.amazonaws.com[0m trying wget...

[36mec2-52-23-215-193.compute-1.amazonaws.com[0m Comparing checksum with sha256sum...

[36mec2-52-23-215-193.compute-1.amazonaws.com[0m Installing chef 12
```

16. 콘솔에서 설치 과정을 확인한다.

```
[36mec2-52-23-215-193.compute-1.amazonaws.com[0m Installing chef 12

[36mec2-52-23-215-193.compute-1.amazonaws.com[0m installing with rpm...

[36mec2-52-23-215-193.compute-1.amazonaws.com[0m warning: /tmp/install.sh.2318/chef-12.12.15-1.el6.x86_64.rpm: Header
V4 DSA/SHA1 Signature, key ID 83ef826a: NOKEY

[36mec2-52-23-215-193.compute-1.amazonaws.com[0m Preparing...
(100%)#                          (100%)##                          (100%)###
(100%)####                       (100%)#####                       (100%)######
(100%)#######                    (100%)########                    (100%)#########
(100%)##########                 (100%)###########                 (100%)############
(100%)#############              (100%)##############              (100%)###############
(100%)################           (100%)#################           (100%)##################
(100%)###################        (100%)####################        (100%)#####################
(100%)######################     (100%)#######################     (100%)########################
(100%)#########################  (100%)##########################  (100%)###########################
(100%)############################ (100%)#############################
(100%)############################### (100%)################################ [100%]

[36mec2-52-23-215-193.compute-1.amazonaws.com[0m Updating / installing...

[36mec2-52-23-215-193.compute-1.amazonaws.com[0m    1:chef-12.12.15-1.el6
(  1%)#                          (  4%)##                          (  7%)###
( 10%)####                       ( 13%)#####                       ( 16%)######
( 19%)#######                    ( 22%)########                    ( 25%)#########
( 28%)##########                 ( 31%)###########                 ( 34%)############
( 37%)#############              ( 40%)##############              ( 43%)###############
( 46%)################           ( 49%)#################           ( 51%)##################
( 54%)###################        ( 57%)####################        ( 60%)#####################
( 63%)######################     ( 66%)#######################     ( 69%)########################
( 72%)#########################  ( 75%)##########################  ( 78%)###########################
( 81%)############################ ( 84%)############################# ( 87%)##############################
( 90%)############################### ( 93%)################################ (
96%)############################### ( 99%)################################ [100%]
```

17. AWS 인스턴스에 설치가 완료되면 먼저 셰프 클라이언트가 실행된다.

18. 실행 리스트와 쿡북의 동기화를 관찰하라. 패키지가 통합되고 설치가 시작된다.

```
[36mec2-52-23-215-193.compute-1.amazonaws.com[0m Thank you for installing Chef!

[36mec2-52-23-215-193.compute-1.amazonaws.com[0m Starting the first Chef Client run...

[36mec2-52-23-215-193.compute-1.amazonaws.com[0m Starting Chef Client, version 12.12.15

[36mec2-52-23-215-193.compute-1.amazonaws.com[0m resolving cookbooks for run list: ["tomcat"]

[36mec2-52-23-215-193.compute-1.amazonaws.com[0m Synchronizing Cookbooks:

[36mec2-52-23-215-193.compute-1.amazonaws.com[0m   - tomcat (0.17.0)

[36mec2-52-23-215-193.compute-1.amazonaws.com[0m   - java (1.39.0)

[36mec2-52-23-215-193.compute-1.amazonaws.com[0m   - apt (3.0.0)

[36mec2-52-23-215-193.compute-1.amazonaws.com[0m   - chef-sugar (3.3.0)

[36mec2-52-23-215-193.compute-1.amazonaws.com[0m   - openssl (4.4.0)

[36mec2-52-23-215-193.compute-1.amazonaws.com[0m Installing Cookbook Gems:

[36mec2-52-23-215-193.compute-1.amazonaws.com[0m Compiling Cookbooks...

[36mec2-52-23-215-193.compute-1.amazonaws.com[0m [2016-07-28T20:42:33+00:00] WARN: Chef::Provider::AptRepository
already exists!  Cannot create deprecation class for LWRP provider apt_repository from cookbook apt

[36mec2-52-23-215-193.compute-1.amazonaws.com[0m [2016-07-28T20:42:33+00:00] WARN: AptRepository already exists!
Deprecation class overwrites Custom resource apt_repository from cookbook apt

[36mec2-52-23-215-193.compute-1.amazonaws.com[0m Converging 3 resources

[36mec2-52-23-215-193.compute-1.amazonaws.com[0m Recipe: tomcat::default

[36mec2-52-23-215-193.compute-1.amazonaws.com[0m   * yum_package[tomcat6] action install
```

19. 패키지 설치를 확인한다.

```
[36mec2-52-23-215-193.compute-1.amazonaws.com[0m Recipe: tomcat::default

[36mec2-52-23-215-193.compute-1.amazonaws.com[0m  * yum_package[tomcat6] action install

[36mec2-52-23-215-193.compute-1.amazonaws.com[0m    - install version 6.0.45-1.5.amzn1 of package tomcat6

[36mec2-52-23-215-193.compute-1.amazonaws.com[0m  * yum_package[tomcat6-admin-webapps] action install

[36mec2-52-23-215-193.compute-1.amazonaws.com[0m    - install version 6.0.45-1.5.amzn1 of package tomcat6-admin-
webapps

[36mec2-52-23-215-193.compute-1.amazonaws.com[0m  * tomcat_instance[base] action configure (up to date)

[36mec2-52-23-215-193.compute-1.amazonaws.com[0m  * directory[/usr/share/tomcat6/lib/endorsed] action create

[36mec2-52-23-215-193.compute-1.amazonaws.com[0m    - create new directory /usr/share/tomcat6/lib/endorsed

[36mec2-52-23-215-193.compute-1.amazonaws.com[0m    - change mode from '' to '0755'

[36mec2-52-23-215-193.compute-1.amazonaws.com[0m  * template[/etc/sysconfig/tomcat6] action create

[36mec2-52-23-215-193.compute-1.amazonaws.com[0m    - update content in file /etc/sysconfig/tomcat6 from 32bba1 to
7eb379

[36mec2-52-23-215-193.compute-1.amazonaws.com[0m    --- /etc/sysconfig/tomcat6 2016-07-18 23:03:48.000000000 +0000

[36mec2-52-23-215-193.compute-1.amazonaws.com[0m    +++ /etc/sysconfig/.chef-tomcat620160728-2391-pszhdv       2016-
07-28 20:43:24.765025585 +0000

[36mec2-52-23-215-193.compute-1.amazonaws.com[0m    @@ -1,3 +1,9 @@

[36mec2-52-23-215-193.compute-1.amazonaws.com[0m    +#

[36mec2-52-23-215-193.compute-1.amazonaws.com[0m    +# Dynamically generated by Chef on ip-172-31-31-
133.ec2.internal
```

20. conf.xml도 표시되며 포트와 관련된 세부 사항은 구성 내용을 기반으로 확인할
수 있다.

```
[36mec2-52-23-215-193.compute-1.amazonaws.com[0m          <!-- A "Connector" using the shared thread pool-->

[36mec2-52-23-215-193.compute-1.amazonaws.com[0m          <!--

[36mec2-52-23-215-193.compute-1.amazonaws.com[0m          <Connector executor="tomcatThreadPool"

[36mec2-52-23-215-193.compute-1.amazonaws.com[0m     -             port="8080" protocol="HTTP/1.1"

[36mec2-52-23-215-193.compute-1.amazonaws.com[0m     -             connectionTimeout="20000"

[36mec2-52-23-215-193.compute-1.amazonaws.com[0m     +             port="8080" protocol="HTTP/1.1"

[36mec2-52-23-215-193.compute-1.amazonaws.com[0m     +             connectionTimeout="20000"

[36mec2-52-23-215-193.compute-1.amazonaws.com[0m                   redirectPort="8443" />

[36mec2-52-23-215-193.compute-1.amazonaws.com[0m     -     -->

[36mec2-52-23-215-193.compute-1.amazonaws.com[0m     +     -->

[36mec2-52-23-215-193.compute-1.amazonaws.com[0m          <!-- Define a SSL HTTP/1.1 Connector on port 8443

[36mec2-52-23-215-193.compute-1.amazonaws.com[0m     -        This connector uses the JSSE configuration, when using
APR, the

[36mec2-52-23-215-193.compute-1.amazonaws.com[0m     +        This connector uses the JSSE configuration, when using
APR, the

[36mec2-52-23-215-193.compute-1.amazonaws.com[0m            connector should be using the OpenSSL style
configuration

[36mec2-52-23-215-193.compute-1.amazonaws.com[0m            described in the APR documentation -->
```

21. 패키지 설치가 완료되면 서비스 관리가 시작된다.

```
[36mec2-52-23-215-193.compute-1.amazonaws.com[0m   * service[tomcat6] action start

[36mec2-52-23-215-193.compute-1.amazonaws.com[0m      - start service service[tomcat6]

[36mec2-52-23-215-193.compute-1.amazonaws.com[0m   * execute[wait for tomcat6] action run

[36mec2-52-23-215-193.compute-1.amazonaws.com[0m      - execute sleep 5

[36mec2-52-23-215-193.compute-1.amazonaws.com[0m   * service[tomcat6] action enable

[36mec2-52-23-215-193.compute-1.amazonaws.com[0m      - enable service service[tomcat6]

[36mec2-52-23-215-193.compute-1.amazonaws.com[0m   * execute[wait for tomcat6] action run

[36mec2-52-23-215-193.compute-1.amazonaws.com[0m      - execute sleep 5

[36mec2-52-23-215-193.compute-1.amazonaws.com[0m   * execute[wait for tomcat6] action nothing
:nothing)

[36mec2-52-23-215-193.compute-1.amazonaws.com[0m   * service[tomcat6] action restart

[36mec2-52-23-215-193.compute-1.amazonaws.com[0m      - restart service service[tomcat6]

[36mec2-52-23-215-193.compute-1.amazonaws.com[0m   * execute[wait for tomcat6] action run

[36mec2-52-23-215-193.compute-1.amazonaws.com[0m      - execute sleep 5

[36mec2-52-23-215-193.compute-1.amazonaws.com[0m

[36mec2-52-23-215-193.compute-1.amazonaws.com[0m Running handlers:

[36mec2-52-23-215-193.compute-1.amazonaws.com[0m Running handlers complete
```

22. 이제 셰프 클라이언트의 실행이 끝났다. 우리가 생성한 AWS 인스턴스와 관련된 정보가 표시된다.

```
[36mec2-52-23-215-193.compute-1.amazonaws.com[0m

[36mec2-52-23-215-193.compute-1.amazonaws.com[0m Chef Client finished, 13/15 resources
seconds


[36mInstance ID[0m: i-024d3bf83022b89e4
[36mFlavor[0m: t2.micro
[36mImage[0m: ami-1ecae776
[36mRegion[0m: us-east-1
[36mAvailability Zone[0m: us-east-1d
[36mSecurity Groups[0m: default
[36mSecurity Group Ids[0m: default
[36mTags[0m: Name: DevOpsVMonAWS
[36mSSH Key[0m: book
[36mRoot Device Type[0m: ebs
[36mRoot Volume ID[0m: vol-00aae3951d7ed88bb
[36mRoot Device Name[0m: /dev/xvda
[36mRoot Device Delete on Terminate[0m: true

[35mBlock devices[0m
[35m===========================[0m
[36mDevice Name[0m: /dev/xvda
[36mVolume ID[0m: vol-00aae3951d7ed88bb
[36mDelete on Terminate[0m: true

[35m===========================[0m
[36mPublic DNS Name[0m: ec2-52-23-215-193.compute-1.amazonaws.com
[36mPublic IP Address[0m: 52.23.215.193
[36mPrivate DNS Name[0m: ip-172-31-31-133.ec2.internal
[36mPrivate IP Address[0m: 172.31.31.133
[36mEnvironment[0m: _default
[36mRun List[0m: role[v-tomcat]
Connection to 192.168.0.103 closed.
Finished: SUCCESS
```

23. 성공 상태를 확인하기 위해 AWS 관리 콘솔을 확인한다.

24. 일부 빌드 작업에 대해 다른 에이전트 노드를 사용했다. 준비를 계속하려면 이 노드를 활성 상태로 만든다.

```
C:\Users\Mitesh\Downloads>java -jar slave.jar -jnlpUrl
http://192.168.1.35:8080/computer/TestServer/slave-agent.jnlp -secret
65464e02c58c85b192883f7848ad2758408220bed2f3af715c01c9b01cb72f9b
```

```
C:\Users\Mitesh\Downloads>java -jar slave.jar -jnlpUrl http://192.168.1.35:8080/compu
ter/TestServer/slave-agent.jnlp -secret 65464e02c58c85b192883f7848ad2758408220bed2f3a
f715c01c9b01cb72f9b
Jul 30, 2016 11:21:00 AM hudson.remoting.jnlp.Main createEngine
INFO: Setting up slave: TestServer
Jul 30, 2016 11:21:00 AM hudson.remoting.jnlp.Main$CuiListener <init>
INFO: Jenkins agent is running in headless mode.
Jul 30, 2016 11:21:00 AM hudson.remoting.jnlp.Main$CuiListener status
INFO: Locating server among [http://192.168.1.34:8080/, http://192.168.1.35:8080/]
Jul 30, 2016 11:21:01 AM hudson.remoting.jnlp.Main$CuiListener status
INFO: Handshaking
Jul 30, 2016 11:21:01 AM hudson.remoting.jnlp.Main$CuiListener status
INFO: Connecting to 192.168.1.35:33337
Jul 30, 2016 11:21:01 AM hudson.remoting.jnlp.Main$CuiListener status
INFO: Trying protocol: JNLP3-connect
Jul 30, 2016 11:21:02 AM hudson.remoting.jnlp.Main$CuiListener status
INFO: Server didn't accept the handshake: Unknown protocol:Protocol:JNLP3-connect
Jul 30, 2016 11:21:02 AM hudson.remoting.jnlp.Main$CuiListener status
INFO: Connecting to 192.168.1.35:33337
Jul 30, 2016 11:21:02 AM hudson.remoting.jnlp.Main$CuiListener status
INFO: Trying protocol: JNLP2-connect
Jul 30, 2016 11:21:02 AM hudson.remoting.jnlp.Main$CuiListener status
INFO: Connected
```

25. 젠킨스 대시보드로 이동해 Manage Jenkins를 클릭한다. Manage Nodes로 이동해 마스터와 에이전트의 상태를 확인한다.

26. 등록된 노드에 대해 호스티드 세프를 확인한다.

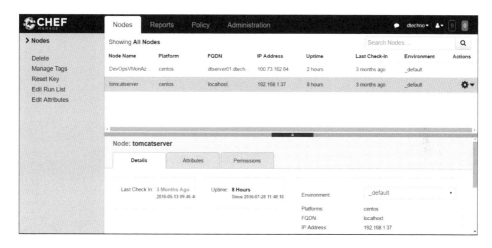

이제 빌드 파이프라인의 구성을 위한 모든 자원이 준비됐다.

▌ 빌드 작업 오케스트레이션을 위한 빌드 파이프라인 구성

이제 지속적인 통합, 클라우드 프로비저닝, 구성 관리, 지속적인 전달이 오케스트레이션된 순서대로 모든 작업을 한 번에 통합해야 한다.

1. 젠킨스 대시보드에서 PetClinic-Build-Pipeline-View로 이동한다.

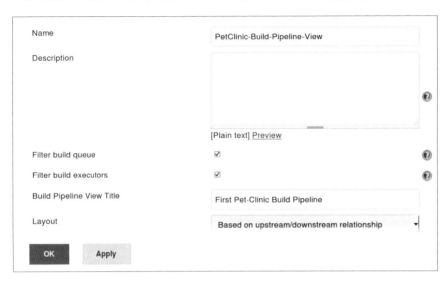

2. 설정 사항을 확인하거나 변경하기 위해 Configure를 클릭한다.

Build Pipeline View Title	First Pet-Clinic Build Pipeline
Layout	Based on upstream/downstream relationship

This layout mode derives the pipeline structure based on the upstream/downstream trigger relationship between jobs.

Select Initial Job: PetClinic-Compile

No Of Displayed Builds: 2

Restrict triggers to most recent successful builds ○ Yes ⦿ No

Always allow manual trigger on pipeline steps ⦿ Yes ○ No

Show pipeline project headers ⦿ Yes ○ No

Show pipeline parameters in project headers ⦿ Yes ○ No

Show pipeline parameters in revision box ⦿ Yes ○ No

Refresh frequency (in seconds): 3

URL for custom CSS files

Console Output Link Style: Lightbox

OK   Apply

3. OK를 클릭하면 변경 사항이 저장되고 다음 화면과 같이 구성을 확인할 수 있다. 이것은 업스트림과 다운스트림 작업 구성의 결과다.

이전 화면과 같이 완전한 빌드 파이프라인을 생성하기 위해서는 특정 순서로 실행하길 원하는 각 빌드 작업에 대해 빌드 후 동작post build actions을 구성해야 한다. 우리는 지속적인 통합, 구성 관리, 지속적인 전달을 위한 다양한 빌드 작업을 갖고 있다. 따라서 파이프라인으로 만들기 위해 이들을 업스트림 작업과 다운스트림 작업으로 구성해야 한다. 각각의 빌드 작업 구성을 단계별로 살펴보자.

1. PetClinic−Compile > Configure를 클릭한다. Post−build Actions로 이동한다. Build other project 섹션에서 PetClinic−Compile 구성이 성공적으로 완료되면 실행되도록 빌드를 구성했다.

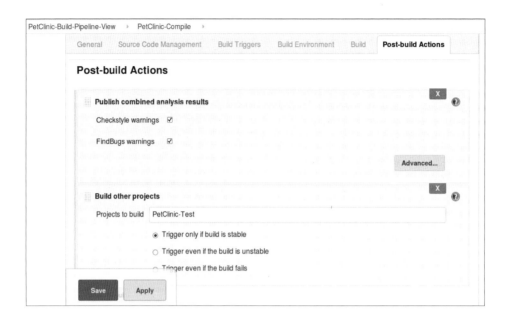

2. 젠킨스 대시보드에서 Downstream Projects를 저장하고 확인한다.

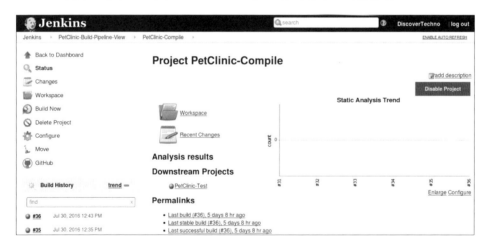

3. PetClinic-Compile > Configure를 클릭한다. Post-build Actions로 이동한다. Build other project 섹션에서 PetClinic-Test 구성이 성공적으로 완료되면 실행되도록 빌드를 구성했다.

4. 산출물을 배포하기 위해 복사할 수 있도록 Archive the artifacts를 구성한다.

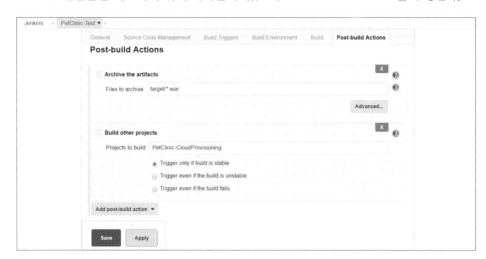

5. 젠킨스 대시보드에서 PetClinic-Test 빌드 작업에 대한 Upstream 및 Downstream 프로젝트를 확인한다.

6. 산출물이나 WAR 파일이 아카이브됐는지 확인하기 위해 독립적으로 빌드를 실행한다.

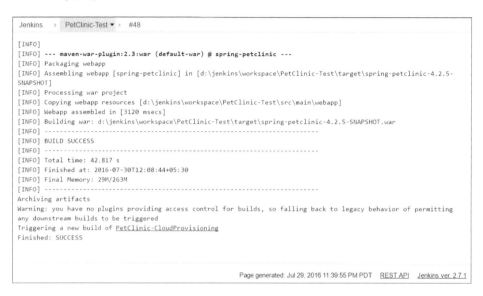

7. 젠킨스 홈 디렉터리에서 아카이브된 산출물을 확인한다.

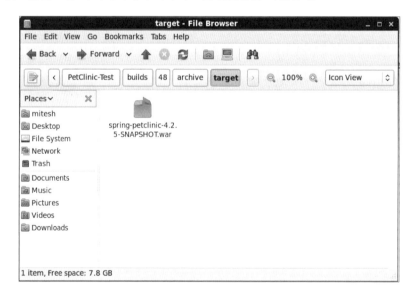

8. 이 단계에서 빌드 파이프라인은 다음과 같이 보인다.

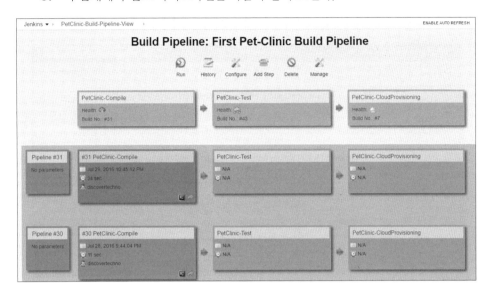

9. PetClinic—Compile | Configure를 클릭한다. Post—build Actions로 이동한다. Build other project 섹션에서 PetClinic—CloudProvisioning 구성이 성공적으로 완료되면 실행되도록 빌드를 구성했다.

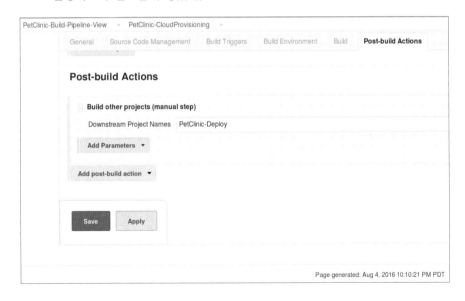

10. 젠킨스 대시보드에서 PetClinic−CloudProvisioning 빌드 작업에 대한 Upstream 및 Downstream 프로젝트를 확인한다.

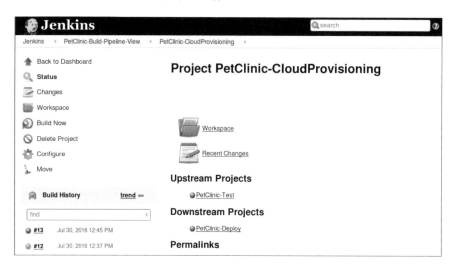

11. PetClinic−Deploy | Configure를 클릭한다. PetClinic−Test 빌드 작업에서 WAR 파일이 준비됐으므로 이 파일을 공통 위치로 복사하고 이러한 작업을 빌드 단계로 구성해보자.

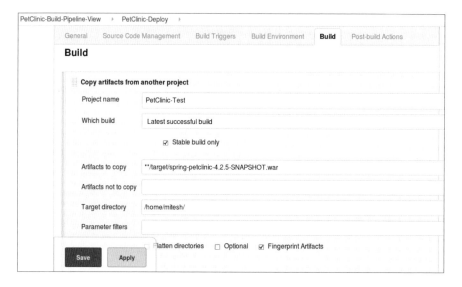

12. 산출물을 복사하기 위한 빌드 단계를 구성하고 독립적으로 빌드를 실행해 이 단계를 확인한다.

13. 산출물 복사 작업이 확인되면 빌드 작업으로 구성해 수동 작업으로 배포할 수 있도록 구성한다. 우리는 새로 생성된 인스턴스의 도메인 이름이나 IP 주소에 대한 String Parameter를 갖는 빌드 작업을 생성할 것이다.

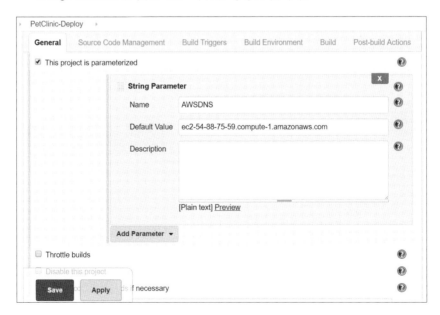

14. PetClinic—CloudProvisioning 빌드 작업으로 이동해 PetClinic—Deploy 빌드 작업에 대한 Build other projects (manual step)를 추가했는지 확인한다.

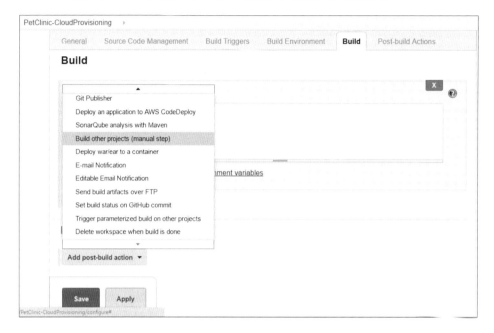

15. 확인이 끝나면 빌드 파이프라인을 실행하기 위해 이동한다.

16. 산출물을 배포할 준비가 되면 다음 단계를 수행해야 한다.

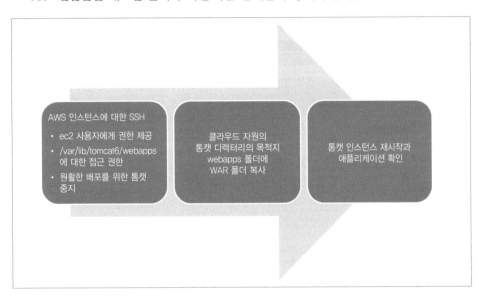

다음 명령어를 실행해 AWS 인스턴스에서 WAR 파일의 배포를 실행하기 위한 빌드 작업을 구성해보자.

```
ssh -i /home/mitesh/book.pem -o StrictHostKeyChecking=no -t -t ec2-
user@ec2-52-90-116-36.compute-1.amazonaws.com "sudo usermod -a -G tomcat
ec2-user; sudo chmod -R g+w /var/lib/tomcat6/webapps; sudo service tomcat6
stop;"
scp -i /home/mitesh/book.pem /home/mitesh/target/*.war ec2-
user@ec2-52-90-116-36.compute-1.amazonaws.com:/var/lib/tomcat6/webapps
ssh -i /home/mitesh/book.pem -o StrictHostKeyChecking=no -t -t ec2-
user@ec2-52-90-116-36.compute-1.amazonaws.com "sudo service tomcat6 start"
```

1. 빌드 작업 구성을 저장한다. Upstream Projects를 확인한다.

2. 이것은 PetClinic–CloudProvisioning으로 클라우드에서 인스턴스 프로비저닝이 완료되면 배포 프로세스가 시작된다.

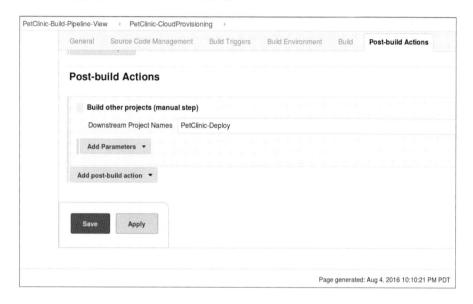

3. PetClinic–CloudProvisioning 빌드 작업에서 Downstream Projects를 구성해야 한다.
4. AWS에서 다운로드한 키는 적절한 권한을 가져야 한다. 그렇지 않은 경우 쉘 명령어는 키에 대한 너무 많은 권한이 열려 있음을 알려주는 에러를 표시한다.

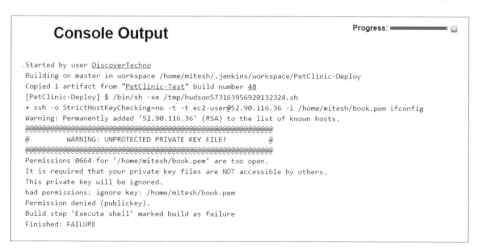

5. 이를 수정하기 위해서는 chmod 600을 이용해 주어진 파일에 대한 권한을 변경하고 명령을 실행한다.

6. 모든 빌드 작업이 개별적으로 실행되는 것이 확인되면 빌드 파이프라인을 실행한다.

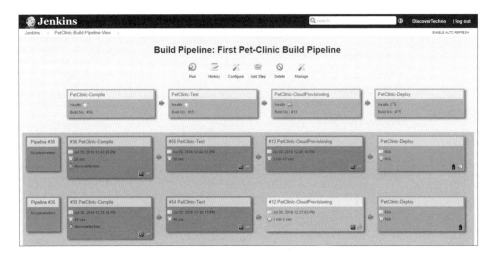

7. 세 개의 빌드 작업이 성공적으로 실행됐다. 배포를 위해 마지막 빌드 작업을 수동으로 수행할 필요가 있다.

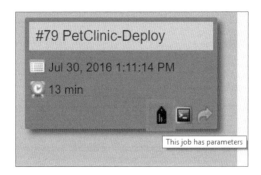

8. 빌드 작업의 결과를 기다린다.

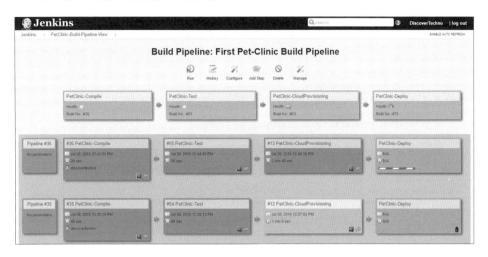

9. 애플리케이션 배포가 성공적으로 완료되면 빌드 파이프라인에 모든 빌드 작업
   이 성공하게 된다.

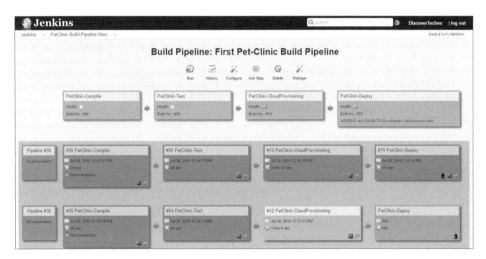

10. 애플리케이션이 적절히 실행되는지 확인하고 호스티드 셰프에 구성돼 있는지 확인한다.

아마존 일래스틱 빈스토크(PaaS)에서 PetClinic 스프링 애플리케이션을 배포하기 위해서는 다음과 같은 흐름이 필요하다.

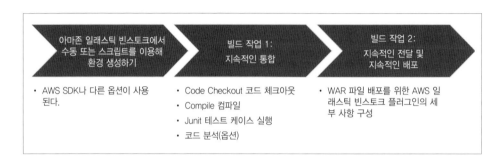

마이크로소프트 애저 웹 앱스(PaaS)에서 PetClinic 스프링 애플리케이션을 배포하기 위해서는 다음과 같은 흐름이 필요하다.

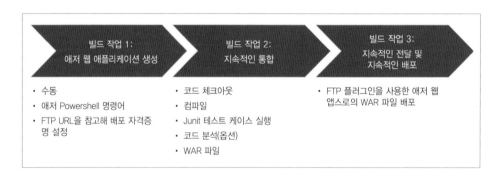

마이크로소프트 애저의 경우에도 대안이 있다. 우리는 지속적인 통합, 지속적인 전달과 지속적인 배포를 위해 VSTS^{Visual Studio Team Server}와 TFS^{Team Foundation Server}를 사용할 수 있다.

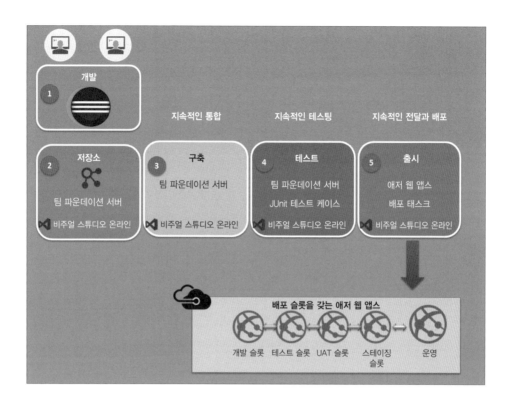

도커 컨테이너에서 PetClinic 스프링 애플리케이션을 배포하기 위해서는 다음과 같은 작업 흐름이 필요하다.

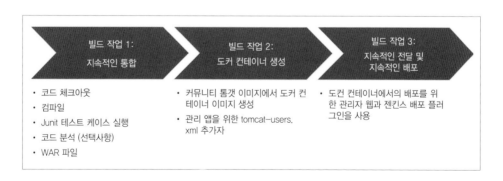

다음 절에서는 젠킨스 2.0의 파이프라인 기능 사용법을 간단히 살펴본다.

애플리케이션 배포 자동화를 위한 파이프라인 실행

젠킨스 2.0의 파이프라인 기능은 애플리케이션 배포를 위한 전체적인 자동화에 대한 오케스트레이션 기능도 제공한다.

개요 제공을 위한 다음 내용은 체크아웃, 지속적인 통합, 클라우드 프로비저닝, 구성 관리를 수행하는 스크립트다.

```
node('Master') {
    // Mark the code checkout 'stage'
    stage 'Checkout'

    // Get code for PetClinic Application from a GitHub repository
    git url: 'https://github.com/mitesh51/spring-petclinic.git'

    // Get the maven tool.
    // This ' Maven3.3.1' maven tool must be configuredin the global
configuration.
    def mvnHome = tool 'Maven3.3.1'

    // Mark the code Compile'stage'....
    stage 'Compile'
    // Run the maven build
    sh "${mvnHome}/bin/mvn clean compile"

    // Mark the code for Unit test execution and package 'stage'....
    stage 'Test&Package'
    sh "${mvnHome}/bin/mvn clean package"

    // Mark the code Cloud provisioning 'stage' where instance is allocated
in Amazon EC2
// Once Instance is available, Chef will be used for Configuration
Management
// knife ec2 plugin will be used for instance provisioning in the AWS cloud
    stage 'Cloud Provisioning'
    sh "ssh -t -t root@192.168.1.39 'ifconfig; rvm use 2.1.0; knife ec2
server create -I ami-1ecae776 -f t2.micro -N DevOpsVMonAWS9 --aws-accesskey-
```

```
id XXXXXXXXXXXXXXXXXX --aws-secret-access-key
XXXXXXXXXXXXXXXXXXXXXXXXXXXXXXXXXXX -S book --identity-file book.pem --sshuser
ec2-user -r role[v-tomcat]'"
}
```

1. 젠킨스 대시보드에서 새로운 항목을 생성하고 Pipeline을 선택한다.

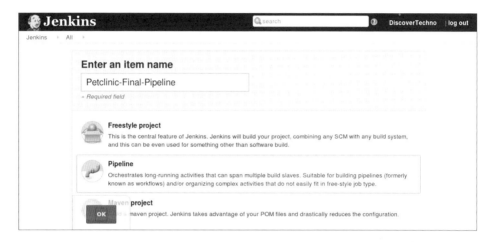

2. Pipeline 섹션에서 이전에 작성한 스크립트를 입력하고 필요한 부분을 수정한다.

3. 스크립트가 수정되고 빌드 작업이 저장되면 Build Now 링크를 클릭해 실행 여부를 확인한다.

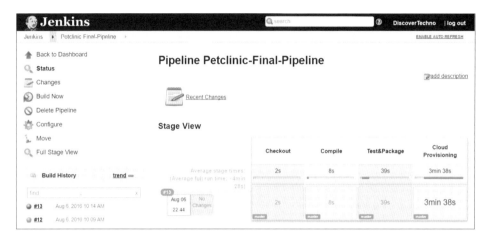

DSL Reference를 체크하고 스크립트를 사용해 모든 작업을 수행한다. 다음 절에서는 데브옵스 대시보드의 개요를 살펴본다.

▌ 히게이아 - 데브옵스 대시보드

데브옵스 대시보드는 최근에 나타난 요구 사항이다. 이들의 요점은 단일 대시보드에서 모든 도구를 볼 수 있어야 한다는 점이다. 히게이아Hygieia는 전체적인 애플리케이션 전달 파이프라인을 위한 통합되고 구성 가능하고 사용하기 쉬운 데브옵스 대시보드를 제공하기 위한 오픈소스 제품이다.

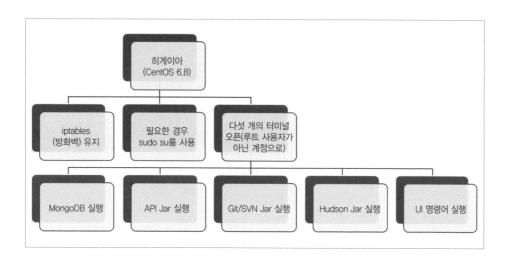

히게이아를 설치하려면 https://github.com/hygieia를 방문해야 한다.

설치와 구성이 성공적으로 완료되면 다음과 같은 데브옵스 대시보드를 생성할 수 있다.

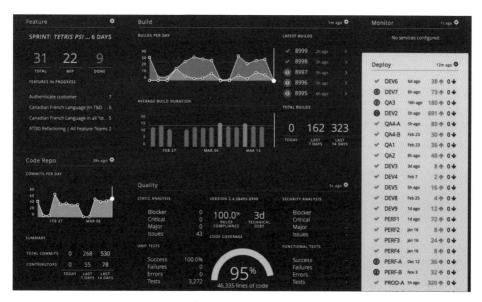

https://github.com/capitalone/Hygieia

히게이아 대시보드에는 SVN, Git, 소나, 젠킨스, IBM UrbanCode Deploy를 구성할 수 있다.

▌ 진단 테스트

다음 문장이 참인지, 거짓인지 말하라.

- AWS 보안 그룹은 구성 관리를 위한 추가적인 인바운드 규칙으로 22번 포트를 가져야 한다.
- 배포 빌드 작업은 매개변수화된 작업을 통한 수동 실행으로 구성된다.

▌ 요약

9장에서는 AWS 인스턴스에서 구성 관리를 위해 셰프 워크스테이션에서 실행돼야 하는 SSH 명령어의 실행을 위한 젠킨스 빌드 작업 사용법을 설명했다. 그리고 애플리케이션 배포를 위한 권한 설정도 설명했다.

전체적인 자동화를 위해 젠킨스 2.0의 파이프라인 기능과 함께 빌드 파이프라인 플러그인을 사용했다. 9장에서는 이 책에서 다루는 모든 배포 방법의 간단한 개요를 제공했으며 이러한 배포 방법이 서로 얼마나 다른지도 말했다. 또한 빌드 파이프라인과 관련해 배포 방법의 간단한 개요도 제공했다.

마지막으로 자동화 프로세스에서 사용되는 도구에 대한 전체적인 통합 뷰를 제공하는 히게이아 데브옵스 대시보드도 설명했다.

"모든 새로운 시작은 다른 시작의 끝에서 시작된다."

— 세네카Seneca

| 찾아보기 |

개발자를 위한 웹 개발 환경 자동화
데브옵스를 활용한 웹 애플리케이션 개발

발 행 | 2022년 1월 3일

지은이 | 미테쉬 소니
옮긴이 | 김 영 기

펴낸이 | 권 성 준
편집장 | 황 영 주
편 집 | 이 지 은
디자인 | 송 서 연

에이콘출판주식회사
서울특별시 양천구 국회대로 287 (목동)
전화 02-2653-7600, 팩스 02-2653-0433
www.acornpub.co.kr / editor@acornpub.co.kr

책값은 뒤표지에 있습니다.